모닥불 타임

모닥불 타임

1판 1쇄 인쇄 2025. 1. 24.
1판 1쇄 발행 2025. 2. 10.

지은이 마틴 곤잘레스, 조시 옐린
옮긴이 김태훈

발행인 박강휘
편집 김애리 디자인 유상현 홍보 박은경 마케팅 이서연
발행처 김영사
등록 1979년 5월 17일(제406-2003-036호)
주소 경기도 파주시 문발로 197(문발동) 우편번호 10881
전화 마케팅부 031)955-3100, 편집부 031)955-3200 | 팩스 031)955-3111

이 책은 저작권법에 의해 보호를 받는 저작물이므로
저자와 출판사의 허락 없이 내용의 일부를 인용하거나 발췌하는 것을 금합니다.

값은 뒤표지에 있습니다.
ISBN 979-11-7332-055-2 03320

홈페이지 www.gimmyoung.com   블로그 blog.naver.com/gybook
인스타그램 instagram.com/gimmyoung   이메일 bestbook@gimmyoung.com

좋은 독자가 좋은 책을 만듭니다.
김영사는 독자 여러분의 의견에 항상 귀 기울이고 있습니다.

마틴 곤잘레스
조시 옐린

모닥불 타임

김태훈 옮김

THE BONFIRE MOMENT

구글이 실행하고 입증한
원팀 워크숍

김영사

"《모닥불 타임》은 스타트업 팀들이 흔히 씨름하는 숨겨진 난관을 조명하면서 팀 역학이 성패를 좌우할 수 있음을 상기시킨다. 풍부한 통찰을 담고 있으며, 조직심리학에 기반한 이 책은 모든 리더의 필독서다."

— 빌 코프란Bill Coughran, 세콰이어 캐피털Sequoia Capital 파트너

"내가 핏빗Fitbit에 대해 매우 자랑스러웠던 것 중 하나는 우리가 구축한 팀이었다. 팀 구축은 쉽지 않았다. 《모닥불 타임》은 창업팀을 구성하는 시기부터 수십억 달러짜리 기업을 이끄는 시기까지 어떻게 팀을 성장시키는지 알려준다. 이 책은 스타트업의 여정을 거치는 동안 팀을 만들고 다듬는 과정에서 수많은 타협이 이루어진다는 것을 인정한다. 또한 그런 타협과 도중의 이정표를 어떻게 생각해야 할지 조언을 제공한다. 이제 막 사업을 시작한 사람과 이미 사업을 오래 운영 중인 사람 모두에게 아주 좋은 책이다."

— 에릭 프리드먼Eric Friedman, 핏빗 공동 창업자

"회사의 사명을 달성하기 위해 일하는 사람들이 대립하면, 그 사명을 오래 유지할 가능성은 말할 것도 없고, 그것을 달성할 가능성도 낮아진다. 《모닥불 타임》은 불화가 의미 있는 일을 망치는 양상을 제시하며, 투명성과 뛰어난 리더십 그리고 겸손을 통해 진정한 사명 지향 문화를 조성하는 검증된 도구들을 제공한다."

— 에릭 리스Eric Ries, 베스트셀러 《린 스타트업The Lean Startup》 저자이자 LTSE 창업자

"스타트업에서 사람을 다루는 일은 아주 어렵다. 게다가 창업자와 미래 창업자에게 길을 알려주는 실용적인 지침서도 많지 않다. 《모닥불 타임》이 무에서 유를 창출하려는 모든 사람에게 중요한 책인 이유가 거기에 있다."

— 개리 탠Garry Tan, 와이컴비네이터Y Combinator 의장 겸 CEO

"'여기서는 일을 진행하는 게 왜 이렇게 어렵지?'라는 생각을 한 적이 있는가? 마틴과 조시는 그 이유를 구조적으로 분석해줄 뿐 아니라 어떻게 대처해야 할지 실질적인 지침까지 제공한다. 스타트업이나 다른 곳에서 리더가 되려는 모든 사람에게 《모닥불 타임》은 잊을 수 없는 사례와 기틀 그리고 교훈을 남겨줄 것이다."

— 고릭 응Gorick Ng, 〈월스트리트저널〉 베스트셀러 《무언의 규칙The Unspoken Rules》 저자

"구글의 스타트업 액셀러레이터 프로젝트Startup Accelerator Project에서 배운 풍부한 교훈에 기초한 《모닥불 타임》은 창업자들이 묻어두는 인간관계 문제를 조명한다. 또한 스타트업 팀들이 불편한 진실과 감정에 대응하고 더욱 강한 팀으로 거듭나도록 해주는 실용적인 도구를 제공한다. 한마디로 창업자들에게는 필수적인 전략집이다."

— 허기 라오Huggy Rao, 스탠퍼드 경영대학원 애솔 맥빈Atholl McBean 후원 조직행동 및 인적자원
교수이자 《성공을 퍼트려라 Scaling Up Excellence》와 《마찰 프로젝트The Friction Project》 저자

"《모닥불 타임》은 팀 내 관계를 재설정하고, 더 나은 문화를 구축하며, 회사를 모두가 일하고 싶어 하는 곳으로 만드는 검증된 비법서다."

— 제이크 냅Jake Knapp, 〈뉴욕타임스〉 베스트셀러 《스프린트Sprint》와
《메이크 타임Make Time》 저자

"스타트업을 만든 사람은 누구나 그 과정이 여러 우여곡절을 수반한다는 사실을 안다. 마틴과 조시가 쓴 《모닥불 타임》은 어려운 시기를 지나도록 이끌어주는 믿음직한 멘토와 같다. 많은 스타트업이 두 사람의 1일 워크숍에 참석한 후 경로를 바꾸었다. 여러분의 팀에 '모닥불 타임' 프로그램을 적용해보라. 여러분이 봉착한 위기에서 벗어날 수 있을지도 모른다!"

— 제이슨 스콧Jason Scott, 애넘Anim과 블랙 에인절 그룹Black Angel Group 공동 창업자이자
〈유니콘 헌터Unicorn Hunter〉 진행자

"나는 마틴과 같이 구글의 연구팀을 가장 잘 뒷받침할 효과적인 조직 구조를 만드는 작업을 했다. 이는 복잡한 분야다. 다양한 연구팀과 프로젝트가 있고, 각자 원하는 방향이 다르기 때문이다. 심한 답답함을 느끼는 일 없이 협력을 뒷받침하는 효과적인 구조를 설계하는 일은 장기적인 돌파구를 여는 데 매우 중요하다. 마틴은 오랫동안 현명한 조언을 많이 해주었다. 마틴과 조시가 이 책을 통해 폭넓은 독자들에게 지혜를 제공하게 되어 기쁘다."

— 제프 딘Jeff Dean, 구글 수석 과학자

"《모닥불 타임》은 도덕성과 자기 인식 그리고 탄탄한 기반을 갖추고 사업을 키우려는 스타트업들이 지금까지 갖지 못한 지침서다. 더 이상 인간관계 문제를 묻어두고, 미래의 불화와 좌절을 부채질하지 말라. 이 책은 대단히 실용적이다. 또한 충실한 연구를 바탕으로 실전 검증을 거친 프로그램을 실행할 수 있는 자세한 지침을 제공한다. 이 책은 창업자가 월드 클래스 팀을 구축할 수 있는 믿음직한 지침서가 될 것이다."

— 제니 블레이크Jenny Blake, 수상 경력이 있는《프리 타임Free Time》과《피벗하라Pivot》저자

"명확하고, 사려 깊으며, 상당히 실용적인《모닥불 타임》은 리더의 일에서 가장 어려운 부분, 곧 다른 사람과 함께 일하는 것과 관련해 지금까지 없었던 지침서다. 팀을 불타오르게 만드는 순간을 창조하기 위한 이 책의 지침은 반갑고도 오랫동안 필요하던 것이다."

— 제리 콜로너Jerry Colonna,《재결합Reunion》저자이자 리부트Reboot CEO

"《모닥불 타임》은 리더들이 직면하는 역설에 대처하도록 도와준다. 또한 내가 다년간 제품팀을 이끌면서 얻은 많은 교훈이 담겨 있다. 대부분의 리더십 지침서가 진부한 이야기로 가득한 시기에 이 책은 데이터와 실제 경험을 바탕으로 두각을 드러낸다."

— 조너선 로젠버그Jonathan Rosenberg, 〈뉴욕타임스〉베스트셀러,《구글은 어떻게 일하는가 How Google Works》및《빌 캠벨, 실리콘밸리의 위대한 코치Trillion Dollar Coach》저자

"아이디어, 제품, 사업 모델은 매우 중요하다. 그러나 《모닥불 타임》은 협력 정신과 팀의 힘이 초기 단계 기업의 성공을 좌우한다는 강력한 논지를 제시한다. 곤잘레스와 옐린은 탄탄한 조사와 다양한 창업자 및 기업 리더를 성공으로 이끈 폭넓은 경험을 활용한다. 이 책은 높은 성과를 달성하는 팀을 구축하기 위한 포용적 접근법을 중시하는 모든 리더에게 필수 지침서다."

— 줄리아 오스틴Julia Austin, 하버드경영대학원 아서록기업가정신연구소
Arthur Rock Center for Entrepreneurship 선임 강사 및 공동 학과장

"'소프트 스킬'에 '소프트'한 것은 없다. 소프트 스킬은 익히기 어려우며, 성공에 가장 크게 기여하는 요소다. 곤잘레스와 옐린은 리더로서의 여정에서 가장 어려운 순간들에 필요한 열성적이면서도 명확한 생각을 가진 멘토들이다."

— 킴 스콧Kim Scott, 〈뉴욕타임스〉 베스트셀러
《실리콘밸리의 팀장들Radical Condor》 및 《철저한 존중Radical Respect》 저자

"마틴과 조시는 오래가는 기업을 만드는 힘들고 적나라한 현실을 알려준다. 올바른 팀 문화를 창출하는 일은 어렵지만 기업과 직원 모두에게 부정할 수 없는 혜택을 안긴다. 《모닥불 타임》은 소규모 스타트업이든, 대형 조직이든 새로운 사업을 키우는 어려움을 이겨내려는 모두에게 필수 지침서다."

— 라즐로 복Laszlo Bock, 휴무Humu 및 그레텔 에이아이Gretel.ai의 공동 창업자이자
전 구글 인사 부문 수석 부사장, 〈뉴욕타임스〉 베스트셀러
《구글의 아침은 자유가 시작된다Work Rules!》 저자

"《모닥불 타임》은 성공적인 스타트업을 만들려는 모두('모두'에 방점을 찍어야 한다)에게 필독서다. 마틴과 조시는 회사를 키우는 한편 정신 건강을 지키기 위한 전술적 팁과 실제 사례를 한데 엮는다. 또한 그들은 최고의 스타트업 창업자들을 차별화하는 행동과 마음가짐을 능숙하게 풀어낸다. 《모닥불 타임》에 담긴 이야기와 교훈은 성공적인 창업자가 모든 배경에

서 나올 수 있으며, 포용적이고 끈기 있는 창업팀을 구성하는 일이 오래
가는 기업을 만드는 데 필수적이라는 증거다."

— 리즈 포슬린Liz Fosslien, 〈월스트리트저널〉 베스트셀러
《노 하드 필링스No Hard Feelings》 및 《빅 필링스Big Feelings》 공저자 겸 일러스트레이터

"구글의 스타트업 액셀러레이터를 개척한 곤잘레스와 옐린은 이 간결한
지침서를 통해 너무나 중요한 통찰을 나눈다. 그들이 실행 가능한 비법을
제공하는 가운데, 여러분은 흔한 인간관계 문제를 예측하고 피하는 방법
을 배우게 될 것이다. 창업의 난관을 헤쳐나가는 창업자들에게 없어서는
안 될 지침서다."

— 노엄 와서먼Noam Wasserman, 예시바대학교Yeshiva University 사이심스 경영대학원
Sy Syms School of Business 학장이자 베스트셀러 《창업자의 딜레마The Founder's Dilemmas》 및
《인생은 스타트업이다Life Is a Startup》 저자

"《모닥불 타임》은 스타트업이 인적 요소를 바로잡아서 성공 확률을 높일
수 있음을 설득력 있게 보여준다. 또한 여러분이 그 일을 할 수 있도록 실
용적인 지침을 제공한다. 이는 우리의 미래를 좌우할 혁신적인 기술을 구
축하는 모두에게 중요한 책이다."

— 피터 조Peter Cho, BCG X 총괄이사, 파트너, 글로벌 인사 수석

"곤잘레스와 옐린은 정곡을 찌른다. 스타트업을 키운다는 것은 곧 조직을
키운다는 것이다. 여러 사람으로 구성된 집단의 규모를 효과적으로 키우는
일은 여러 측면에서 사업 모델을 구상하거나 자금을 조달하는 일보다 훨씬
복잡하다. 저자들은 조사뿐 아니라 구글의 스타트업 액셀러레이터에서 쌓
은 경험으로 얻은 통찰을 탁월하게 엮어낸다. 이 책은 성공적으로 규모를
키우려는 모든 (예비) 스타트업 창업자에게 유용한 지침서가 될 것이다."

— 파니시 푸라남Phanish Puranam, 인시어드INSEAD 전략 및
롤랜드 버거Roland Berger 후원 조직 설계 석좌교수

"《모닥불 타임》은 탁월한 조사에 기반하고, 흡인력이 뛰어나고, 실전 검증을 거쳤으며, 무엇보다 스타트업을 침몰시키는 인간관계 문제를 파악하고 피하는 방법을 가르치는 실용적인 지침서다. 나는 곤잘레스와 옐린이 리더와 팀에 제공하는 단계별 지침에 특히 매료되었다. 이 지침은 두 사람이 수백 개 기업에서 1만여 명을 대상으로 진행한 워크숍에 기반해 위험을 피하는 독자적인 전략을 개발하도록 가르친다."

— 로버트 서튼Robert I. Sutton, 《성공을 퍼트려라Scaling Up Excellence》(허기 라오와 공저),
《또라이 제로 조직The No Asshole Rule》, 《굿 보스 배드 보스Good Boss, Bad Boss》를 비롯한 8권의
〈뉴욕타임스〉 베스트셀러 저자이자 스탠퍼드대학교 경영학, 경영공학 교수

"마틴과 조시가 이 책에 담은 내용은 실리콘밸리의 단합 대회 수준을 넘어선다. 그들은 회사의 성패를 좌우하는 인사 및 문화 문제를 헤쳐나가는 방법을 실질적으로 조명한다. 사람을 다루는 것은 가장 어려운 일 중 하나다. 두 사람은 인사관리에 효과적인 기틀을 마련했다."

— 스콧 하틀리Scott Hartley, 에브리웨어 벤처스Everywhere Ventures 공동 창업자이자
베스트셀러 《인문학 이펙트The Fuzzy and the Techie》 저자

"이 책은 모든 창업자뿐 아니라 스타트업 같은, 압박을 받는 모든 경영자가 반드시 읽어야 한다. 《모닥불 타임》은 이전에는 예술의 영역이던 문제에 대한 과학을 수립했다. 이 책은 흥미로운 이야기와 더불어 당신이 5년 전에 알았다면 좋았겠다고 생각할 만한 실용적인 원칙으로 가득하다."

— 스티브 천Steve Chen, 유튜브 공동 창업자이자 전 CTO

"기술적 기량, 재무 전략, 원대한 비전에 집착하는 세상에서 마틴과 조시는 너무나 많은 스타트업이 빠지는 치명적 함정을 드러낸다. 그것은 수면 아래에 도사린 심각한 인간관계 문제를 무시하는 것이다. 이 책은 유니콘이 될 것처럼 보였지만 대처하지 못한 인간관계 문제 때문에 무너진 유망한 스타트업들의 생생한 사례를 담고 있다. 이런 사례는 창업자들에게 준

엄한 경종을 울린다. 마틴과 조시는 수십 년에 걸쳐 여러 스타트업을 도운 경험과 최첨단 연구 결과를 융합해 독자들을 성공으로 이끈다. 《모닥불 타임》은 신생 벤처기업을 위한 등대처럼 흔한 함정을 피해가는 길을 열어주고, 궁극적으로는 오래가는 기업을 만드는 일의 의미를 재정의한다."

— 발렌티나 아세노바Valentina A. Assenova, 펜실베이니아대학교
와튼 스쿨 에드워드 실스Edward B. Shils 및 셜리 실스Shirley R. Shils 후원 조교수

"조시는 구글 브레인Google Brain의 수석 보좌관으로서 올바른 팀 구조, 절차, 리더십 포럼을 만들었다. 덕분에 세상에서 가장 복잡하면서도 성공적인 AI 혁신 환경에서 협력을 통한 긍정적인 영향력이 생겼다. 이 기술은 그의 스타트업 대상 워크숍에서도 핵심을 이룬다. 《모닥불 타임》은 전 세계 혁신가들의 귀중한 파트너가 될 것이다."

— 주빈 가라마니Zoubin Ghahramani,
구글 딥마인드 연구 담당 부사장이자 케임브리지대학교 정보공학 교수

모닥불처럼 뜨거운 열정으로 과감한 시도에 나선
세상의 혁신가들에게 이 책을 바칩니다. 이 책이 여러분의
도전에 도움을 주는 파트너가 되기를 바랍니다.

팀 성장을 방해하는 인간관계의 함정

원팀 워크숍, 모닥불 타임을 시작하라

모닥불 타임 실전 가이드

인간관계가
기술 문제보다 어렵다

"엔지니어링은 쉽지만 사람 다루기는 어렵다." 우리는 세쾨이어 캐피털 파트너인 빌 코프란의 이 말을 결코 잊지 않을 것이다. 그는 전설적인 벨 연구소에서 연구원으로 첫발을 뗀 후 검색이나 맵 같은 구글의 성공적인 서비스를 운용했다. 그 과정에서 그가 알게 된 사실이 있다. 기술 스타트업에서 일하는 대다수 사람은 성공이 궁극적으로 3가지 요소에 좌우된다고 믿는다는 것이다. 바로 기술, 시장 적합성, 충분한 자금 조성이다. 그들의 생각에 따르면 이 3가지 요소를 모두 갖추면 어떤 스타트업이라도 총알 같은 속도로 규모를 키울 수 있다.

폭넓게 받아들여진 이 가정은 3가지 요소만큼 주목받지 못하는 1가지 핵심 난관을 간과한다. 하버드 경영대학원과 매킨지가 조사한 내용을 보면 스타트업의 65퍼센트는 인간관계 문제 때문에 실패한다.[1] 결함 있는 기술이나 방향을 잘못 잡은 제품, 현금 부족 때문이 아니다. 대다수 스타트업은 올바른 팀원들을 끌어들이고 같이 잘 일하게 만드는 방법을 몰라서 실패한다.

성공적인 팀의 이야기를 자세히 살펴보면 항상 서로 얽힌 2가지 플롯이 눈에 띈다. 하나는 대외적 이야기로서 스타트업 콘퍼런스, 팟캐스트, 출시 행사에서 자주 언급된다. 창업자들은 스타트업 세계의 자랑 문화에 자극받아서 과감하면서도 단순한 이야기를 만든다. 가령 "우리는 X백만 달러를 모았고, Y명을 고용했으며, 사업 시작 2년 만에 Z개의 신시장에 진입했습니다"라고 말한다. 이 이야기는 쉽게 따를 수 있고 흥미롭다.

하지만 대개 대중이나 언론 또는 투자자의 눈을 벗어나 막후에서 진행되는 또 다른 이야기가 있다. 이 이야기는 훨씬 난잡하며, 흔히 개인 간의 심리전과 팀 간의 고통스러운 분쟁을 담고 있다. 거기에는 사람들이 어떤 아이디어에 대한 믿음을 잃거나, 사업 방향 전환 방식에 대한 의견 차이를 드러내거나, 한정된 현금을 쓰는 최선의 방식을 두고 교착상태에 빠지는 순간들이 나온다. 또한 스트레스가 폭발해 추하고 파괴적인 언쟁으로 번졌을 때 인내하고 회복한 양상도 나온다. 이런 배경에서 X, Y, Z를 달성하는 것은 훨씬 더 인상적인 일이다. 그럼에도 우리는 협력의 복잡한 현실을 숨기도록 훈련받는다.

결과적으로 팀을 결승선까지 이르게 만드는 것은 열심히 제품을 개발하게 한 수많은 야근이 아니다. 그보다는 의구심이

들고 진행이 지지부진할 때, 압박이 거세지고 머릿속 작은 목소리가 '내가 다른 팀원들보다 더 많이 일하는(그리고 더 적게 받는) 것 같아'라고 말할 때, 창업 초기에 너무나 많은 도움을 준 의리 있는 친구를 떠나보내야 할 때, 자신이 부적격자일지 모른다는 걱정과 사기꾼 취급을 받을지 모른다는 불안이 들때 대처하는 방법이다.

이 책은 두 번째 플롯, 즉 매우 유망한 스타트업마저 침몰시키는 인간관계 문제에 대한 것이다.

기술만큼 오래된 인간관계 문제

기술의 역사를 살펴보면 여러 상징적인 선구자들을 만날 수 있다. 그들은 효과적인 리더가 되고, 유능한 인재를 붙잡고, 야심 찬 비전을 현실로 바꾸기 위해 고전했다.

윌리엄 쇼클리William Shockley를 예로 들어보자. 그는 오늘날의 컴퓨터와 스마트폰 그리고 여러분이 생각할 수 있는 모든 디지털 기기의 탄생으로 이어진 근본적인 혁신, 즉 트랜지스터를 발명한 3명의 발명가 중 1명이다. 1956년에 노벨 물리학상을 받은 쇼클리는 어느 모로 보나 명민했다. 그러나 그의 명민함은 사람을 이해하는 일까지는 미치지 못했다. 그는 같이 일하기 엄청나게 힘든 사람이라는 평판을 얻었다. 언제나 자신이그 자리에서 가장 똑똑한 사람이라 확신했고, 누구도 그 사실을 잊도록 놔두지 않았다. 그는 '1,000명의 보조자를 둔 천재'에 해당하는 전형적인 사례였다.

뉴욕에 있는 벨 연구소에서 일하던 그는 고위 경영직으로 승진하지 못하자 회사를 그만두고 쇼클리 반도체 연구소Shockley Semiconductor Laboratory를 세웠다. 그는 여러 명의 MIT 박사 출신을 고용한 후 나중에 실리콘밸리가 될 곳으로 회사를 옮겼다. 쇼클리 반도체 연구소에서는 초기부터 편집증적이고, 권위적이며, 독재적인 문화가 조성되었다. 전해지는 이야기에 따르면 한 직원이 손가락을 조금 베이는 사고가 일어났을 때, 쇼클리는 팀원 중 누군가의 소행이라 주장하며 경찰을 불러서 전체 직원이 거짓말 탐지기 테스트를 받게 했다.[2]

1957년 무렵, 쇼클리 밑에서 일하던 최고 인재들은 염증을 느꼈다. 그들 중 (곧 '8인의 배신자'로 유명해질) 8명은 단체로 사직서를 내고 페어차일드 반도체Fairchild Semiconductor라는 새 회사를 차렸다. 그들은 이 회사에서 트랜지스터와 집적회로를 개발하고 상업화하는 작업을 이어갔다. 그들이 이룬 성과는 거의 모든 컴퓨터 기기의 표준 기술이 되었다. 쇼클리는 이 '배신자들'의 성공을 공유할 수도 있었다. 더욱 중요하게는, 초기의 기술적 성과를 훌쩍 뛰어넘을 유산을 구축할 수도 있었다. 안타깝게도 그에게 있어 기술 개발의 유능함은 팀 개발의 무능함에 비할 바가 못 되었다.

물론 억압적인 경영자가 나쁜 경영자의 유일한 유형은 아니다. 우호적이고 고무적인 팀 경험을 창출하는 일에는 뛰어나지만 결국 실패한 리더들의 긴 역사가 있다. 팀원들의 사랑을 받는 그들이 실패한 이유는 높은 기준이나 임박한 기한에 맞추도록 팀원들을 이끌지 못했기 때문이다.

나중에 최초의 스마트폰이 될 시제품을 만든 기업을 생각해 보라. 그때는 스티브 잡스가 아이폰을 출시해 모든 것을 바꾸기 거의 20년 전이었다. 그 기업은 마크 포랫Marc Porat, 빌 앳킨슨Bill Atkinson, 앤디 허츠펠드Andy Hertzfeld가 1990년에 창립한 제너럴 매직General Magic이었다. 포랫은 "엔지니어들에게 '엔지니어링 천국'을 만들어주고 싶었습니다. 그걸 하려고 자금을 모았어요. 그들은 자유롭게 상상하고, 놀고, 발명하고, 글을 쓸 수 있었어요"라고 회고했다.[3] 그는 미래의 비전을 제시할 때 카리스마가 넘쳤고, 사람들의 마음을 사로잡았다. 제너럴 매직은 복장 규칙을 폐지했다. 이는 지금은 고루해 보이지만 당시는 혁신적인 일이었다. 창의성을 자극하기 위해 토끼들이 자유롭게 건물 주위를 돌아다녔고, 회의는 직원들이 바닥에 누운 채로 진행되었다. 뛰어나고 명민한 엔지니어와 디자이너들이 이 자유분방한 대안적 일터로 모여들었다.

유능하고 열성적인 기술쟁이들techies은 토끼처럼 자유롭게 돌아다녔다. 상사도, 일정도 없었고, 넥타이도 맬 필요가 없었다! 혁신이 꽃을 피웠다. USB, 소프트웨어 모뎀, 소형 터치스크린, 네트워크 게임, 스트리밍 TV, 전자 상거래 모델에 대한 아이디어가 모두 이 창의적인 소굴에서 태어났다. 사이드 프로젝트side projecct를 딴짓으로 간주하지 않았다. 오히려 돌파구로 이어지는 잠재적 경로로서 지원 대상이 되었다. 머지않아 언론은 제너럴 매직을 컴퓨터 업계의 차세대 대박 기업으로 띄워주었다. 1995년에 상장되었을 때, 주가는 빠르게 2배로 뛰었다.

그러나 실제로 작동하는 기기를 출시해야 한다는 압박이 거세지자, 천국에 문제가 생겼다. 이 회사는 직원들이 기한을 맞추게 하거나, 운영 리스크를 관리할 능력을 갖추지 못했다. 규율을 못마땅하게 여기던 포랫과 공동 창업자들은 자율적 환경을 한도 너머까지 밀어붙였다. 대린 애들러Darin Adler는 방목형 엔지니어 중 한 명으로서, 나중에 소프트웨어 개발팀을 관리해달라는 요청을 받았다. 그는 "기한은 모든 것입니다. 날짜를 맞추든지 아니면 세상을 바꿀 기회를 잃는 거예요. 하지만 그때는 누구도 그런 말을 하는 사람이 없었어요"라고 회고했다.[4] 그가 거의 절대적 자유를 누리는 인기 많은 문화를 되돌리기 위해 할 수 있는 일은 거의 없었다.

여러분은 제너럴 매직이라는 회사를 한 번도 들어본 적이 없을 것이다. 그 이유는 여러 해 동안 손실과 정리 해고, 예측치 미달에 시달린 후 2002년에 사업을 접었기 때문이다. 그들의 비전을 담은 휴대폰이 마침내 출시되기는 했다. 이 휴대폰은 투자자와 언론을 흥분시켰다. 그러나 소비자들은 그게 무엇인지 이해하지 못했다. 판매량은 겨우 3,000대에 그쳤다. 그것도 주로 '마법사들Magicians'(즉, 직원들)의 인맥을 통해 팔려나간 것이었다. 휴대폰을 산 소비자들은 네트워크가 제대로 작동하지 않고, 혁신적인 터치스크린과 소프트웨어는 결함이 많으며, 배터리가 빨리 닳는다고 불평했다.

물론 문화적 문제가 제너럴 매직이 실패한 유일한 이유는 아니었다. 인터넷은 초기였고, 대중은 아직 그에 대해 교육을 받지 않은 상태였다. 제너럴 매직의 기술이 아무리 '마법적'이라고 해도 결함을 해결하려면 여러 번의 개선 주기를 거쳐야 했다. 비전을 제시한 당사자인 마크 포랫도 결국에는 이렇게 수긍했다. "돌이켜보면 우리 문화에서 실로 터프한 리더가 있었다면 환영받았을 겁니다. 우리가 무엇을 설계할 것인지, 정확한 기능은 무엇인지, 얼마나 많은 시간이 걸리는지, 어떻게 리스크를 최소화할지 통제할 수 있는 리더 말입니다. 다시 말해서 기술 개발 절차를 잘 관리하는 데 필수적인 모든 일을 할 리더가 필요했어요. 그런 사람이 없었습니다."[5]

기술 혁신의 긴 역사에서 쇼클리 반도체와 제너럴 매직이 겪은 실패는 진정한 실패가 아니다. 그 임직원들은 대단한 경력과 미래의 발견을 이어갔다. 예를 들어, 제너럴 매직 출신으로는 메건 스미스Megan Smith(오바마 행정부 CTO), 토니 파델Tony Fadell(아이팟과 아이폰의 개발자이자 구글에 인수된 네스트Nest의 창업자), 케빈 린치Kevin Lynch(전 어도비 CTO이자 애플 워치 개발자), 피에르 오미디아Pierre Omidyar(이베이 창업자)가 있다.[*] 그럼에도 우리는 제

---

[*] 지금까지 열거한 인물들을 보면 젠더 및 인종 다양성이 실망스러울 정도로 결여되어 있다는 사실을 알 수 있다. 실제로 기술의 역사에서 주로 백인 남성이 리더 역할을 맡을 때가 있었다. 그들은 창업자로서 성공하는 데 필요한 자원과 인맥을 독차지했다. 그러나 다행스럽게도 여건이 변하기 시작했다. 우리는 이 책에서 전 세계에 걸쳐 모든 젠더에 속한 창업자들의 이야기를 담을 것이다.

너럴 매직이 풍부한 인재 풀의 천재성을 더 잘 활용했다면, 어느 시기에 어떤 마법을 시장에 선보였을지 알 길이 없다.

'인간의 광기'에 대한 이해

야심 찬 목표를 추구하는 팀은 불가피하게 논쟁과 내부 비판에 시달린다. 그래서 기준을 높게 유지하는 한편, 성격 차이에 따른 충돌을 관리하고 거기서 회복하는 일을 잘해야 한다. 역사는 아주 똑똑한 사람도 이 균형을 잘 유지하지 못했다는 것을 보여준다. 기술 개발팀들이 1960년대와 1970년대, 1980년대에 직면한 인간관계 문제가 지금도 존재한다. 기술 발전은 번개처럼 이루어졌지만 인간관계 역학의 진전은 그보다 훨씬 느렸다.

근래에 우리는 위워크, 우버, 틴더 같은 유니콘 기업의 창업자들과 관련해 경악스러운 실패담을 들었다. 인간관계 문제는 모든 규모의 기업을 괴롭혔다. 지독한 갈등을 이겨내고 회복한 기업은 일부에 불과하다. 인간관계 문제에 시달린 기업들 중 일부가 얼마나 더 큰 성공을 거두었을지는 짐작만 할 수 있을 뿐이다.

인간관계 문제가 대개는 일을 잘하는 기업들이 저지른 전술적 오판, 이례적인 실수라 치부하고 싶을 수 있다. 그러나 인간관계 문제로 망한 기업을 살펴보면 시간을 6개월이나 12개월 또는 24개월 뒤로 돌려서 문제가 시작된 지점을 찾을 수 있다.

또한 그것이 충분히 일찍 대응했다면 피할 수 있는 문제였음을 알 수 있다. 지분 분할과 관련된 활기찬 대화를 회피한 것, 업계 베테랑을 부주의하게 채용한 것, 억지 화해로 갈등을 덮으려고 건성으로 시도한 것 등 거의 언제나 발단이 된 사건을 지목할 수 있다. 이런 사람 간 문제는 흔히 시간을 낭비하게 만드는 작고 사소해 보이는 일에서 시작된다. 씨름해야 할 더 분명하고 중요한 문제들이 있다. 그러나 인간관계 문제는 시간이 지날수록 점점 커지면서 그 모든 분명한 문제들을 깔아뭉갠다.

이 책에 담긴 다른 모든 주장보다 더 많은 반향을 일으켜야 할 주장이 있다면 바로 이것이다. 기술적, 재무적, 전략적 문제를 우선시해 인간관계 문제를 간과하는 것은 치명적인 함정이다. 사소해 보이고, 정량화하기 힘든 팀의 난관은 단호하게 대응하지 않으면 성공을 저해할 것이다.

뉴턴은 "나는 천체의 운동을 계산할 수 있지만 인간의 광기는 계산할 수 없다"라고 말한 적이 있다. 여러분이 이 책을 통해 인간의 광기를 보다 잘 이해하고, 그 광기가 여러분의 목표를 좌절시키지 않게 하는 강력한 도구를 얻기 바란다.

모닥불 타임을 만든 계기

이 책에 영감을 준 것은 우리가 2015년부터 구글의 스타트업 액셀러레이터 프로그램을 구축하면서 했던 작업이다. 이 프로그램은 전 세계의 유망한 성장 단계 스타트업*을 구글 캠퍼스로 초대해 부트캠프 스타일의 경험을 제공한다. 프로그램의 사명은 모든 유형의 번창하고, 다양하고, 포용적인 스타트업 커뮤니티를 지원하는 것이다. 글로벌 스타트업 허브에는 아프리카, 북미, 남미, 아시아, 유럽의 스타트업들이 포함된다. 흑인과 여성 창업자 같은 소수 집단을 위한 특별 프로그램도 운영한다. 운영 주체인 구글 포 스타트업Google for Startups은 전 세계 도시에 있는 인큐베이터, 스타트업용 사무실, 벤처 투자자 같은 생태계 구축자들과 협력한다.

처음에 이 액셀러레이터 프로그램은 기술 혁신, 신제품 개발, 성장 전략 개발, 사용자 경험 재정의 같은 소위 경성 문제hard stuff에 초점을 맞추었다. 이 프로그램을 만든 팀을 이끈 조시는 일찍이 조직 및 리더십 문제에 대응하는 커리큘럼도 필요하다고 느꼈다. 그 자신이 여러 팀을 구축하면서 경성 문제를 해결하는 것만으로는 충분치 않음을 몸소 체험했기 때문이다.

그 무렵 싱가포르 지사에서 일하던 마틴은 구글이 리더들을 훈련시키는 방식과 스타트업에 대한 최신 연구에 기반한 실질적인 리더십 워크숍을 구축하고 있었다. 마틴의 팀은 구글의 선임 리더들에게 사람 및 문화 문제에 대해 조언했다. 이는 그

---

* 성장 단계 스타트업은 창업 초기 단계를 성공적으로 통과했고, 제품 시장 적합성을 달성했으며, 빠른 성장을 이루기 시작한 기업이다. 그들의 일반적 특징은 증가하는 탄탄한 사용자 기반, 꾸준한 매출 흐름, 명확하고 규모화 가능한 사업 모델이다.

의 '20퍼센트 프로젝트20percent project'였다.*

시범 프로그램이 소규모 예산과 함께 승인되었다. 우리는 집
중적인 대면 워크숍을 통해 창업자들이 인간관계 문제를 해결
하도록 돕는 일에 나섰다. 첫 번째 시범 운영 장소는 인도네시
아 자카르타였다. 놀랍게도 참여 스타트업들은 워크숍이 엄청
나게 가치 있다고 생각했는데, 기계 학습, 성장 전략 수립, 사
용자 경험에 관한 다른 강력한 액셀러레이터 워크숍보다 더
가치 있다고 여겼을 정도였다.

우리는 이런 초기 반응이 예외적인 것이 아닌지 확인하기
위해 벵갈루루에 이어 싱가포르, 상파울루, 도쿄, 텔아비브, 보
고타, 바르샤바, 무스카트Muscat, 샌프란시스코, 런던, 토론토에
서도 같은 워크숍을 시도했다. 이 모든 곳의 창업자들은 연이
어 호평을 해주었고, 우리의 워크숍은 액셀러레이터에서 꾸준
히 최고 평가를 받았다. 그 결과 전 세계의 프로그램 매니저들
이 워크숍을 계속 운영할 수 있도록 진행자들을 교육해달라고
요청했다. 조시는 우리가 충족되지 않은 거대한 수요를 우연히
발견했다고 확신했다.

지난 9년 동안 우리는 70여 개국의 스타트업 팀들을 찾아갔
다. 참가자들은 모든 워크숍 말미에 자신의 팀을 위한 자체 프

● 구글은 직원들이 구글의 제품과 서비스를 구축하는 데 도움이 되는 개인 프로젝트를
추진할 시간을 준다. 직원들은 업무 시간의 20퍼센트를 거기에 할애할 수 있다. 현실
적으로는 직원들이 120퍼센트의 시간 동안 일하는 경우가 많다. 하지만 강한 흥미를
가진 프로젝트이기 때문에 일보다는 놀이처럼 느껴진다.

로그램을 운영할 수 있도록 자료를 자주 요청했다. 또는 우리의 모든 생각과 도구를 담은 책을 어디서 살 수 있는지 물었다. 그들은 그런 책이 없다는 말에 항상 실망했다. 지금까지 구글의 액셀러레이터 프로그램에 선정된 소수의 스타트업만 이 특별한 워크숍에 참가할 수 있었다.

마침내 우리는 인기 많은 1일 워크숍에서 전달하는 통찰과 전략을 이 책에 정리했다. 이 책은 여러 국가, 문화, 산업에 걸쳐 놀랍도록 꾸준하게 나타나는 인간관계 문제를 다룬다. 우리의 방법론은 여러분 자신과 여러분의 팀에 대한 통찰을 뽑아내고, 중요하지만 때로 불편한 대화를 나누는 절차를 갖추고 있다. 우리는 지금까지 긴밀하게 협력한 수백 개 스타트업으로부터 교훈을 얻었다. 우리의 방법론과 도구함이 지닌 각 요소는 수백 번의 실전 검증을 거쳤다. 스타트업 팀들이 유용하다고 말한 부분만 이 책에 담았다.

이 워크숍은 '모닥불 타임'이라 불리게 되었다.

타오르는 모닥불 근처에 서 있으면 어떨지 잠시 상상해보라. 불은 사납고 파괴적인 힘이 될 수 있다. 그럼에도 여기 여러분과 여러분의 친구들은 신중하게 통제된 불길의 빛과 열을 쬐고 있다. 여러분은 불길에 휩싸이지 않고도 그것을 자세히 살펴볼 수 있다. 이 공간에서 모두의 감각이 고양된다. 졸던 사람들은 정신을 차린다. 문제와 불만을 새로운 조명 아래에서 분석할 수 있다.

우리가 워크숍에서 장려하는 것이 바로 이런 경험이다. 엄격한 시간적 제약 아래 거의 불가능한 목표를 위해 협력하는 일은 때로 불길 속에 있는 듯한 느낌을 준다. 우리의 워크숍은 팀원들이 불길에서 한발 물러나 보다 안전하고 시원한 공기 속에서 협력, 그리고 특히 그것이 수반하는 인화점을 검토하게 한다. '모닥불 타임'은 전열을 재정비하고, 사명을 되새기고, 인간관계의 상처를 치료하며, 다음 진격을 준비할 수 있는 구조적인 시간과 장소다. 우리는 스타트업이 이런 유형의 도움에 목말라 하며, 그것이 성공과 실패를 가를 수 있음을 안다.

이 책은 어떻게 다른가

창업자들에게 도움을 주는 비즈니스 도서는 대개 3가지 범주 중 하나에 속한다.

하나는 창업자가 분투, 고전, 성공하는 이야기를 들려주는 성공담이다. 이런 책들은 흔히 영감과 재미를 안겨주며, 세상에 중대한 기여를 한다. 다만 생존자에 편향되어 있다. 즉, 다른 사람들이 실패한 이유를 살펴보지 않은 채 승자들로부터 성공 방정식을 얻을 수 있다고 가정한다. 이런 책을 읽다 보면 시간이 지나서야 얻는 깨달음을 담은 단순한 이야기의 주문에 쉽게 걸려든다. 진정한 스타트업의 여정은 결코 그렇게 명확하지 않다. 이 책은 성공담과 함께 실패담도 자세히 들려줄 것이다. 또한 방대한 데이터와 일화를 바탕으로 유능한 창업자가

하는 일과 무능한 창업자가 하지 않는 일을 드러낼 것이다. 우리는 둘 다로부터 많은 것을 배울 수 있다고 생각한다.

다른 하나는 학문적 성격을 지닌 책이다. 이런 책은 모든 지침을 뒷받침하기 위해 가장 높은 수준의 증거를 제시한다. 우리는 이런 책을 좋아한다. 우리의 직관을 시험하고, 좋은 조언과 나쁜 조언을 가려주기 때문이다. 다만 이런 책은 난해할 수 있으며, 항상 현실에 바로 적용할 수 있는 것은 아니다. 그래서 여러분을 대신해 수십 년에 걸쳐 학계 그리고 전 세계를 돈 우리의 여정에서 나온 연구 자료를 걸러냈다. 우리는 데이터 활용과 관련한 여러분의 가정을 재고하게 하고, 여러분이 무심코 품은 다른 가정에 대한 증거를 제시하고, 여러분이 취할 수 있는 확고하고 실용적인 행동을 알려줄 것이다.

끝으로 대개 똑똑한 컨설턴트들이 쓰는 분석서가 있다. 그들은 좋거나 나쁜 사례를 설명하는 깔끔하고 단순한 틀을 제공한다. 이런 책 중 일부는 큰 인기를 끈다. 세상을 쉽게 이해할 수 있는 방법을 알려주기 때문이다. 그러나 스타트업이 직면하는 난관은 다면적이다. 거기에 대응하기에 깔끔한 틀은 대개 너무 단순하다. 우리는 H. L. 멩켄H. L. Mencken이 한 다음과 같은 말에 동의한다. "모든 복잡한 문제에 대해 명확하고, 이해하기 쉽고, 잘못된 단순한 해결책이 있다." 그럼에도 우리는 복잡한 문제를 단순화하는 일의 가치를 이해한다. 그것은 큰 난관에 대응하기 위한 출발점을 제공하고, 행동을 취하게 하며, 개념을 기억하기 쉽게 만들어서 활용 가능성을 높여준다. 우리는 이 책을 통해 스타트업 구축 과정에서 겪는 어려움을 솔직하게 들려줄 것이다. 그 난잡한 측면을 기피하지 않을 것이다. 동시에 우리는 주의를 기울여야 할 문제들을 부각하는 정신적 모형과 개념적 발판을 제공할 예정이다. 우리의 접근법은 이해에 유용한 부분에만 단순성을 기하는 것이다. 다만 모든 것을 "가능한 한 단순화하되 그보다 단순하게 만들지 말라"는 아인슈타인의 조언을 따르려 노력할 것이다.

우리는 앞선 유형의 책들이 지닌 최선의 요소를 취합해 여러분에게 더욱 유용한 내용을 제공할 것이다. 이 책은 우리가 세상의 모든 지역에서 시드 단계seed-stage 기업부터 3,000명이 일하는 상장사까지 온갖 스타트업을 도우면서 접한 패턴에 바탕을 둔다. 우리는 그 과정에서 수많은 데이터를 수집했다. 우리가 활용한 분석 기법은 이전에는 드물었던 엄격성과 정확성을 제공한다. 여러분은 이 책을 70개국의 수백 개 기업에서 일하는 1만 명을 대상으로 진행한 대규모 정량적, 정성적 관찰 결과로 간주할 수 있다. 우리는 팀이 난관을 헤쳐나가는 데 도움이 된 해결책만을 제공할 것이다. 또한 문제를 올바로 해결한 팀(그리고 해결하지 못한 일부 팀)의 고무적인 이야기도 들려줄 것이다.

누가 이 책을 읽어야 하는가

이 책에 담긴 모든 내용이 여러분에게 항상 적용되는 것은 아니다. 통찰, 이야기, 도구함은 우리가 여러 스타트업을 돕는 과정에서 다듬어졌다. 그러나 여러분이 스타트업에서 일한 적이 없고, 앞으로 그럴 계획이 없다고 해도 엄청난 가치를 얻게 될 것이다.

스타트업은 목표가 가능성의 영역 밖에 존재하는 경향이 있다는 점에서 특이하다. "10퍼센트가 아니라 10배", "원대한 구상"은 이 세계의 구호다. 창업자들은 불가능한 일을 이루려는 엄청난 야심을 품고 있다. 반면 스타트업은 대개 긴박한 자원 제약에 시달리며, 자금이 다 떨어지면 다수가 문을 닫는다. 그들은 아주 짧은 활주로를 달려서 이륙하든지 추락한다. 이 점은 우리가 이 책에서 이야기하는 치열한 환경에 크게 기여한다.

이런 특이한 성격에도 불구하고 스타트업 팀은 대기업 팀이나 적은 예산으로 운영되는 비영리 조직 팀 같은 다른 유형의 팀과 많은 공통점을 지닌다. 어디서든 거대한 야망과 의욕적인 사람들이 한데 뭉치면 치열한 팀 역학이 형성되고, 흔히 스타트업에서 그렇듯 짜릿한 성과를 낳는다. 다른 한편으로는 스타트업이 시달리는 동일한 문제도 다수 일으킨다.

일부 독자는 이 책에 나오는 스타트업 이야기가 정확한 현실을 반영한다고 느낄 것이다. 반면 다른 독자들에게는 현재 자신이 경험하는 현실의 극단적 버전처럼 보일 수도 있다. 그래도 우리는 이 이야기들이 익숙하게 들릴 것이라고 확신한다. 또한 그로부터 나오는 통찰이 어디서 일하든 여러분이 최대의 난관을 헤쳐나가는 데 모닥불 같은 힘과 빛을 안길 것이라고 믿는다.

이 책을 활용하는 방법

1부는 팀 문제가 기술 문제보다 어려운 이유를 탐구한다. 우리는 모든 조건이 유리한 것처럼 보이는 스타트업들이 여전히 실패하는 이유를 분석할 것이다. 우리의 분석은 인간관계 문제를 올바로 해결하면 발생하는 경제적 편익에 초점을 맞출 것이다. 또한 우리가 관찰한 스타트업들이 잘 빠지는 4가지 함정도 분석할 것이다. 우리는 전 세계의 모든 주요 스타트업 허브에서 진행한 워크숍 그리고 학계의 연구 결과를 통해 수집한 데이터를 제시할 것이다. 이 데이터들은 모닥불 타임이 지니는 가치에 대한 확신을 심어주었다. 데이터를 제시하는 과정에서 여러분이 실천에 옮길 수 있는 실용적인 아이디어도 들려줄 것이다.

2부는 앞서 말한 함정을 피하거나 벗어나기 위한 전략과 도구를 소개할 것이다. 2부의 각 챕터는 우리가 1일 워크숍을 위해 개발한 4개의 단계에 기반한다. 거기에는 여러분이 자체 워크숍을 진행하는 데 필요한 단계별 지시 사항, 양식, 지침이 포함된다. 모든 워크숍에는 리더가 필요하다. 따라서 워크숍을 효과적으로 이끌 팀원이나 믿을 만한 멘토를 리더로 지명하는 것을 고려하라. 워크숍 과정을 어떻게 수정하든 간에 제대로 뛰어드는 것이 가장 중요하다. 이 책은 여러분이 독자적인 모닥불 타임을 만드는 데 필요한 모든 걸 제공할 것이다.

3부는 모닥불 타임이 지니는 파급력을 정기적이고 지속적인 관행으로 연장하기 위한 아이디어를 담고 있다. 워크숍에서 촉발된 대화의 내용에 대해 반드시 후속 조치가 따라야 한다. 안 그러면 오랜 행동 패턴이 되살아난다. 이 책은 스타트업이 우리의 도구를 영구적인 의식으로 수용한 결과, 심대한 변화를 경험한 이야기를 들려줄 것이다.

모닥불 타임이 약속하는 것

이 책이 모든 팀을 크게 성공시킬 것이라고 약속하지는 못한다. 사기꾼만이 확실한 성공 비법을 팔려고 애쓸 것이다. 순전한 운을 비롯해 너무나 많은 변수가 작용한다. 다만 우리는 매우 유망한 팀까지 무너트리는 가장 큰 인간관계 문제를 예상하고 대응하기 위한 검증된 수단을 제공하겠다고 약속한다. 이 책의 방법론은 여러분의 노력에 대한 리스크를 줄여줄 것이다.

이 책을 좋은 멘토처럼 활용하라. 자주 다시 들여다보고 생각과 관행을 신선하게 유지하라. 여러분의 팀이 다시 함정에 빠지고 있다는 사실을 인식할 때마다 이 책의 여러 부분을 다시 읽어보라.

강하고 건강한 팀을 개발하는 과정은 진정으로 결코 끝나지 않는다. 그러면 시작해보자!

THE BONFIRE MOMENT

팀 성장을 방해하는
인간관계의 함정

모든 조직은 인간관계 문제를 겪는다

우리는 오전 9시에 넓은 구글 회의실에서 워크숍을 시작한다. 다양한 성장 단계 스타트업 팀에 속한 약 40명이 여러 테이블에 앉아 있다. 장소는 실리콘밸리일 수도 있고, 뉴욕일 수도 있고, 토론토일 수도 있다. 또는 상파울루나 텔아비브, 벵갈루루, 싱가포르일 수도 있다. 어디든 간에 분위기는 거의 언제나 같다. 워크숍에 참가해서 들뜬 참가자도 있고, 뭘 하는지 보자는 참가자도 있으며, 여기 말고 다른 데 있기를 정말 정말 바라는 참가자도 있다.

우리는 세 번째 집단의 짜증과 회의를 이해한다. 그들은 모두 구글의 스타트업 액셀러레이터에 참가한 사람들이다. 이는 엄선된 성장 단계 스타트업에 맞춤형 기술, 제품, 리더십 훈련을 제공하는 프로그램이다. 참가자들은 오늘 인간관계 문제를 중점적으로 다루는 워크숍에 꼬박 하루를 할애해야 한다는 말을 들었다. 그들은 '진지한 창업자와 기술자가 왜 감정적인 문제에 하루를 낭비해야 해?'라고 생각한다. 그들이 다시 진정한 일을 고민하러 갈 수 있도록 워크숍 시간을 견디기로 조용히 작정하는 것이 보인다.

사교적 인사나 분위기를 풀기 위한 활동은 없다. 우리는 곧장 두 스타트업 창업자에 대한 '60초 사례 연구'로 들어가 워크숍을 시작한다. 우리는 모두에게 '어느 창업자가 성공할 가능성이 더 높을지' 맞히는 간단한 예측 게임을 해보자고 말한다.

첫 번째 창업자는 주문형 앱을 만드는 소규모 스타트업의 CTO 앨릭스Alex다. 그는 아이디어가 좋지만, 하급 엔지니어들이 따라오지 못해서 자주 짜증을 느낀다. 모두 같은 명문대 출신인 그들은 이력서상으로는 우수한 소프트웨어 엔지니어처럼 보였다. 그러나 몇 달 동안 매일 스탠드업stand-up 회의를 하고, 매주 갈등을 빚고, 품질관리를 위해 숱한 야근을 한 후, 앨릭스는 희망을 접는다. 그는 (인원 감축을 핑계로) 5명의 하급 엔지니어를 해고하기로 결정한다. 대신 2명의 경험 많고 훨씬 많은 연봉을 받는 엔지니어가 그들을 대체한다.

이 해법은 통하는 것처럼 보인다. 그해에 개선된 제품이 출하되고, '일일 활성 사용자daily active users'가 투자자들의 기대 수준보다 더 늘어난다. 덕분에 더 많은 자금이 들어온다. 그러나 그 직후 가장 똑똑한 엔지니어가 그만둔다. 이유를 묻자 그는 이렇게 대답한다. "솔직히 이사님한테 배울 게 별로 없어요. 여기서는 제가 성장하지 못하고 있어요. 새로운 상사가 멘토링을 해주겠다고 약속한 다른 회사로 옮길 거예요." 앨릭스는 크게 낙담한다. 이제 6개월 제품 로드맵이 위태로워진 게 걱정스럽다.

참가자들이 앨릭스의 불행한 결말을 머릿속으로 받아들이는 동안, 우리는 애그리테크agritech 부문 스타트업의 CEO 대니Dani의 사례로 넘어간다.

그는 고등학교와 대학교 때 지역사회 활동을 하며 카리스마를 습득했다. 그래서 이제는 타고난 리더처럼 수월하게 20명의 직원을 이끈다. 그는 매주 월요일 아침에 직원들을 북돋는 연설을 한다. 또한 습관적으로 사무실에 들러 직원들의 근황을 확인하고, 최대한 높은 야심을 품도록 격려한다. 그는 의리를 중시하기 때문에 초기 직원들을 정말로 아낀다.

1호 직원인 제이컵Jacob은 협력적인 태도를 지니고 적극적으로 일한다. 그의 모습은 대니의 젊은 시절을 연상시킨다. 대니는 제이컵의 커다란 잠재력을 알아보고 그가 성장하도록 돕고 싶어 한다. 그리고 '제이컵을 팀 리더로 키울 거야'라고 생각한다. 그는 제이컵이 팀을 이끈 경험이 없다는 걸 안다. 그래도 항상 그렇듯이 그가 방법을 찾아낼 것이라고 믿는다. 대니는 새로운 역할에 대한 비전을 들려주며 그를 격려한 후, 추가 지원 없이 리더 자리에 앉힌다. 뒤이어 대니는 다른 시급한 문제들로 주의를 돌린다.

곧 제이컵의 팀원들이 대니의 사무실로 찾아오기 시작한다. 그들은 업무 지시를 충분히 받지 못한다며 불평한다. 대니는 제이컵에게 냉정한 피드백을 주기를 주저한다. 과거에는 칭찬만 했기 때문에 태도를 바꾸는 것이 불편하게 느껴졌기 때문이다. 대니는 제이컵이 분명 길을 찾을 것이라고 확신한다. 그러나 몇 달 후, 제이컵의 팀은 OKR*에서 매우 부진한 실적을 낸다. 게다가 스타 직원 중 한 명은 상황이 나아지지 않으면 떠나겠다고 협박까지 한다. 불안해진 대니는 제이컵을 내보낼 수밖에 없다.

이제 우리는 참가자들에게 질문한다. "누가 더 나은 리더일까요? 앨릭스일까요, 대니일까요?"

두어 명이 손을 들어 앨릭스를 옹호한다. 시간과 자원이 부족한 가운데 나름 최선을 다했다는 것이다. 게다가 성과까지 내지 않았는가! 그렇게 하지 못했다면 회사가 인간관계 문제에 대처할 만큼 오래 살아남지 못했을 것이다. 뒤이어 다른 두어 명은 대니를 옹호한다. 그들의 주장에 따르면 대니는 자기 사람들에게 투자할 줄 아는, 분명 더 고무적인 리더다. 다만 유망한 사람을 승진시키는 모험을 했을 뿐이다. 베팅이 항상 맞는 것은 아니다.

---

* OKR은 '목표 및 핵심 결과Objectives and Key Results'라고 부르는 목표 설정 시스템이다. 핵심 성과 지표나 핵심 결과 영역, 균형 성과 기록표, OGSM(최종 목표Objective, 세부 목표Goal, 전략Strategy, 척도Measure) 같은 여타 인기 시스템과 다른 점이 있기는 하지만 그 차이는 우리의 논의와 관계가 없다.

다른 참가자들은 둘 다 좋은 리더가 아니라고 주장한다. 투표할 시간이 되었을 때 우리는 한 명을 고르라고 요구한다. '둘 다 아님'은 선택지에 없다.

"앨릭스가 더 나은 리더라고 생각하시는 분?"

변함없이 절반에 못 미치는 참가자가 손을 든다. 그들 중 일부는 약간 반항적인 기운을 내비친다. 우리가 '인사' 계통 사람이기 때문에 대니 편을 들 것이라고 생각한 듯하다.

"대니가 더 나은 리더라고 생각하시는 분?" 이번에도 절반에 못 미치는 참가자가 손을 든다. 우리는 기권자들을 부드럽게 꾸짖는다.

뒤이어 우리는 질문을 바꾼다. "자신이 앨릭스와 더 비슷하다고 생각하시는 분? 자신이 대니와 더 비슷하다고 생각하시는 분?" 재미있게도 앨릭스가 더 나은 리더라고 생각한 사람들은 자신이 그와 더 비슷하다고 생각한다. 대니를 지지한 사람들도 마찬가지다.

흥미롭다. 키득거리는 소리가 회의실을 채운다. 이런 현상에 대한 하나의 설명은 사람들이 자신의 리더십 스타일을 좋아하며, 비슷한 사람을 옹호한다는 것이다. 혹은 사람들이 앨릭스나 대니가 저지른 실수를 통해 자신의 실수를 보기 때문에 더 관용적인 태도를 보인다는 것이 더 나은 설명일지도 모른다.

우리는 2가지 새로운 질문을 던진다. "앨릭스를 채용하실 분? 대니를 채용하실 분?" 이 시점에서 대개 흐름이 바뀐다. 올라온 손을 보면 대다수 사람은 앨릭스를 채용하고 싶어 한다.

전부는 아니지만 대다수가 그렇다.

뒤이어 마지막 질문이 제시된다. "누구 밑에서 일하고 싶나요? 앨릭스입니까, 대니입니까?" 대다수 사람은 대니를 선택한다. 그들은 앨릭스를 채용할 것이지만 대니 밑에서 일하는 걸 선호한다!

"이제 아시겠습니까? 여러분의 태도가 심하게 비일관적이라는 걸 말입니다. 여러분 중 대다수는 밑에서 일하고 싶지 않은 사람을 채용하려 합니다!"

참가자들이 이 역설을 머릿속에서 받아들이는 동안 어색한 웃음소리가 들린다. 뒤이어 사색에 잠긴 침묵이 흐른다. 우리는 바늘 떨어지는 소리가 들릴 정도로 아무런 말도 하지 않는다. 이제 모두가 우리에게 초집중한다. 방금 우리는 오늘의 첫 번째 핵심 메시지를 전달했다. 인간관계 문제는 어렵다. 그 문제에 올바로 대처하는 것은 스타트업의 성패를 가를 수 있다.

누구도 워크숍에 대해 더 이상 냉소적이거나 무관심하거나 못마땅한 태도를 보이지 않는다. 감정적인 인간관계 문제가 실제로 매우 중요하다는 걸 깨달은 것이다. 그들은 전적으로 몰입한다.

시간은 9시 30분 무렵이다. 그들의 사업 그리고 심지어 삶까지 바꿀 워크숍을 본격적으로 시작할 때다.

로켓 공학이 인간관계보다 더 쉽다

당신이 스타트업을 시작하거나 스타트업에 들어간 이유는, 분명 멋진 기술로 중요하고 어려운 난관을 해결하는 일에 도움이 되고 싶었기 때문일 것이다. 당신은 아마 일과 중 대부분의 시간 동안 어렵고, 복잡하고, 성가신 문제와 씨름할 것이다. 그리고 스타트업 세계에 들어오면 동료들이 그 어렵고, 복잡하고, 성가신 문제의 일부가 될 줄은 꿈에도 몰랐을 것이다.

"이건 로켓 공학이 아냐"라는 흔한 말을 들어보았을 것이다. 이 말은 사람을 다루는 '연성soft' 문제와 혁신을 다루는 '경성hard' 문제를 비교하는 데 사용된다. 아이러니한 점은 인간이 로켓 공학을 놀랍도록 잘하게 되었다는 것이다. 나사는 일찍이 1970년대부터 로켓을 40만 킬로미터 떨어진 달까지 날려 보낸 다음, 목표 지점의 0.2킬로미터 이내에 착륙시킬 수 있었다.

이 사실과 우리가 인간 행동을 이해하고 예측하는 데 어려움을 겪는다는 사실을 비교해보라. 사회과학자들은 진보한 실험 기법을 활용해 50퍼센트의 정확성으로 인간 행동을 설명할 수 있을 때 흥분한다. 그들은 이를 강한 상관성이라 부른다. 나머지 절반은 근본적으로 고려되지 않는다. 그걸 보고 세상 어딘가에서 실제 로켓 공학자는 웃거나, 울고 있다!

우리가 사람을 이해하기 위해 활용하는 도구는 지속적으로 개선되었다. 그러나 뛰어난 팀 문화를 구축하고 유지하는 일은 어렵고, 복잡하고, 성가시다. 들어가며에서 언급한 대로 하버드경영대학원과 매킨지의 공동 연구 결과, 투자를 유치한 스타트업의 65퍼센트가 실패한 주된 요인은 인간관계 문제다.[6] 2020년에는 하버드대, 스탠퍼드대, 시카고대 팀이 이 연구를 재현했다. 그들은 전 세계에 걸쳐 700개 벤처 투자사를 면밀히 조사한 후 비슷한 양상을 확인했다. 요컨대 스타트업이 실패하는 단연 최고의 원인은 사람과 관련된 것이었다.[7]

사람과 관련된 가장 큰 문제는 대개 창업팀 내부의 갈등이

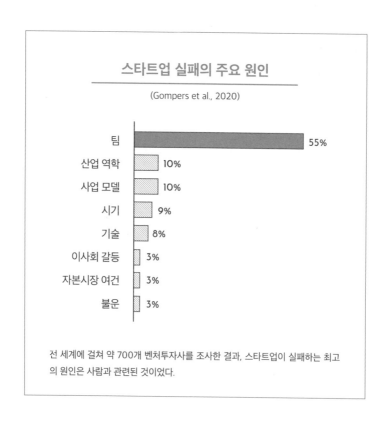

스타트업 실패의 주요 원인

(Gompers et al., 2020)

팀	55%
산업 역학	10%
사업 모델	10%
시기	9%
기술	8%
이사회 갈등	3%
자본시장 여건	3%
불운	3%

전 세계에 걸쳐 약 700개 벤처투자사를 조사한 결과, 스타트업이 실패하는 최고의 원인은 사람과 관련된 것이었다.

었다. 공동 창업자들은 팀원이 최선을 다하지 않거나, 충분히 헌신하지 않거나, 보유하고 있을 줄 알았던 기술을 갖고 있지 않거나, 제품이나 자금 조성 또는 엑시트exit 계획에 대한 우선순위가 다를 때 불만을 품는다. 사업 담당 창업자는 기술 담당 창업자가 월드 클래스 제품을 만들기 위해 알아야 할 모든 것을 알 거라고 가정한다. 기술 담당 창업자는 사업 담당 창업자가 고객과 투자자에게 줄곧 과도한 약속을 하고, 일의 복잡성이나 너무 빨리 나아가는 데 따른 기술적 리스크를 과소평가하는 것에 불만을 품는다.

이런 문제의 목록은 계속 이어진다. 스타트업 리더들은 사업 규모를 키울 때 좋은 사람을 채용하는 일이 엄청나게 어렵다는 사실을 깨닫는다. 반면에 비생산적이고 해로운 팀원을 내보내는 데 너무 오랜 시간을 들인다. 의사 결정의 효율성도 떨어진다. 본능적으로 합의를 추구하지만 그게 갈수록 어려워지기 때문이다. 그들은 시간, 노력, 현금 또는 이 모든 것에 대한 우선순위를 정하는 일에도 애를 먹는다.

이 모든 문제를 고려하면 공동 창업자의 55퍼센트가 사업 시작 4년 안에 동업 관계를 끝내는 게 놀라운 일이 아니다.[8]

벤처 투자자는 기수에게 베팅한다

벤처 투자 업계는 말을 보고 베팅하는 게 나은지, 기수를 보고 베팅하는 게 나은지 오랫동안 논쟁을 벌였다. 말은 제품, 전략, 재정 상태를 말한다. 기수는 창업자와 팀을 말한다. 토머스 데이비스Thomas Davis는 실리콘밸리의 성공적인 초기 벤처투자자 중 한 명으로서 일찍이 인텔과 애플을 지원했다. 그는 이 문제에 대해 명확한 입장을 갖고 있다. "사람이 제품을 만들지, 제품이 사람을 만드는 게 아닙니다."[9]

앞서 제시한 실패 요인들을 감안할 때 대다수 벤처 투자사

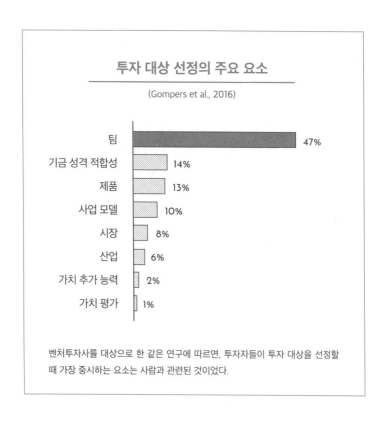

투자 대상 선정의 주요 요소

(Gompers et al., 2016)

팀	47%
기금 성격 적합성	14%
제품	13%
사업 모델	10%
시장	8%
산업	6%
가치 추가 능력	2%
가치 평가	1%

벤처투자사를 대상으로 한 같은 연구에 따르면, 투자자들이 투자 대상을 선정할 때 가장 중시하는 요소는 사람과 관련된 것이었다.

가 기술적 혁신이나 사업 모델보다 창업팀의 강점에 더 주의를 기울이는 것이 놀랍지 않다. 데이터에 따르면 전 세계 벤처 투자사 중 47퍼센트는 창업팀을 투자 결정에서 가장 중요한 요소로 꼽았다. 이 비율은 제품(13퍼센트), 사업 모델(10퍼센트), 시장(8퍼센트) 같은 다른 요소의 비율을 훌쩍 뛰어넘는다.[10]

증거는 여기서 끝나지 않는다. 강한 팀은 원대한 목표를 달성하는 데 궁극적으로 중대한 차이를 만든다는 사실을 증명하는 엄격한 연구 결과도 나와 있다.

스탠퍼드대 교수인 찰스 오라일리Charles O'Reilly와 동료들은 "기술 기업의 문화는 재무적 성과에 어떤 영향을 미칠까?"라는 의문을 품었다.[11] 그들은 기술 부문에서 올바른 팀 문화는 해당 기업의 가치 평가에서 50퍼센트, 애널리스트의 매수/매도 추천에서 51퍼센트의 비중을 차지한다는 사실을 확인했다.

강력한 문화는 항상 중요하다. 힘든 시기에는 더욱 그렇다. 40년에 걸쳐 기업 성과를 분석한 결과에 따르면, 강력한 문화를 지닌 기업은 금융 위기와 불경기 때 다른 기업들보다 훨씬 나은 성과를 낸다. 단적으로 2000년부터 2002년까지 닷컴 버블이 붕괴하던 13개월과 2008년과 2009년에 걸쳐 글로벌 금융 위기가 발생한 8개월을 살펴보라. 다음 그림은 이 시기의 차이를 보여준다.[12] 강력한 문화의 혜택은 바다가 잔잔한 시기에는 은은하지만 폭풍우가 불 때는 두드러진다.

우리는 새로운 시장으로 서둘러 진입해 규모를 달성하려고 노력하는 10억 달러 규모 기업의 CEO들과 이야기를 나누었

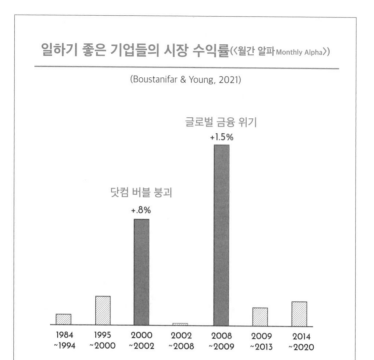

일하기 좋은 기업들의 시장 수익률(《월간 알파Monthly Alpha》)

(Boustanifar & Young, 2021)

글로벌 금융 위기
+1.5%

닷컴 버블 붕괴
+.8%

| 1984 | 1995 | 2000 | 2002 | 2008 | 2009 | 2014 |
| ~1994 | ~2000 | ~2002 | ~2008 | ~2009 | ~2013 | ~2020 |

강력한 문화의 혜택은 바다가 잔잔한 시기에는 은은하지만 폭풍우가 불 때는 두드러진다. 2000년 닷컴 버블 붕괴와 2008년 글로벌 금융 위기가 발생했을 때 강력한 문화를 지닌 기업은 다른 기업보다 훨씬 나은 성과를 냈다.

다. 그들은 회사가 대응할 수 있는 것보다 더 큰 시장이 있다고 거듭 말했다. 그들은 뛰어난 제품 아이디어와 자금원을 갖추었다. 단연코 그들의 성장을 가장 크게 저해하는 요인은 좋은 인재를 충분히 채용하고 팀을 이루어 효과적으로 일하게 하기가 어렵다는 것이었다.

팀을 망치는 2가지 방식

앨릭스와 대니의 이야기로 다시 돌아가자. 이 두 사람은 우리가 아는 실제 스타트업 창업자로, 이름과 몇 가지 세부 사항만 바꾸었다. 우리는 그들이 겪은 고통스러운 경험에 대한 이야기를 들었다. 그 안에는 그들이 직면한 압박, 성격이 미치는 영향, 위기에 빠진 자존심이 담겨 있었다. 안타깝게도 그들의 이야기는 수백 명의 다른 창업자가 들려주는 이야기와 비슷했다. 그들은 둘 다 리더로서 해내야 할 가장 어려운 과제를 달성하지 못했다. 그것은 성과를 내는 일과 강력한 팀 문화를 구축하는 일 사이에서, 즉 성과와 사람 사이에서 줄타기를 하는 것이다. 앨릭스는 달성이 불가능한 제품 로드맵에 따른 압박에 시달렸다. 그가 보인 반응은 팀이 성과를 극대화하도록 밀어붙이는 것이었다. 그는 공학을 공부했을 뿐, 사업에 뛰어들기 전 팀을 이끄는 훈련을 받은 적이 없었다. 그는 겉으로 표현하지는 않으나 궁극적으로 좋은 의도를 갖고 있었다. 그럼에도 팀이 자신에게 무엇을 필요로 하는지 고려할 시간이 없다고 생각했다. 대신 자신이 팀한테 필요로 하는 것에 초점을 맞추었다. 그의 회사에서 일한 최고의 엔지니어가 "여기서는 누구도 저를 돌봐주지 않아요. 그렇다면 제가 저 스스로를 돌보는 편이 나아요"라고 결론지은 것은 놀라운 일이 아니었다.

반면 대니는 카리스마 넘치고 사람을 중시하는 리더로서 자신의 좋은 의도를 그대로 드러냈다. 제이컵을 승진시킨 것은 대단히 공개적으로 리스크를 감수한 일이었다. 대니는 그에게 큰 기대를 걸었다. 그러나 그 기대는 제이컵을 지원하고 그가 새로운 팀을 이끌도록 돕는 세심한 계획으로 뒷받침되지 않았다. 사람에 대한 대니의 직감적 결정은 일반적인 부실한 후속 조치로 이어졌다. 대니는 또한 갈등을 기피하고 즐거운 팀 분위기에 초점을 맞추는 것을 좋아했다.

대니는 여러 실수를 저질렀다. 가장 큰 실수는 비공식 경로로 들어온 불만을 처리하는 과정에서 불거졌다. 물론 대니는 제이컵의 팀에서 나온 부정적 피드백을 들었다. 그는 제이컵을 대신해 팀원들의 단기적인 필요에 대응하기 위한 지침을 제시했다. 그러면서 제이컵도 격려해주었다. 대니가 하지 않은 것은 훨씬 어려운 일이었다. 그 일은 구체적인 피드백 내용을 제이컵과 공유하고 팀을 이끄는 방법을 조언하는 것이었다. 머지않아 상황은 완전히 통제할 수 없는 지경에 이르렀고, 대니의 사업은 앨릭스의 사업처럼 위기에 빠졌다.

어려운 문제를 해결하기 위한 소프트 스킬

다행히 앨릭스와 대니가 저지른 실수를 피하는 세 번째 접근법이 있다. 기한을 맞추기 위해 팀을 위기에 빠트리거나(앨릭스), 팀을 애지중지하다가 OKR을 위험에 빠트릴(대니) 필요가 없다. 대신 알디Aldi처럼 팀을 이끌면 된다.

알디 하르요프라토모Aldi Haryopratomo는 스타트업 창업자로서 어렵고 의미 있는 문제를 해결하는 한편, 꾸준히 탁월한 실적을 올리는 팀을 구축하는 일에 집착한다. 하버드 경영대학원을 졸업하고 보스턴 컨설팅 그룹Boston Consulting Group에서 일한 그는 인도네시아의 초기 기술 스타트업 중 하나를 창립했다. 그의 회사 마판Mapan은 대형 은행들이 외면하는 수백만 인도네시아 가구를 위한 뱅킹 서비스를 만들고자 했다.

마판은 현장에서 지역사회에 필요한 새로운 금융 상품 및 기회를 제공했다. 거기에는 선불 폰 크레디트prepaid cell phone credit를 파는 농촌 여성에게 도움을 주는 비즈니스 인 어 박스business-in-a-box(사업 운영에 필요한 모든 요소를 포괄적으로 제공하는 서비스-옮긴이) 모델부터 보다 저렴한 상품 및 서비스에 접근하게 하는 계契모임형 저축과 대출 상품까지 모든 것이 포함되었다. 알디는 동남아시아의 가장 성공적인 기술 기업 중 하나인 고젝Gojek으로부터 창립 CEO로서 자사의 핀테크 그룹인 고페이Gopay를 이끌어달라는 요청을 받았다. 고페이는 고젝이 알디의 마판(대출 회사), 미드트랜스Midtrans(결제 중개 회사), 카르투쿠Kartuku(오프라인 결제 서비스 제공 회사), 이 3개의 핀테크 스타트업을 인수해 만든 회사였다.* 알디는 초기 몇 년 동안 고페

---

* 유능한 기업가인 알디는 고젝 창업자 나디엠 마카림Nadiem Makarim에게 도약대를 제공하기도 했다. 나디엠은 하버드에서 알디를 만난 후 2010년에 그의 밑에서 여름 인턴으로 일했다. 나머지 이야기는 익히 알려져 있다.

이를 이끌면서 2022년에 예정된 상장을 준비했다. 그 이후에는 회사를 떠나 다음 스타트업을 구상하는 한편, 인도네시아의 여러 헬스테크 및 애그리테크 기업의 이사회에서 일했다.

우리는 2015년에 싱가포르에서 진행된 액셀러레이터 워크숍 때 알디를 처음 만났다. 말레이시아, 베트남, 태국, 싱가포르, 인도네시아, 필리핀에서 가장 유망한 성장 단계 스타트업들이 모인 자리였다. 우리는 스타트업의 속사정과 운영의 어려움에 대해 알디와 깊고도 훌륭한 대화를 여러 차례 나누었다.

알디에게 회사 문화를 조성하는 일에 어떻게 접근하는지 물어보면 그는 들뜬 표정으로 자신을 '사회적 해커'이자 인간 행동의 학습자로 먼저 소개할 것이다. 그의 핵심 신념을 한마디로 말하자면 이렇다. 모든 사람은 더 나은 미래를 염원하며, 그들의 목표를 진전시키는 사회적 구조를 갖추면 대다수 사람들은 꾸준히 좋은 결정을 내린다. 알디는 초대형 교회와 사이비 교주들이 충성스러운 추종자 집단을 구축하는 방식을 연구했다. 그리고 그 내용을 바탕으로 좋은 (그리고 우리가 강조하는 바로는 비조작적인) 목표를 추구하기 위한 전략을 수립했다.

가령 그는 마판을 이끌 때 소비자를 위한 지역 모임을 만들었다. 그 목적은 회원들이 각자의 재정적 목표를 달성하는 일을 서로 돕게 하는 것이었다. 여성으로만 구성된 이 모임은 매주 만나서 자신의 사명에 대한 노래를 같이 부르는 의식을 치렀다. 이는 가족을 부양하는 꿈을 계속 추구하는 데 도움을 주었다. 또한 그들은 서로에게 그리고 가족에게 헌신하며, 목표를 향해 나아간다는 맹세를 읽었다. 의식에서는 각 모임에 부여된 고유의 색色과 표식을 두드러지게 활용했다.* 아울러 그는 지역 모임을 지원하는 팀과 소통할 때, 그들이 섬기는 사람들에 대한 명확하고 반복적인 메시지 그리고 설득력 있는 이야기를 활용했다. 또한 그들이 추구해야 할 높은 기준을 설정했다.

알디는 열띤 목소리로 우리에게 "저는 좋은 문화가 놀라울 정도의 경제적 잠재력을 지닌다고 전적으로 확신합니다"라고 말했다. 그 증거로서 그는 지역 모임에 속한 여성에게 생각지도 못한 감사 전화를 받았던 일을 회고했다. 전날, 대형 태풍이 그 여성이 살던 지역을 강타했다. 그날은 마판이 그녀에게 물품을 보내기로 한 날이었다. 물론 그녀는 날씨 때문에 가망이 없다고 생각했다. 하지만 어찌 된 일인지 마법처럼 알디의 배달부가 쏟아지는 폭우 속에서 오토바이를 타고 흠뻑 젖은 채로 나타났다. 그는 웃으며 그녀에게 전혀 젖지 않은 물품을 건넸다.

어떻게 이런 일이 가능했을까? 배달부는 그 여성의 가족이 몇 주 동안 돈을 아껴서 전기밥솥과 선풍기처럼 생활을 편하

---

*　이 사업 모델은 여성에게 가족을 위해 쉼 없이 일하라고 압박하는 전통적인 젠더 역할을 고수하는 것처럼 보일지 모른다. 그러나 이런 유형의 마이크로 파이낸싱micro-financing은 인도네시아 같은 지역에서 정반대 효과를 발휘했다. 즉, 여성이 남성들만큼 재정적으로 가족을 부양할 수 있음을 보여주었다. 실제로 여성이 돈을 벌면 사업이나 교육 같은 생산적인 용도에 쓰는 경우가 더 많다는 증거가 있다. 알디의 모델은 여성에게 힘을 준다. 그들이 가족을 빈곤으로부터 구제하고, 젠더 고정관념에 따른 가정 내 책임 관계를 강화하지 않기 때문이다.

게 해줄 귀중한 가정용품을 샀다는 사실을 알았다. 또한 그들이 자신에게 의지하고 있음을 알았다. 그래서 사소하지만 심대한 파급력을 지닌 일을 했다. 그는 물품이 젖지 않도록 재킷으로 덮은 다음 태풍을 뚫고 달렸다.

조직심리학자들은 이런 유형의 자발적이고 특별한 행동을 '재량적 노력discretionary effort'이라 부른다. 이런 노력은 직무의

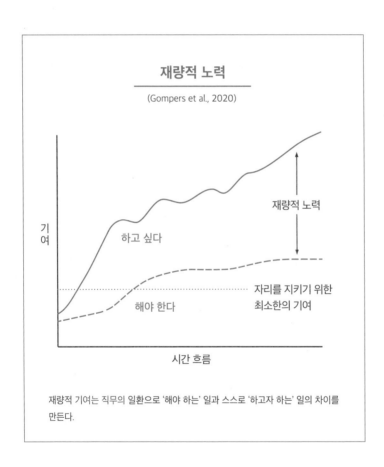

재량적 기여는 직무의 일환으로 '해야 하는' 일과 스스로 '하고자 하는' 일의 차이를 만든다.

일환으로 '해야 하는' 일과 스스로 '하고자 하는' 일의 차이를 만든다.[13] 그 원동력은 추가적인 노력을 기울이려는 열정이다. 열정은 선택권이 주어진 상황에서 어느 정도의 노력을 기울일지 좌우한다. 재량적 노력은 위대한 발명이 이루어지고, 목표 달성이 불가능해 보일 때도 팀들이 끈기를 발휘하는 이유다. 그래서 호황기 때는 탁월한 성과를 내고, 금융 위기나 불경기, 팬데믹, 태풍이 닥쳤을 때는 그보다 더 나은 성과를 내도록 한다.

넥스트 점프Next Jump의 창업자이자 공동 CEO인 찰리 김Charlie Kim은 같은 생각을 보다 산뜻한 단어로 표현한다. 그의 회사는 이를 '개스GAS(신경 쓰기Give a shit)' 문화라 부른다. 그들은 신경 써서 일하는 사람들로 팀을 구축했다. 알디의 스타트업은 사명에 크게 신경 쓰는 사람들로 가득했다. 이는 성공의 주요 요소가 되었다. 앨릭스나 대니와 달리 알디는 팀에 높은 기대를 갖는 일과 목표를 충족하도록 고무하는 일 사이의 균형을 찾는 데 성공했다. 덕분에 확연히 다른 결과를 낼 수 있었다.

알디는 이 책에 통찰을 빌려준 실로 탁월한 여러 창업자 중 한 명이다. 그들의 이야기는 모두 고유하다. 그러나 그들이 팀을 이끌어 불가능한 목표를 달성한 방법에는 일정한 패턴이 있다.

스타트업을 무너트리는 4가지 예측 가능한 함정

2부에서 알디의 팀처럼 뛰어난 팀을 구축하기 위한 도구와 전술을 제시할 것이다. 그 전에 1부의 나머지 부분에서는 스타트업의 발목을 잡는 4가지 주요 함정을 보다 깊이 파고들 작정이다. 이 함정들은 은근하고 기만적이다. 처음에는 유혹적이고 심지어 유익하게 보이지만 돌발적으로, 예측할 수 없이 튀어나오는 중대한 장애물을 품고 있다. 또한 대다수 사람들이 인식하기도 전에 팀의 의욕과 효력을 갉아먹는다. 우리는 창업자들을 도와줄 때 경고 신호를 인식하는 법부터 교육한다. 경고 신호는 훈련받기 전에는 보이지 않는 경우가 많다. 경고 신호를 인식하는 법을 익히고 나면 리스크를 완화하기 위한 구조와 관행을 도입할 수 있다.

다음은 앞으로 몇 개 챕터에 걸쳐 4가지 함정에 대해 자세히 살펴볼 내용을 정리한 것이다. 2부에서는 우리의 워크숍을 통해 이 함정들을 극복하는 방법을 알려줄 예정이다.

1. 속도의 함정 빠른 속도로 사업을 운영하는 것은 매우 예측 가능한 단점을 수반한다. 바로 장기적 사고를 후순위로 만들고, 잠재적으로 해로운 팀의 역학을 과소평가하거나 무시하는 것이다. 이는 팀을 파괴적인 경로로 나아가게 만든다. 리더의 역할은 성과 달성과 인적 투자, 무엇을 할지와 어떻게 할지 사이에서 올바른 균형을 잡는 것이다. 그래야 양질

의 월드 클래스 제품과 일 잘하는 드림팀을 같이 만들 수 있다. 시간적 제약에 시달리는 팀에서는 이 상충하는 우선순위가 줄다리기를 하며, 대개 과제 목록이 인적 투자를 이긴다. 해당 챕터에서 팀 문화를 결정하는 초기 선택이 성패 여부를 예측하는 데 도움이 된다는 흥미로운 연구 결과를 제시할 것이다.

2. 이너서클inner circle**의 함정** 대다수 스타트업(대기업 내 신사업부 포함)은 창업자의 전 협력자나 친구, 때로는 가족으로 구성된 긴밀한 이너서클에서 출발하는 경향이 있다. 데이터에 따르면 매우 친밀한 개인적 관계를 안정적인 동업자 관계로 전환하는 것은 어려운 일이다.[14] 이너서클은 건강한 갈등, 의견 불일치, 불쾌한 대화를 거부한다. 하지만 우리의 데이터는 이 모든 것이 양질의 일을 하는 데 필수적인 요소임을 보여준다.

3. 이단아적 마음가짐의 함정 많은 창업자는 규범에 도전하고 성숙한 산업을 뒤흔들 기회로서 스타트업에 이끌린다. 그러나 그런 에너지를 전통적인 경영 관행을 뒤엎는 일에 기울이면, 일부 관행이 유지된 데는 그럴 만한 이유가 있다는 것을 깨닫게 되는 경우가 많다. 가령 이단아 마음가짐을 가진 창업자들은 평등주의를 강제하려고 지분을 동등하게 나눈다. 그러면서도 다른 주주들에게 어떤 기대를 품고 있는지

밝히지 않는다. 이는 모호한 권력 공유 구조를 낳는다. 또한 그들은 관료적 체제를 만들까 우려해 위계질서를 도입하지 않거나, 영웅적 행동에 지나치게 의존하거나, 불가피하고 건강한 갈등까지 포함해 모든 갈등을 무마하려고 열심히 노력한다. 이런 행위는 모두 심각한 피해를 초래할 수 있다.

4. 자신감의 함정 불가능한 성장 목표를 추구하거나, 갈수록 큰 책임을 지거나, 팀의 인원을 빠르게 늘리거나, 6개월마다 매출을 2배로 늘리려 하거나, 연이은 난관에 직면할 때는 능력에 의구심이 들기 시작하는 게 당연하다. 겉으로 말하지는 않지만 흔히 자신에게 던지는 질문으로는 "내가 이 팀을 이끌 적임자일까?" "이 일을 한 번도 안 해봤다는 걸 어떻게 숨기지?" "운이 없는 걸까, 아니면 그냥 무능한 걸까?" 등이 있다. 우리의 데이터는 대단히 유능한 창업자가 충분히 도움을 구하지 않는 무능한 창업자보다 자신감이 많이 부족하다는 것을 말해준다.

앞서 골치 아픈 인간관계 문제를 여럿 소개했다. 수백 개 스타트업이 이 책의 절차를 적용해 그런 문제를 이해하고, 공개적으로 드러내고, 해결했다. 지금부터는 이런 함정들을 벗어나는 길을 안내할 것이다. 또한 그 일을 해낸 리더들의 보다 고무적인 이야기도 함께 들려주겠다.

속도의 함정

스타트업은 2가지 게임을 플레이해야 한다. 하나는 단기 게임이고 다른 하나는 장기 게임이다. 둘 다 중요하지만 매일 생존 투쟁을 벌이다 보면 장기 게임을 잊어버리는 경우가 많다.

단기 게임은 아이디어를 개발하고, 프로토타입을 만들고, 베타 제품을 출시하고, 제품의 시장 적합성을 찾고, 자금 조달을 위한 홍보를 하는 것이다. 그 핵심은 2가지 주요 자원인 현금과 시간을 끊임없이 관리하면서 "어떻게 하면 최단 기간에, 최소한의 현금으로 사업을 구축할 수 있을까?"라고 묻는 것이다. 따라서 사업 초기에 가장 중요한 2가지 척도가 자금 소진율(매출을 초과해서 쓰는 현금은 얼마나 되는가?)과 자금 소진 기간(현재 자금 소진율로 몇 달이나 버틸 수 있는가?)인 것은 당연한 일이다. 단기 게임에서는 속도가 무엇보다 중요하다.

그다음으로 장기 게임이 있다. 기술 부채technical debt*를 낮게 유지하고, 스마트 머니smart money**를 제공하는 투자자를 선택하고, 귀중한 멘토를 찾고, 같이 오래갈 팀을 구성하고, 좌절을 이기고 버티는 것이 그에 해당한다. 사업 첫날에 장기 게임과 관련해 내리는 결정은 500일 차에 내리는 결정과 다르게 보일 것이다. 하지만 오해하지 말라. 장기 게임은 공동 창업자를 고르는 첫날부터 시작된다. 500일 차에는 30번째 직원이나 첫 번째 투자자를 고르는 일이 장기 게임이 될 수 있다. 또는 사람들에게 화려한 직책을 줄지 여부를 결정하는 일이 될 수도 있다. 장기 게임을 하는 창업자는 얼마나 멀리, 크게 나아갈 수 있는지 내다본다. 그리고 제품과 팀에서 실패 요소를 제거하기 위해 노력한다. 장기 게임에서는 선견지명이 무엇보다 중요하다.

두 게임은 모두 중요하지만, 근본적으로 상충한다.

단기 게임은 산만한 방식을 중시한다. 반면 장기 게임은 일을 잘하는 것을 중시한다.

단기 게임은 취약하더라도 신선한 아이디어를 찾는다. 반면

---

* 기술 부채는 개발팀이 나중에 수정이나 재작업이 필요하더라도 제품 및 기능 출시를 앞당기기 위한 행동을 취할 때 발생한다. 버그가 있는 코드, 지연 시간 latency, 문서화 부족이 모두 기술 부채를 만든다. 이는 양질의 코드보다 속도를 우선시할 때 흔히 생기는 결과다.

** '스마트 머니' 투자자는 시간과 전문성뿐 아니라 스타트업이 초기 고객과 직원을 구할 수 있는 인맥까지 같이 투자한다.

장기 게임은 그런 아이디어가 흔해 빠졌으며, 궁극적으로는 실행이 가장 중요하다는 것을 안다.

단기 게임은 '생존 가능성'을 따진다. 반면 장기 게임은 '확장 가능성'을 따진다.

단기 게임은 뛰어난 제품을 요구한다. 반면 장기 게임은 뛰어난 팀을 요구한다.

단기 게임에서 리더는 수석 벽돌공이다. 반면 장기 게임에서 리더는 수석 건축가다.

두 게임은 리더의 시간을 놓고 경쟁한다. 스타트업의 가장 힘든 과제는 장기 게임을 위험에 빠트리지 않고 단기 게임에서 이기는 방법을 찾는 것이다. 이 문제에 대한 답을 찾지 못하면 우리가 말하는 속도의 함정에 이미 빠진 것인지도 모른다.

오해하지 말라. 단기 게임은 극히 중요하다. 수많은 스타트업들이 뛰어난 아이디어를 시장에 선보이는 시대에서는 경쟁자를 따돌리기 위해 빠르게 움직여야 할 절박한 필요성이 있다. 그들은 서둘러 실시간 피드백을 받아야 한다. 따라서 고도로 집중하고, 엄청나게 오랜 시간 동안 일하고, 빈 피자 박스와 음료수 캔이 쌓여야 할 이유는 있다. 아드레날린이 분비될 만큼 극심한 압박을 받을 때는 모두가 일일 과제 목록을 추려내야 한다. 중요하지만 당장 불을 끌 필요가 없는 모든 일은 옆으로 제쳐둬야 한다. 자금을 확보하기 위한 조건으로서 제품이 제대로 작동하며, 얼리 어답터early adopter들이 구매하리라는 것을 증명해야 한다.

문제는 1차나 2차, 심지어 3차 자금 조달도 많은 초보 창업자가 오해하는 대로 결승선이 아니라는 것이다. 각 단계의 자금 조달은 다음에 오를 산으로 향하는 또 다른 진전의 시작일 뿐이다. 그래서 정신없는 시간과의 싸움이 계속된다. 그것은 단기적 문제에 대한 단기적 해결책이 아닌, 팀의 리듬에서 영구적인 부분이 된다. 누구도 한숨을 돌릴 틈이 있다고 느끼지 못한다. 팀 내 문제는 너무 커져서 무시할 수 없을 때까지 뒤로 밀려난다. 이 지경이 되면 번개 같은 속도에 집착하느라 팀의 탄탄한 토대를 갖추지 못한 것이 장기 게임에서 이길 가능성을 떨어트린다.

이것이 속도의 함정이다. 단기 게임에 과도하게 집중하는 것은 궁극적으로 현금이 떨어지는 것이나 경쟁자에게 뒤처지는 것만큼 큰 피해를 일으킬 수 있다.

5,000만 달러짜리 성급한 결정

우리가 관찰한 바에 따르면 팀들이 너무나 자주 저지르는 전형적인 실수가 있다. 바로 창업팀의 시급한 빈자리를 메우려고 서둘러 공동 창업자를 들이는 것이다.

당신이 창업의 여정을 이제 막 시작했다고 상상해보자. 당신에게는 경험 많은 영업 임원이 필요하다. 당신은 일류 대기업에서 수석 영업 관리자로 일하며 시니어 경력을 쌓고 있는 사람을 친구 소개로 만난다. 그는 처음으로 스타트업에 뛰어들고 싶어 한다. 그래서 본인 자금을 어느 정도 투자하고 정식 임원으로서 초기 대형 고객들을 끌어오겠다고 제안한다. 그 대가로 그가 원하는 것은 25퍼센트의 지분과 공동 창업자라는 지위다.* 현재 당신이 가진 것이라고는 홍보 자료와 프로토타입 앱 그리고 약간의 비공식적 사용자 조사 결과뿐이다.

잠시 시간을 갖고 '새 공동 창업자를 팀에 받아들이는 일의 진정한 가치는 무엇일까?'라고 자문해보자. 처음에는 아주 좋은 조건처럼 보인다. 당장 자금이 생길 뿐 아니라 내키지 않는 모든 영업 활동을 책임질 전문가까지 들어오니 말이다. 당신은 정말로 좋아하는 제품 개발에 집중할 수 있는 여유를 얻게 된다. 이것만으로 설득이 된다면 당신은 단기 게임에 과도하게 초점을 맞추고 있는 것일지도 모른다.

장기 게임을 고려해 평가하자면 이렇다. 예컨대 사업이 잘 풀려서 몇 년 만에 당신의 스타트업은 유니콘으로서 10억 달러의 가치를 인정받는다. 수차에 걸친 자금 조달로 인해 공동 창업자의 지분은 5퍼센트로 희석된다. 그래도 그 가치는 5,000만 달러에 이른다. 우리가 확인한 바에 따르면, 대다수 창업자는 두어 번의 대화와 링크드인LinkedIn 확인 그리고 공통의 인맥을 통한 한 번의 평판 조회를 통해 공동 창업자를 영입한

---

* 스타트업 분야에서는 경쟁력 있는 급여를 지불할 수 없는 경우, 미래 소득(즉, 나중에 큰 가치를 지닐 수 있는 지분)을 약속하는 것이 최선의 제안이다.

다. 아마 대다수 사람들은 3만 달러짜리 차를 살 때 훨씬 많은 조사를 할 것이다!

그러면 공동 창업자로 영입하려는 이 영업 책임자에 대한 대차대조표를 만들어보자. 자산 측면으로는 그가 끌어올 모든 대형 고객과 그가 투자할 자금이 있다. 부채 측면으로는 가치를 파괴한 그의 지난 모든 행동이 있다. 그가 알고 보니 1장에서 소개한 앨릭스나 대니 같은 사람이라면 어떻게 할 것인가? 그가 조성한 해로운 문화, 그 결과 그만둔 뛰어난 인재, 대형 잠재 고객들이 이 영업 책임자와 거래하고 싶지 않다고 말한 많은 경우를 고려해야 한다. 유니콘 가치 평가를 받으면서 단기 게임에서 완승을 거두었는데도 장기 게임에서는 패배했다. 이제 5,000만 달러나 되는 비용을 치른 기분이 어떤가?

이는 런던에서 사업을 시작한 2명의 젊은 창업자가 우리에게 털어놓은 사실이다. 그들은 업계에서 오래 일한 임원과 동업자가 되었다. 문제는 그가 책임을 배분하고 결과를 관리하는 관료주의적 스타일을 비롯해 매우 완고한 업무 방식까지 끌고 왔다는 것이었다. 두 창업자가 취할 수 있는 조치는 그를 쫓아내고 그가 만든 난장판을 정리하는 것뿐이었다. 하지만 속도의 함정은 이미 상당한 타격을 입힌 상태였다.

과도한 가치 폄하 효과

행동과학자들은 단기 게임에 집중하느라 장기 게임을 위험에 빠트리는 이런 판단 오류를 '과도한 가치 폄하 효과hyperbolic discounting'[15]라 부른다. 인간은 미래에 혜택을 안기는 것의 가치를 일관되게 과소평가한다.

이 경향은 재미있는 파티용 놀이 같은 폭넓은 실험을 통해 검증되었다. 가령 연구자들은 피실험자들에게 "오늘 100달러를 받겠습니까, 아니면 다음 주에 120달러를 받겠습니까?" "1년 후에 100달러를 받겠습니까, 아니면 1년하고도 일주일 후에 120달러를 받겠습니까?"라고 질문했다. 대다수 피실험자는 120달러를 받으려고 일주일을 기다리기보다 오늘 100달러를 받겠다고 대답했다. 하지만 어차피 적어도 1년을 기다려야 하는 경우에는 금액을 100달러에서 120달러로 불리기 위해 일주일 더 기다리기를 마다하지 않았다. 이는 합리적인 경제적 사고를 신봉하는 자들을 혼란스럽게 만든다. 두 시나리오는 동일하기 때문이다. 유일한 차이점은 지금 일주일을 더 기다릴 것인지 아니면 1년 후에 일주일을 더 기다릴 것인지뿐이다.

우리는 이 문제에 대한 제리 사인펠드Jerry Seinfeld의 관점을 좋아한다. 그는 〈저녁의 나 대 아침의 나〉라는 스탠드업 코미디에서 과도한 가치 폄하의 비합리성을 드러냈다. 저녁의 나는 원하는 만큼 늦게까지 깨어 있어도 아무런 대가를 치르지 않는다. 하지만 5시간도 못 자서 컨디션이 형편없는 건 어떻게 해야 할까? 사인펠드는 이렇게 말한다. "그건 아침의 나가 감당할 일이죠. 저녁의 나는 항상 아침의 나를 엿 먹여요……. 아침의 나가 저녁의 나에게 앙갚음을 할 방법은 없어요. 아침의 나가 할 수 있는 유일한 일은 늦잠을 자서 한낮의 나가 일자리를 잃고, 저녁의 나가 밖으로 나갈 돈이 없게 만드는 겁니다."[16]

현재에 대한 우리의 편향은 수렵과 채집을 하던 시기부터 우리 뇌에 새겨졌다. 우리 선조들은 앙상하고 거죽만 남은 영양을 찾으면 즉시 체력을 써서 사냥하고, 죽이고, 먹었다. 기운을 아껴서 나중에 통통한 영양을 좇는 대신 마른 영양을 그냥 놓아주지 않았다. 2주 동안 통통한 영양이 나타나지 않으면 어떻게 할 것인가? 다음 끼니가 어디서 나올지 모를 때는 까다롭게 굴 수 없다.

이 본능을 현대적 환경으로 옮겨오면 미래의 위험에 대비하는 보험보다 당장 병을 치료할 약을 파는 게 더 쉬운 이유를 알 수 있다. 또는 사람들이 데이터 프라이버시를 중시한다고 말하면서도 자신의 데이터를 보호하기 위해 매우 쉬운 조치를 취하지 않는 이유를 알 수 있다.[17]

과도한 가치 폄하는 다음의 차트와 같은 양상을 보여준다. 현재 혜택을 주는 활동의 가치는 정확한 평가를 받는다. 반면 미래에 혜택을 준다고 인식되는 활동의 가치는 할인 요소에 따라 잘못된 평가를 받는다. 할인 요소를 적용하는 것이 정확하다고 주장할 수도 있다. 예상되는 보상이 미래에 실현되지 않을지도 모르기 때문이다. 그러나 여러 연구 결과는 미래에

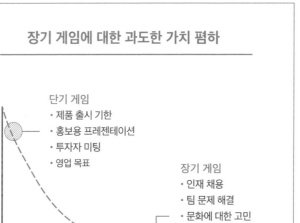

장기 게임에 대한 과도한 가치 폄하

단기 게임
• 제품 출시 기한
• 홍보용 프레젠테이션
• 투자자 미팅
• 영업 목표

장기 게임
• 인재 채용
• 팀 문제 해결
• 문화에 대한 고민
• 팀 사기

할인 요소

1.0

0.0

시간

과도한 가치 폄하는 바로 지금 혜택을 주는 활동의 가치를 정확하게 평가하는 반면, 미래에 혜택을 준다고 인식되는 활동의 가치를 잘못 평가한다.

보상이 실현될 가능성이 불확실하더라도 어차피 우리가 그 가능성을 과소평가하는 경향이 있음을 보여준다.[18]

미루기와 가치 폄하를 구분하는 것이 중요하다. 미루기는 동기의 문제다. 가령 '넷플릭스에서 드라마를 몰아보는 대신 헬스장에 가는 게 좋다는 걸 알아. 하지만 가기 싫어'라고 생각하는 식이다. 반면 과도한 가치 폄하는 계산 착오에 따른 것이다. 가령 '단기 과제를 해결하는 게 팀 문화를 강화하거나 주요 보직에 적임자를 찾기 위해 기다리는 것보다 더 중요해'라고 생각하는 식이다. 우리의 경험에 따르면 미루기가 더 해결하기 쉬운 문제다. 과도한 가치 폄하에 대응하려면 정신적 재구성이 필요하다. 문제는 그것이 보통 계산 착오가 위기로 이어진 후에야 이루어진다는 점이다. 그러니 많은 스타트업이 최고 엔지니어를 예상치 못한 상태에서 잃거나, 정리 해고를 해야 하는 상황에 놓인 직후에야 우리에게 도움을 청하는 것은 놀라운 일이 아니다.

단기 게임에 집중하는 스타트업 팀은 무의식적으로 수천 년 전의 수렵채집인 무리처럼 행동한다. 그들은 우리 선조들이 음식이 다 떨어질까 봐 두려워하듯 현금이 다 떨어질까 봐 두려워한다. 그래서 미래는 상황이 덜 어수선하고 위험이 덜 임박해 있는 나중에 걱정하려 한다. 그런 사고방식을 바꾸도록 설득하는 일은 쉽지 않다.

속도의 함정 피하기

모든 스타트업이 속도의 함정에 빠지는 것은 아니다. 오래가는 일부 스타트업은 매일 닥치는 위기를 열심히 해결하는 와중에도 장기 게임에 대한 관점을 유지한다. 또한 팀에 끌어들일 적임자를 찾는 일에 시간을 들이고, 해로운 행동이 드러나면 초기에 확실하게 대처하며, 정상급 플레이어들을 모아 정상급 팀으로 만드는 환경을 조성한다.

구글 초기 창업자인 래리 페이지와 세르게이 브린은 장기 게임을 위해 노력하는 데 대개 매주 꼬박 하루를 썼다. 거기에는 회사를 미래로 이끌 사람들을 채용하고 면접을 보는 일이 포함되었다.[19] 두 사람은 전설이 될 고유한 직장 문화를 개발하는 데 상당한 시간과 관심을 쏟았다.

우리가 보기에 우리 시대의 가장 명민한 조직 전략가 중 한 명인 래리는 할아버지 이야기를 즐겨 한다. 디트로이트의 공장 노동자이던 그의 할아버지는 조립 라인에서 매일 조금씩 시들어갔다. 자율성은 결여되었다. 창의성을 발휘해 개선을 이룰 자유는 없었고, 갑질을 해대는 간부의 요구를 계속 들어줘야 했다. 회사는 직원들의 머리나 가슴이 아니라 손만 신경 썼다. 래리는 자신의 스타트업이 명민한 사람들을 끌어들이고, 그들에게 생기를 불어넣는 곳이 되기를 원했다. 그래서 처음부터 직원들이 올바른 일을 할 것이라고 신뢰하는 조직을 구축했다. 그는 올바른 환경을 조성하면 혁신이 활발하게 이루어진다는 것을 알았다.

래리는 또한 최고 인재는 새 일자리를 찾고 있지 않을 것이라고 믿었다. 그들은 현재 다니는 회사에서 어려운 프로젝트에 매달리고 있을 것이기 때문이다. 명민한 엔지니어들이 구글에서 면접을 보려고 노력하기 훨씬 전부터, 래리와 세르게이는 구인 공고에만 의존할 수 없다는 것을 알았다. 구글의 초기 팀은 채용 대상자에게 이력서를 요구하지 않고 자신의 이력서를 제공했다. 이는 채용 대상자가 같이 일할 엔지니어들의 역량을 이해할 수 있게 해주었다.

속도의 함정을 피하려는 본능적 노력을 기울인 또 다른 창업자는 리란 벨렌존Liran Belenzon이다. 그는 경영대학원을 졸업한 직후 데이비드 첸David Chen, 엘비스 위안다Elvis Wianda, 톰 렁Tom Leung과 같이 벤치사이BenchSci를 만들었다. 벤치사이는 지금까지 나온 모든 생체의학 연구 결과에 기계 학습 방식을 적용해 임상 전 연구를 촉진한다. 또한 AI를 가설 수립 및 실험 계획에 활용함으로써 생명을 구하는 신약 발견의 성공률을 높인다. 2023년 기준으로 5만 명 이상의 과학자가 그들의 선구적인 플랫폼을 이용했다. 거기에는 20대 제약사 중 16개 제약사와 전 세계 4,500여 개 연구소에서 일하는 과학자들이 포함된다.

구글의 그래디언트 벤처Gradient Ventures 펀드는 2018년 벤치사이에 투자했다. 이는 총 2억 달러를 마련해 2023년까지 북미와 영국에서 400명 수준으로 직원을 늘리는 과정에 결정적 역할을 했다. 벤치사이 팀은 구글의 투자 포트폴리오에 포함되면서 문화 및 인간관계 문제에 대해 우리의 조언을 받았다. 그러나 리란과 대화를 나눠 보니 오히려 우리가 그에게서 배울 것이 더 많았다. 그는 전형적인 CEO가 아니었다. 우리는 그가 동세대에서 가장 영향력 있는 CEO 중 한 명이 될 것이라고 생각한다.

리란은 자연과학을 다루지만 문화를 올바로 갖추는 일의 중요성도 이해한다. 벤치사이의 한 엔지니어링 담당 간부는 우리에게 이렇게 말했다. "우리 회사에서는 직위와 직책이 개발 경로 형성에 미치는 영향을 제한하지 않습니다." 벤치사이가 구축한 문화는 위계 구조가 확고하고 자격에 의존하기로 악명 높은 대형 제약사와 엘리트 학계의 문화와 상반된다.* 리란은 많은 주도권을 직원들에게 넘겨서 벤치사이의 문화를 육성한다. 거기에는 벤치사이의 접근법을 만들기 위해 나사, 네이비실Navy SEAL, 나이키, 애플, 구글, 링크드인, 넷플릭스 같은 유명 조직의 문화 구축 양상을 분석하는 데 많은 시간을 들이는 일도 포함된다.

우리에게 특히 인상적이었던 것은 리란이 말한 '조기 퇴직금Paid to Part Ways' 제도였다. 벤치사이는 2021년 임직원 100명이라는 이정표를 지났다. 그래서 각 신입 사원을 개인적으로 검증하기에는 회사 규모가 너무 커져버렸다. 리란은 표준 채용 절차의 예측성이 떨어진다는 사실을 알았다. 대개는 이력서와 대여섯 번의 면접 그리고 기술 시험이나 사업 계획 프레젠테이션에서 얻은 약한 신호에 의존하기 때문이다. 벤치사이의 이직률은 기술 업계 평균(북미의 경우 2021년 기준 자발적 이직률 25퍼센트)보다 크게 낮았다. 그럼에도 회사가 커지면서 떠나는

---

* 명확하게 밝히자면, 우리는 모든 형태의 위계 구조가 위험하다고 생각하지는 않는다. 스타트업의 목표가 주로 상업적 성공에 이르는 과정을 최적화하는 것인 경우 집중, 실행 측면의 규율, 빠른 결정이 필요하다. 이런 때에는 건강한 위계 구조가 수평적 조직 구조보다 낫다. 관리자 없이 움직이는 팀은 마구잡이식 실행, 동급자 사이의 권력투쟁, 방향을 잃은 아이디어 탐구로 귀결되는 경향이 있다. 좋은 관리자는 운영 과정의 모호성을 줄이는 데 중요한 역할을 한다. 이 문제는 4장에서 좀 더 자세히 다룰 것이다.

사람들이 늘어났다. 특히 입사 후 8개월에서 12개월 사이에 그만두는 사람이 많았다. 대부분의 경우, 직원이나 관리자는 몇 주 만에 회사와 잘 맞지 않는다는 사실을 깨달았다.

리란은 사람들이 주로 2가지 실용적인 이유 때문에 계속 머무르는 것이라고 짐작했다. 하나는 다시 일자리를 구하는 성가신 과정과 수입 감소에 따른 타격을 피하는 것이고, 다른 하나는 링크드인 프로필에서 상습 이직자로 보이지 않으려는 것이었다. 그들은 떠날 만한 때를 기다리는 동안 수준 미달의 미지근한 태도로 일하면서 다른 팀원들의 성과를 저해했다.

그래서 리란은 '입사 후 3개월 안에 그만두는 경우 한 달 치급여를 지급하면 어떨까?'라고 생각했다. 그러면 회사는 자발적인 조기 퇴직을 통해 손실을 줄일 수 있을 터였다. 또한 퇴직자는 구직 기간 동안 쓸 돈이 생겨서 고마워하며 그만둘 것이다. 게다가 그들은 근무 기간이 3개월도 안 되기 때문에 이력서나 링크드인 프로필에 굳이 경력으로 넣지 않을 것이다. 하지만 최고의 혜택은 따로 있었다. 그게 무엇일까? 계속 남기로 결정한 직원은 회사의 일원이 되겠다는 의식적인 선택을 할 수밖에 없다. 그래서 회사의 사명에 보다 헌신하는 태도를 갖게 된다.

리란이 말한 바에 따르면, 2022년 초 기준 '조기 퇴직금' 제도를 요청한 직원은 단 한 명뿐이었다. 그동안 벤치사이는 어느 때보다 강해졌으며, 3년 연속 캐나다에서 일하기 좋은 직장으로 선정되었다.[20]

보상이 명확한데도 대다수 기술 스타트업 창업자가 인간관계 문제에 초점을 맞추지 않는 이유가 무엇이라고 생각하는지 묻자 그는 이렇게 대답했다. "사람들은 직원에게 투자하려면 노력이 따르는 대신 장기적 보상밖에 얻지 못한다고 생각합니다. 이런 생각은 2가지 측면에서 틀렸습니다. 물론 노력은 해야 하지만 많은 노력이 필요한 건 아닙니다. 또한 즉시 그 혜택을 체감할 수 있습니다. 구직자가 회사에 들어올지 말지, 팀원이 회사를 떠날지 말지 또는 일에 열의를 느낄지 아니면 일을 싫어할지에 영향을 미칩니다."

초기 결정이 미치는 경제적 영향

래리 페이지와 리란 벨렌존처럼 장기 게임을 신경 쓰는 창업자는 예외적인 존재다. 많은 창업자는 우리에게 "저는 제품을 관리하지 사람을 관리하지 않습니다"라거나, "팀 문화는 천천히 대응해도 되는 부수적인 문제입니다"라는 식으로 말한다. 아직도 이런 말이 옳다고 믿는다면, 기술 스타트업을 대상으로 한 주요 연구의 결론을 확인하라. 그에 따르면 사람과 문화에 대한 초기 결정은 미래의 성공에 중대한 역할을 한다.

스탠퍼드 경영대학원은 신흥 기업을 대상으로 2가지 주요한 질문에 대한 답을 찾는 프로젝트를 진행했다. 그 2가지 질문은 "기술 스타트업 창업자들은 사업 초기에 조직 및 인간관계 문제에 어떻게 접근하는가?"와 "조직 및 인간관계와 관련한 활동

채용 시 무엇을 보는가	> 기술 > 탁월한 재능 및 잠재력 > 문화적 적합성
왜 여기서 일하는가	> 좋은 보상 > 흥미롭고 도전적인 일 > 공동체 의식
어떻게 일을 조율하고 통제하는가	> 동료 그리고/또는 문화를 통한 통제 > 전문적 기준에 의존 > 공식 절차 > 직접적 모니터링

이 지속성 및 성과에 의미 있게 기여하는가?"였다.[21] 연구 논문의 저자는 스탠퍼드 경영대학원의 경영학 교수 마이클 해넌Michael Hannan과 조직행동학 교수 제임스 배런James Baron이었다. 그들은 1994년부터 실리콘밸리에서 창업한 200여 개 기술 스타트업을 대상으로 10년에 걸쳐 데이터를 수집했다. 닷컴 버블이 형성되다가 2001년에 붕괴하고 이후 기술 업계가 재탄생한 과정을 포착한 이 종적 연구의 타이밍은 완벽했다. 따라서 두 사람의 연구는 깊이 있게 탐구할 가치가 있다.

그들이 발견한 첫 번째 중요한 사실은 3가지 측면이 소위 '조직 청사진organizational blueprint'을 좌우한다는 것이었다.

1. 채용 요건(즉, 채용 시 무엇을 보는가) 기업들은 3가지 중 하나를

우선시하는 경향이 있다. 일부 기업은 특정 프로그래밍 언어에 대한 전문성 같은 기술을 우선시한다. 다른 기업은 현행 기술을 넘어설 수 있는 탁월한 잠재력을 우선시한다. 그 이유는 기술 전문가를 채용할 형편이 안 될 뿐 아니라, 기존에 통한 기술을 재현하기보다 실로 혁신적인 기술을 구축하고 싶어 하기 때문이다. 또 다른 기업은 기술과 잠재력은 흔하다고 가정한다. 그들은 문화적 적합성을 우선시해 때로 동료 인터뷰나 전체 팀과의 비공식 만남을 통해 채용 대상자를 거른다.

2. 헌신의 토대(즉, 왜 여기서 일하는가) 저자들은 사람들이 스타트업에 합류하고 머무는 3가지 기본적 이유를 확인하고, 이를 '돈, 일, 공동체'로 정리했다. 좋은 보상은 가장 약하고 미미한 효과를 지닌다. 돈에 초점을 맞추는 유능한 사람들은 항상 다음 제안에 열려 있는 상습 이직자인 경향이 있기 때문이다. 흥미롭고 도전적인 일을 강조하는 스타트업은 사명과 첨단 기술 개발 기회를 더 중시하는 지원자들을 끌어들인다. 우리가 아는 한 엔지니어는 화성에 인류의 식민지를 건설하려는 스페이스X SpaceX에서 일하는 매력에 대해 이렇게 말했다. "장시간 일하고, 급여가 적고, 상사가 싫어도 역사를 만드니까요!" 끝으로 일부 스타트업은 공동체 의식을 결속감과 헌신의 주된 토대로 강조한다.

3. 경영 접근법(즉, 어떻게 일을 조율하고 통제하는가) 경영 접근법은 매

우 느슨한 방식부터 매우 긴밀하게 통제하는 방식까지 하나의 스펙트럼을 이룬다. 연구자들이 관찰한 바에 따르면 동료 또는 명시적 문화를 통한 비공식적 통제가 가장 흔한 접근법이었다. 브리지워터 어소시에이츠Bridgewater Associates는 이 접근법의 극단적 버전을 따른다. 여기서는 동료들이 회의에서 서로의 판단력을 강화하기 위해 아이패드를 통해 실시간 피드백을 제공한다. 일부 스타트업은 높은 역량을 갖춘 신규 인력에게 거의 절대적 자율성을 부여하고, 전문적 기준에 의존해 작업의 질을 높게 유지한다. 다른 스타트업은 공식 절차를 통해 보다 전통적인 방식으로 회사를 운영하거나, 직접적 모니터링을 통해 일 자체를 관리한다.

연구자들은 200개 스타트업을 조사한 결과 5가지 청사진, 즉 3가지 측면의 5가지 조합이 가장 흔하다는 사실을 확인했다.*

1. **스타 모형** 탁월한 인재만 채용하고 그들이 일하는 데 필요한 자원과 자율성을 준다.

2. **엔지니어링 모형** 난잡하고 격렬한 개발팀 멘털리티로 운영된다. 목표는 최소한의 경영적 제약으로 놀라운 기술을 개발

---

* 회사가 커지면 독립적으로 운영하는 여러 사업 부서나 사업 단위에 둘 이상의 청사진을 활용하게 된다는 점을 명심하라.

하는 것이다. (짐작대로 이것이 가장 인기 있는 청사진이었다.)

3. 헌신 모형 강한 문화적 적합성을 지닌 사람을 채용하고 깊은 가족애를 느끼도록 만든다. 그래야 힘든 시기를 버텨내면서 오래 머물고자 할 것이기 때문이다.

4. 관료 체제 모형 문서화와 조직에 초점을 맞춘다. 모든 직무는 명확하며, 모든 프로젝트는 엄격하게 관리된다.

5. 전제주의 모형 구시대적이고, 순전히 거래에 불과한 방식을 추구한다. 노동은 보상과 교환될 뿐 어느 쪽도 마음을 기울이지 않는다.

다음의 표는 각 모형이 3가지 측면 중 무엇을 우선시하는지, 그리고 각 모형을 따르는 회사의 비율은 어떤지 보여준다.

이제 중요한 질문을 던져보자. 조직 모형 선택은 어떻게 스타트업의 미래에 영향을 미칠까? 지금부터 사업 초기에 사람에 대해 어떤 결정을 내리는지가 장기 게임에서 중요한 이유를 알게 될 것이다. 연구자들은 상장 확률 및 속도, 실패 확률[*] 그

---

[*] 이 연구에서 실패는 파산이나 청산, 재정적 또는 기술적 실패에 따른 것으로 간주되는 합병을 말한다. 이는 모든 합병이 실패에 해당하지 않는다는 사실을 강조하기 위한 것이다.

3가지 측면에 기반한 조직 청사진의 유형별 분류

	채용 시 무엇을 보는가	왜 여기서 일하는가	어떻게 일을 조율하고 통제하는가
스타 (9.0%)	잠재력	일	전문적 기준
엔지니어링 (30.7%)	기술	일	동료 및 문화를 통한 통제
헌신 (13.9%)	적합성	공동체	동료 및 문화를 통한 통제
관료 체제 (6.6%)	기술	일	공식 절차
전제주의 (6.6%)	기술	돈	직접적 모니터링
기타 (33.1%)	다양함	다양함	다양함

리고 상장했을 경우 시가총액의 증감, 이 3가지 척도에 초점을 맞추었다. 모든 척도는 여러 조직의 청사진에 걸쳐서 상당히 다양한 양상을 보였다. 벤처 투자 자금 조달의 상대적 수준, 산업별 상장 물량, 경제 추세 같은 외부적 요소를 통계적으로 통

제한 후에도 그랬다. 조직 청사진이 주요 결과와 상관성을 드러낸 측면은 다음과 같다.

헌신을 중시하는 스타트업은 더 빨리 상장 단계에 이르는 경향을 보였다. 그들은 또한 실패할 확률도 가장 낮았다. 반대로 전제주의적 스타트업은 더 높은 확률로 실패했다.

스타를 중시하는 스타트업은 상장 확률이 낮은 축에 속하지만 그 난관을 넘어서는 데 성공하면 시가총액이 가장 빨리 증가했다. 전제주의적 스타트업은 시가총액 증가율이 가장 부진해서 그보다 12퍼센트나 낮았다. 다른 한편, 헌신을 중시하는 스타트업은 상장 단계까지는 잘 가지만 상장 후에는 그만큼 잘하지 못했다.

스타를 중시하는 스타트업은 직원 감소율이 가장 높은 경향이 있었다. 그중에는 저성과자를 걸러내기 위해 의도적으로 그렇게 한 경우도 있고, 초기 과제 해결 후 핵심 인력이 권태를 느끼면서 뜻하지 않게 그렇게 된 경우도 있었다.

스타를 중시하는 스타트업은 주된 보상 수단으로 자사주에 의존했다. 그래서 사업이 잘되면 직원들이 현금을 챙겨서 나가고, 사업이 힘들면 포기하는 경향이 있었다.

헌신을 중시하는 스타트업은 가장 안정적이어서 목표한 일을 해내고 완전한 실패를 피했다. 하지만 상방upside 잠재력은 한정되어 있었다. 문화적 적합성을 우선시하는 것은 상장이라는 주요 목표에 초점을 맞추는 데 도움을 주었다. 그러

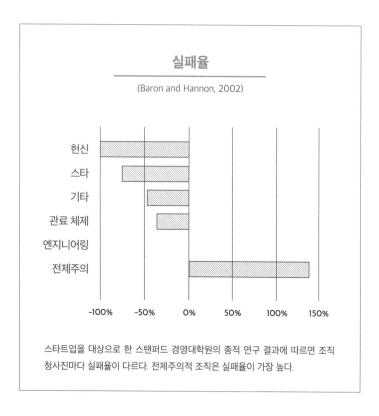

실패율

(Baron and Hannon, 2002)

헌신	
스타	
기타	
관료 체제	
엔지니어링	
전제주의	

-100% -50% 0% 50% 100% 150%

스타트업을 대상으로 한 스탠퍼드 경영대학원의 종적 연구 결과에 따르면 조직 청사진마다 실패율이 다르다. 전제주의적 조직은 실패율이 가장 높다.

나 상장 후 새로운 시장이나 사업, 인재 풀pool로 확장할 때 필요한 다양성이 결여되어 문제가 생겼다.

마찬가지로 조직 청사진마다 상장을 달성하는 확률도 다르다. 헌신을 중시하는 조직은 상장률이 가장 높다.

조직 청사진에 따라 연 시가총액 증가율도 달라진다. 증가율이 가장 낮은 것은 전제주의적 조직이고, 가장 높은 것은 스타

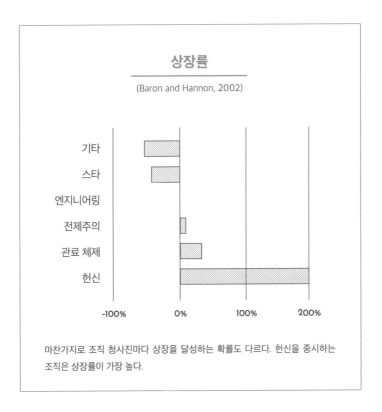

상장률

(Baron and Hannon, 2002)

기타	
스타	
엔지니어링	
전제주의	
관료 체제	
헌신	

-100%   0%   100%   200%

마찬가지로 조직 청사진마다 상장을 달성하는 확률도 다르다. 헌신을 중시하는 조직은 상장률이 가장 높다.

를 중시하는 조직이다.

이 연구는 "헌신 모형과 스타 모형이 상방 잠재력이 더 크기는 하지만 일부 측면에서는 더 취약하고, 불안정하며, 관리하기 어렵다"고 결론짓는다. 또한 두 모형 모두 창업자 겸 CEO가 회사를 떠난 후 대단히 단절적인 변화를 겪는 경우가 많다.

새로운 모형에 맞춰서 팀을 재구성할 필요가 있는지 벌써 고민하고 있는가? 그렇다면 이 연구는 신중을 기하라고 말한다. 연

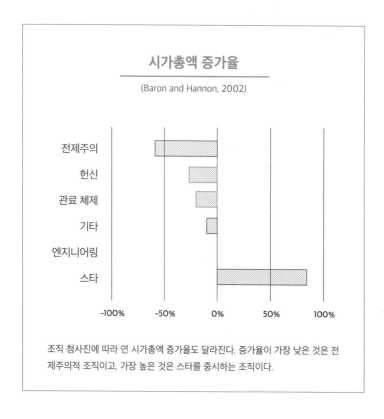

시가총액 증가율

(Baron and Hannon, 2002)

전제주의
헌신
관료 체제
기타
엔지니어링
스타

-100%   -50%   0%   50%   100%

조직 청사진에 따라 연 시가총액 증가율도 달라진다. 증가율이 가장 낮은 것은 전제주의적 조직이고, 가장 높은 것은 스타를 중시하는 조직이다.

구자들이 확인한 바에 따르면, 중간에 모형을 전환하는 것은 대단히 해로웠다. 특히 불만을 품은 직원들이 대거 이탈해 실적에 큰 손실이 생기는 경우가 많았다. 따라서 리더들은 장기 게임을 나중으로 미룰 여유가 없다는 사실을 깨달아야 한다.

경영자 언행의 확대 해석을 경계하라

팀 문화는 여러분이 손쓰기로 결정한 날이 아니라 사업 첫 날부터 구축된다. 어떤 모습을 보이고, 어떻게 결정을 내리고, 어떻게 경계를 정하고, 어떤 습관을 선호하는지가 문화를 구축한다. 여러분이 그 사실을 인지하든 하지 못하든 상관없다. 적극적으로 만들어나갈 수도 있고, 무의식적 행동에 의해 수동적으로 형성되도록 놔둘 수도 있다.

메리Mary는 호주의 기업용 솔루션 스타트업을 만든 창업자인데, 계속 급한 불을 꺼야 하는 이유를 파악하느라 애를 먹었다. 각각의 신규 고객을 확보할 때마다 조기에 계획을 세우지 못했고, 덜 중요한 일에 많은 시간을 낭비했다. 결국 최종 기한에 맞추기 위해 전력으로 질주해야 했다. 언제나 (겨우) 기한을 맞춰서 좋은 결과를 얻기는 했지만 그 과정이 짜증스럽고 피곤했다. 한 건이 끝나면 몇 주 후 같은 과정이 반복되었다. 메리는 이러한 미루기 문화를 해결하고 싶다며 우리에게 도움을 요청했다.

우리는 두어 가지 질문을 통해 문제를 확인했다. 메리는 아슬아슬하게 기한을 맞출 때마다 팀을 격려했다. 게다가 성공적인 프로젝트 완수를 축하하기 위해 맥주를 마시며 회식도 했다. 메리는 좋은 리더라면 마땅히 그래야 한다고 생각했다. 그러나 실상은 정신없이 서두르는 업무 방식을 보상함으로써 오히려 자신이 싫어하는 미루기를 장려하고 있었다. 메리의 팀은 그저 그녀가 높이 평가하는 것처럼 보이는 영웅적인 세이브save를 하고 있었을 뿐이다.

우리는 메리에게 기한을 맞출 때마다 갖는 축하 회식을 중단하라고 조언했다. 그녀는 그렇게 하면 자신이 냉정하고 감사할 줄 모르는 사람처럼 보일까 봐 걱정했다. 물론 회식을 없애면 직원들이 좋아하지 않을 터였다. 메리는 회식을 사전 계획과 기한 조기 달성을 보상하는 새로운 방식으로 대체했다. 이러한 비교적 사소한 조정이 전체 문화를 바꾸었고, 급한 불 끄기는 과거의 관행이 되었다.

로버트 서턴Robert Sutton 스탠퍼드대학 교수는 리더의 행동이 초래한 이런 뜻하지 않은 결과를 '경영자 언행의 확대 해석executive magnification'[22]이라 부른다. 대부분의 좋은 리더는 명확하게 의사를 전달하고, 의도에 맞게 말투를 조절한다. 또한 말과 행동에 일관성을 유지하려고 노력한다. 그러나 피곤하거나, 배고프거나, 수면 부족에 시달릴 때 또는 그냥 급히 서두르다가 10번 중 1번은 화를 내며 반응하기도 한다. 또는 분위기를 완화하려고 나쁜 행동을 좌시하거나, 무심코 말을 뱉기도 한다. 이런 생각 없는 행동이나 부작위는 명령으로 잘못 해석된다. 그래서 팀의 시간, 돈, 노력을 낭비하며 문화를 정의하는 계기로 작용한다.

메리 같은 리더는 이런 확대 해석에 보다 주의함으로써 속도의 함정을 피할 수 있다.

위기를 기다리지 말라

이제 또 다른 창업자인 마크Mark의 사례를 살펴보자. 그는 팀을 충원하는 과정에서 팀 문화가 손상되고 있다는 사실을 조기에 인식했으며, 거기에 대응하는 혁신적인 방법을 찾아냈다. 싱가포르에 자리한 그의 스타트업은 인도, 동남아시아, 남미, 아프리카 지역을 겨냥한 결제 앱을 개발하고 있었다. 사업의 전제는 앞으로 처음 인터넷에 접속할 10억 명의 사용자가 이 지역에서 나올 것이며, 그들은 북미나 서유럽 지역의 사용자와 매우 다른 필요와 기대를 갖게 되리라는 것이다. 그래서 가족의 뿌리는 동남아시아에 있지만 실리콘밸리에서 성장한 마크는 목표 사용자를 잘 이해할 수 있는 신흥 시장 출신의 소프트웨어 엔지니어들을 채용했다.

마크와 그의 팀은 제품 출시를 앞두고 심한 경쟁적 압박을 받아 속도의 함정에 취약해졌다. 하지만 마크가 갈수록 걱정하는 문제는 따로 있었다. 그는 팀원들이 권위에 순종한다는 사실을 인식하기 시작했다. 대다수 팀원은 직원이 항상 상사의 말을 따르고, 여럿이 모인 자리에서 절대 상사의 말에 반박하지 않으며, 상사가 모든 결정을 내리도록 기대하는 문화에서 성장한 터였다.

마크는 좋은 아이디어가 인정받는 실력주의 문화를 만들고 싶었다. 그래야 팀원들은 더 나은 아이디어가 있으면 상사에게 이의를 제기해도 안전하다고 느낄 터였다. 그는 최하급 직원이 제시한 아이디어라도 그게 최고의 해법이라면 기꺼이 받아들일 의향이 있었다. 창업자라는 지위를 내세워 좋은 아이디어를 억누르고 싶지 않았다. 그러나 작지만 우려스러운 신호들이 감지되었다. 가령 제품 개발 회의에서 초급 엔지니어들은 발언하기 전에 마치 허락이라도 받듯 간부를 흘긋 바라보았다. 이는 은근하지만 서서히 퍼지는 해악이었다.

약점이 확대되기 전에 이런 문화를 바꿔야 했다. 그러려면 어떻게 해야 할까? 출시에 대한 압박이 극심한 상황에서 가장 단순한 방법은 힘으로 밀어붙이는 것이었다. 즉, 제품 개발 회의에서 겁먹지 말고 아이디어를 제시하라고 설교하는 것이었다. 또는 팀원들이 자신 있게 발표하도록 도와줄 트레이너를 채용함으로써 문제 해결을 외주로 돌릴 수도 있었다. 그러나 마크는 두 방법 다 통하지 않을 것임을 알았다. 잘해봐야 아무것도 변하지 않을 테고, 잘못하면 팀원들에게 짜증을 안겨 그들과 소원해질 수도 있었다.

그래서 마크는 선임 엔지니어들의 도움을 받는 기상천외한 아이디어를 떠올렸다. 마크는 그들에게 초급 직원들과 짜고 자신을 상대로 치밀한 장난을 치라고 요청했다. 그 목적은 자신의 인간적인 모습을 드러내 보다 편하게 다가설 수 있도록 하는 것이었다. 이후 몇 달 동안 여러 번의 장난이 뒤따랐다. 가짜로 집단 사직을 하거나, 프로젝트 기밀이 누설되었다는 가짜 뉴스를 만드는 식이었다. 그중에서도 최고의 장난은 주차장에 있는 마크의 차를 후드부터 트렁크까지 온통 랩으로 감싼 것이었다. 행인들은 그 광경을 보고 실컷 웃어댔다! 이런 장난은 실제로 효과가 있었다. 직원들은 마크가 화를 내는 게 아니라 같이 웃는 모습을 보았다. 그래서 회의실 안팎에서 자신의 의견을 훨씬 더 공개적으로, 솔직하게 제시하게 되었다.

결과적으로 마크는 뛰어난 제품을 출시할 수 있었다. 인간관계 문제를 무한정 미루지 않고 정면으로 대응한 덕분이었다.

속도는 항력을 초래하고, 항력은 속도를 늦춘다

리란 벨렌존과 래리 페이지가 직감적으로 알았고, 스탠퍼드 대학의 연구자들이 확증했으며, 메리와 마크의 문화 해법이 증명한 사실이 있다. 즉, 리더가 초기부터 장기 게임에 투자하지 않으면 단기 게임의 성공은 결국 의미를 잃는다. 이 현상을 표현하는 최고의 비유 대상은 아마도 물리학에서 말하는 항력drag일 것이다.

포뮬러 원Formula 1 경주차를 제작하는 엔지니어들은 실로 빠른 차는 강력한 엔진 이상의 것이 필요하다는 사실을 안다. 빠른 속도가 초래하는 항력을 줄이고 되돌리는 공기역학적 차체도 필요하다. 항력은 속도에 따라 기하급수적으로(선형적이 아니라) 증가한다. 시속 약 110킬로미터로 달리면 약 55킬로미터로 달릴 때보다 4배나 강한 항력을 받는다. 따라서 항력을 제거하지 않으면 최고 속도로 달리기 위해 훨씬 많은 연료를 태워야 한다. 이 역설은 경주차는 물론 스타트업에도 해당된다. 즉, 속도는 항력을 초래하고, 항력은 속도를 늦춘다.

스타트업의 팀 항력은 어긋난 결정, 의사소통 오류, 헛된 작업, 불필요한 재작업, 핵심 인력 이탈에 따른 빈자리 메우기 같은 양상을 띤다. 이것들은 모두 귀중한 시간과 돈 그리고 에너지를 소진시킨다. 모든 팀의 에너지는 한정되어 있다. 그걸 항력에 낭비할 수도 있고, 제대로 활용해 회사를 세울 수도 있다. 팀 항력을 당연시하면 여러분이 정하거나, 투자자들이 기대하는 이정표에 이르기가 더 어려워진다.

팀 항력에 너무 많은 에너지를 낭비하고 있다는 사실은 어떻게 알까? 팀이 처리해야 하는 사소한 결정에 얼마나 자주 끌려 들어가는지 살펴보라. 스스로 사소한 결정까지 내리고 있는 것은 아닌지 점검하라. 팀 내의 자존심 싸움을 해결하는 데 너무 많은 시간을 들이고 있는지 돌아보라. 죽이려 했지만 어떻게든 계속 살아나는 좀비 프로젝트가 있는지 둘러보라. 복잡성 수준에 비해 시간이 너무 오래 걸린 제품이 있는지 살펴보라. 특히 품질까지 실망스럽다면 더욱 자세히 살펴야 한다. 항력을 초래하는 리더와 팀원을 용인해서는 안 된다. 그러면 곧 일급 팀원이 어중간하고 지지부진한 문화에서 탈출하기 위해 회사를 떠나는 모습을 보게 될 것이다.

팀 항력의 20가지 주요 근원

우리는 스타트업이 어디서 팀 항력과 씨름하는지 확인하는 작업에 나섰다. 이를 위해 창업자들에게 초기에 간과하다가 시간이 지나 강한 항력에 시달리게 되어서 후회한 일들이 무엇인지 물었다. 아래 질문들을 팀이 단기 게임에 집중하다가 쉽게 지나치는 미래의 문제를 해결하는 토대로 생각하라. 앞으로 확인하겠지만 다행히 그중 다수는 쉽게 해결할 수 있다.

2부에서 속도의 함정을 피하기 위해 여러분이 숙고해야 할 내용을 훨씬 많이 다룰 것이다. 우선은 노트를 꺼내 머릿속에 떠오르는 답변을 적어보자. 각 질문을 끝까지 읽어보라. 팀이 시간을 들이지 않는 모든 항목은 위험 요소로 표시하라. 비과학적 추정이기는 하지만 위험 요소가 5가지 이상인 스타트업은 팀 항력에 시달릴 가능성이 높다.

사업 개시

1. 사명 우리의 일은 중요하고 의미 있는 문제를 해결하려고 노력하는가? 그 고귀한 사명을 팀원들에게 명확하게 설명했는가?

2. 기술 및 인맥 팀원의 기술이나 인맥이 대부분 겹치는가? 폭넓은 잠재 직원 및 잠재 고객을 끌어들이고 광범위한 자금 조달이 가능하도록 충분한 다양성을 갖추었는가?

3. 지분 분할 가까운 동료 사이라서 지분을 동등하게 나누는 쉬운 선택을 했는가? 그렇다면 향후 기여도에 큰 차이가 나고, 성과 수준이 달라지면 어떻게 할 것인가? 사업 전환으로 일부 공동 창업자의 기술이 덜 중요해지면 어떻게 될까?

4. 근무 방식 모두가 같은 도시의 같은 물리적 공간에서 일하는 방식 혹은 원격 근무 방식에 대해 어떻게 생각하는가? 팀원들이 얼마나 자주 같은 물리적 장소에 모이기를 기대하는가? 예외를 허용할 때 얼마나 유연한 기준을 적용할 것인가?

5. 대외적 대표자 언론 인터뷰나 콘퍼런스에 공동 창업자 중 1명만 참석해 회사를 대표해야 할 때 누가 회사의 얼굴 역할을 할 것인가? 항상 같은 사람을 내세울 것인가? 어떻게 투명 인간 취급을 받는다고 느끼는 사람이 없도록 만들 것인가?

사업 운영

6. 의사 결정 중요한 결정을 내릴 때 데이터에 바탕을 둘 것인가, 아니면 직감에 바탕을 둘 것인가? 또는 이 둘을 조합할 것인가? 양질의 데이터가 없는 경우, 누구의 직감에 기댈 것인가?

7. 자금 조달 어떤 투자자를 끌어들일 것인가? 가족이나 친구로부터 자금을 조달하는 데 따른 장단점을 명확하게 알고 있는가? 어떤 투자자의 투자를 거절할 것인가? 상황이 절박

해지면 이 지침을 바꿀 것인가?

8. 지출 고급 사무실처럼 매출과 관련 없는 비용을 얼마나 지출할 것인가? 특정 비용은 인재를 끌어들이거나 고객의 신뢰를 얻는 데 도움이 된다는 점에 동의하는가? 아니면 그런 지출은 자존심을 세우려는 공허한 방식이라고 생각하는가?

9. 자금 소진 자금 소진 위기가 닥쳤을 때 어떻게 대처할 것인가? 친구나 친척에게 도움을 요청하거나, 본인 돈을 넣거나, 월급을 받지 않을 것인가? 개인 사정에 따라 급여 삭감에 예외를 허용할 것인가?

10. 채용 및 해고 문화와 가치관을 채용 결정의 핵심 요소로 삼을 것인가? 자격은 충분하지만 이 기준을 통과하지 못한 사람을 돌려보낼 것인가? 성과가 부진한 사람은 물론 문화를 저해하는 사람도 해고할 것인가? 건설적 피드백에 대응할 수 있는 시간을 얼마나 줄 것인가?

상호작용

11. 시간 할애 몇 시간이나 일할 것인가? 모두가 파트타임이나 풀타임 또는 하루 종일 일하기를 기대하는가? (많은 스타트업이 그러듯이) 파트타임 근무로 시작했다면 나중에 누가, 언제 풀타임으로 일할 것인지 정했는가? 근무시간 규정을

벗어나는 경우 어떻게 대응할 것인가?

12. 갈등 팀에서 발생한 갈등을 어떻게 처리할 것인가? 관계를 해치지 않고 문제를 해결하기 위한 고용 수칙은 무엇인가?

13. 스트레스와 분노 표출 스트레스와 분노를 표출하는 방식 중에서 받아들일 수 있는 것은 무엇인가? 욕설이나 고함, 무례한 행동 또는 재물 손괴를 용인할 것인가? 규범을 강제하기 위해 어떤 일을 할 준비가 되어 있는가?

14. 뒷담화 팀 내에 뒷담화가 퍼지면 어떻게 할 것인가? 한 팀원이 다른 팀원을 욕하는 말을 들었다면 어떻게 해야 하는가? 뒷담화가 무해한 수준에서 유해한 수준으로 바뀌는 기준은 무엇인가?

15. 정신 건강 팀원이 정신적 문제에 시달릴 때 어떻게 할 것인가?[●] 특히 팀원이 잠시 일을 쉬어야 할 때 어느 정도로 지

● 스타트업 환경에서 정신 건강의 중요성은 아무리 강조해도 지나치지 않다. 창업자들은 일반인에 비해 우울증에 걸릴 확률이 2배, 약물 중독에 빠질 확률이 3배, 정신병원에 입원해야 할 확률이 2배나 높기 때문이다(Michael Freeman et al., "Are Entreprenuers 'Touched with Fire?'"(미발표 논문, 2015. 4. 17). 출처: https://michaelfreemanmd.com/Research_files/Are%20Entrepreneurs%20Touched%20with%20Fre%20(pre-pub%20)%204-17-15.pdf.

원할 준비가 되어 있는가?

16. 일을 벗어난 우정 근무시간 후 사교 활동에 시간을 들이는 것은 선택 사항인가, 권장 사항인가 아니면 요구 사항인가? (음주, 주말 축구나 등산 같은) 특정 활동이 일부 팀원을 어색한 상황에 처하게 한다는 사실을 인식하고 있는가? 이런 활동에 참여하는 것이 이너서클 형성으로 이어지도록 용인할 것인가?

결별

17. 개인적 정체 공동 창업자 중 1명 이상이 사업 성장에 발맞춰 빠르게 기술을 습득하지 못하는 경우, 그들 없이 나아가는 공정한 방식은 무엇인가?

18. 사직 팀원이 팀을 떠나는 공정한 사유는 무엇인가? 가족에 대한 책임이나 재정적 필요 때문에 회사에 남을 수 없는 팀원을 지원할 것인가?

19. 엑시트 계획 향후 이루어질 수 있는 엑시트 계획에 동의하는가? 의도한 시기보다 일찍 대기업으로부터 인수 제안이 들어오면 매각을 고려할 것인가? 어떤 조건에서 진지한 제안을 거절할 것인가?

20. 사업 실패 어느 시점이 되면 사업이 실패했다고 판단할 것인가? 파산 또는 'X개월 동안 사용자 수 Y명'이나 'X년까지 Y달러 매출' 같은 성공 과제 중에서 어떤 척도를 활용할 것인가? 일부 팀원들은 계속 노력하고 싶어 하지만 다른 팀원들은 이미 마음이 떠났다면 어떻게 할 것인가?

여러분의 팀이 단기 게임을 하느라 이 질문들 중 다수 또는 대부분을 간과했더라도 좌절하지 말라. 다시 궤도에 오를 수 있도록 이 책이 도와줄 것이다.

문제

스타트업은 단기 게임과 장기 게임에서 모두 승리해야 한다. 그럼에도 속도의 함정에 빠져서 단기 게임에 과도하게 집중하는 경우가 많다. 우리는 (출시나 투자자 대상 프레젠테이션 같은) 시급하고 긴박한 문제를 본능적으로 우선시하는 반면, (올바른 동업자 선정이나 의식적인 팀 문화 조성, 갈등 해소처럼) 장기적인 보상을 안기는 중요한 팀 문제를 등한시한다.

증거

행동경제학자들이 연구한 현상인 '과도한 가치 폄하'는 이런 일이 일어나는 이유를 설명한다. 우리는 즉각적인 혜택의 가치를 정확하게 인식하는 반면, 장기적인 투자의 가치는 과소평가한다. 스탠퍼드대학 연구진의 종적 연구는 이것이 위험한 접근법임을 밝혀냈다. 팀을 구축하고 문화를 관리하는 방식에 대한 결정은 실패율, 상장률, 시가총액 증가율과 밀접한 관계가 있다.

해결책

먼저 여러분이 의도하든 않든 팀 문화는 구축된다는 사실을 인식하라. 팀이 리더의 작위 또는 부작위를 오해하게끔 만드는 경영자 언행의 확대 해석에 주의하라. 이는 뜻하지 않게 팀 문화를 좌우한다. 팀이 속도의 함정에 얼마나 많이 시달리는지 측정하려면 팀 항력의 20가지 근원을 훑어서 무엇이 지체를 초래하는지 파악하라. 이 20가지 근원은 나중에 문제를 초래한 초기 결정에 대해 창업자들이 후회한 내용에 기반한 것이다.

이너서클의
함정

MIT의 시스템 과학자 피터 센게Peter Senge는 조직 학습 분야의 선구자다. 그가 도달한 놀라운 결론에 따르면, 팀의 집단 지능은 대개 팀원의 평균 지능보다 낮다.[23] 우리는 전 세계의 스타트업을 돕는 과정에서 이 통찰이 옳다는 것을 확인했다. 우리에게는 왜 그런 일이 일어나는지 설명하는 이론이 있다. 그 원인은 우리가 이너서클의 함정이라 부르는 매우 흔한 현상이다.

문제는 대개 창업 초기에 시작된다. 이 시기에 공동 창업자들은 친구 또는 가족이거나 전 직장의 오랜 동료들로서 공통의 창업담을 공유한다. 그들이 나누는 강력하고 끈끈한 연대감은 많은 이점을 지니지만, 이너서클을 집단 사고groupthink로 유도하는 경향도 있다. 대다수 팀이 지닌 커다란 과제는 각 팀원이 이너서클의 편향과 선호를 따르도록 (공개적으로 또는 잠재의 시저으로) 압박하지 않고, 그들의 개별적 재능을 최대한 활용하는 것이다.

센게 말고도 많은 전문가가 이 문제를 인식했다. 캐스 선스타인Cass Sunstein 하버드대학 교수는 팀의 의사 결정을 다년간 연구한 후 이렇게 썼다. "집단은 개인적 실수를 대체로 바로잡을까? 간단하게 답하자면, 그렇지 않다. 오히려 실수를 키우는 경우가 아주 많다."[24] 코미디언 조지 칼린George Carlin은 더 간단하게 이 문제를 정리한다. "큰 집단을 이룬 멍청한 사람들의 힘을 결코 과소평가하지 말라."

이 장에서는 뛰어난 팀들이 이너서클의 함정을 물리치고 집단 사고를 최소화하기 위해 활용하는 전략을 탐구할 것이다. 또한 인터넷과 개인용 컴퓨터의 초기 버전을 개발한 창업자들, 그리고 보다 근래에는 코로나19 백신을 개발한 창업자들의 이야기를 통해 이너서클의 유해한 역학을 포착하는 방법을 제시할 것이다.

팀의 생사가 걸린 결정을 내릴 때

우리는 이전 버전의 워크숍을 진행할 때 일종의 사회적 실험을 실시했다. 그 목적은 큰 대가가 걸리고, 강한 압박을 받는 상황에서 참가 팀들이 어떻게 협력하는지 테스트하는 것이었다. 실험 결과 이너서클의 함정이 얼마나 빠르고 은밀하게 형성되는지 드러났다.

실험 내용은 실제 뉴스에 바탕을 둔 것이었다. 2010년 8월 5일 칠레 북부에서 100년 된 구리·금 광산이 무너지는 사고가 일어났다. 그 바람에 33명의 광부가 약 600미터 깊이의 지하에 고립되었다. 생존자들은 약 45제곱미터에 불과한 좁은 대피 공간에 모여 있었고, 비상 물품은 이틀치에 불과했다. 그들은 소비량을 신중하게 제한했다. 덕분에 17일 후 구조대가 음식과 약품, 물, 통신기기를 전달할 수 있을 만큼 큰 수직갱도를 뚫을 때까지 모두 생존할 수 있었다. 뒤이어 구조대는 케이블로 당기는 좁은 캡슐에 광부를 1명씩 태워서 끌어올릴 수 있도록 더 큰 구조용 수직갱도를 뚫었다. 그러나 급조한 구조 장치가 한 방향으로 약 1시간씩 걸리는 거리를 33번 왕복할 만큼 오래 버틸 수 있다는 보장은 없었다.[25]

우리는 참가 팀들에게 이 구조 작전을 이끌어야 한다는 가상의 문제를 제시했다. 구조 순서는 어떻게 정할 것인가? 구조 장치가 망가지면 남은 사람들이 죽을 가능성이 높은 상황에서, 누구를 첫 구조자로 선정할 것인가?

우리는 각 광부의 약력을 제공했다. 상황을 단순하게 만들기 위해 대상자는 12명으로 줄였다. 어떤 광부의 경우, 이름과 세부 사항을 바꾸었다. 아래는 그중 일부 내용이다.

• **클라우디오 오헤다** Claudio Ojeda 47세. 홀아비에 자녀 없음. 당뇨

병 환자.

- **호세 야녜스** Jose Yáñez 34세. 드릴공. 구조를 기다리는 동안 피울 담배를 요청했으나 대신 니코틴 패치를 받고 짜증 냄.
- **에디손 갈레기요스** Edison Galeguillos 55세. 최소 2번의 앞선 광산 사고로 다친 적이 있음. 13명의 형제자매가 있음. 고혈압약 요구. 얼마 전에 동료 광부의 아내와 불륜을 저질러 이혼함.
- **빅토르 페냐** Victor Peña 34세. 기혼자. 심한 우울증에 시달림.
- **오마르 사모라** Omar Zamora 34세. 차량 수리공 겸 인부. 해당 광산에서 5년 근무. 임신한 아내와 4살배기 아들을 위해 쓴 시를 올려보냄.
- **카를로스 에스피나** Carlos Espina 40세. 지상으로 올려보낸 동영상에서 가장 호감 가는 모습을 보임. 어려운 기술적 문제를 해결하는 능력이 있음. 아내와 2명의 여자 친구가 구조를 기다리고 있음.
- **에스테반 티코나** Esteban Ticona 28세. 지하에 갇혀 있는 동안 아내가 둘째 딸을 낳음. 부부는 딸의 이름을 '희망'을 뜻하는 에스페란사 Esperanza로 지음. 동료 광부들이 희망을 잃지 않도록 매일 기도 모임을 이끌었음.

당신이 이 정보를 보고 살아남을 사람과 영원히 지하에 갇힐지도 모르는 사람을 결정해야 한다고 상상해보라. 어떻게 할 것인가?

5~6명으로 구성된 각 참가 팀은 30분 후 (1번부터 12번까지)

구조 순서를 담은 개별 명단과 전체 팀의 결정을 담은 명단을 따로 제출해야 했다. 다른 지시는 없었다. 과제를 진행하는 동안 우리는 항상 이런 비슷한 말들을 엿들었다.

- 세상에, 아내 말고 여자 친구가 둘이나 있다고?
- 얼마 전에 아기가 태어났대!
- 병이 있는 사람들은 앞으로 세워야 할까요, 아니면 뒤로 빼야 할까요?
- 아이가 있는 사람들을 우선순위에 올려야 할까요? 그렇게 하면 아이가 없는 사람들에게 불공정한 일일까요?
- 우리에게는 신 노릇을 할 권리가 없어요. 그냥 무작위로 골라야 해요!

우리는 명단을 제출받은 후, 광부들이 실제로 어떻게 되었는지 말해주었다. 참가 팀들은 몸을 앞으로 기울여 우리의 말을 주의 깊게 들었다. 그들은 모든 광부가 공황에 빠지거나 싸우는 일 없이 성공적으로 구조되었다는 사실을 알고 안도했다.

지상의 의사 결정자들은 2가지 개별적인 리스크에 직면했다. 하나는 기계적인 리스크였고, 다른 하나는 사회적인 리스크였다. 그들은 유능한 기계공을 마지막까지 지하에 남겨둬야 했다. 그래야 구조 장치가 걸렸을 때 밑에서부터 수리할 수 있을 터였다. 또한 강한 정신력을 가진 리더도 뒤에 남겨둬야 했다. 그래야 32시간 동안 모두의 사기를 북돋고, 구조 장치가 고장 나는 경우 공황 사태를 막을 수 있을 터였다. 다른 한편 그들은 2명의 튼튼하고 건강한 사람을 먼저 구조하고 싶었다. 그래야 필요한 경우 구조 장치를 고치고 다른 광부들을 안심시킬 수 있을 터였다.

리더들은 처음과 끝에 구출할 각 2명의 광부(우리가 이름을 알려줌)를 제외하고 다른 광부들은 스스로 순서를 정하도록 했다. 광부들 사이에서는 서로를 도우려는 강한 공동체 의식이 형성되었다. 그중 다수는 나중에 나가겠다고 자원했다. 누구도 나이, 결혼 여부, 자녀 유무, 불륜 같은 개인적 결함에 따라 차별 대우를 받지 않았다.

우리는 제출된 명단에 점수를 매겼다. 채점 방식은 이랬다. 즉, 첫 2명과 마지막 2명에 해당하는 사람을 맞히면 각각 1점씩 주고, 나머지 8명도 3번째와 10번째 사이에 들어 있으면 각각 1점씩 부여했다. 따라서 얻을 수 있는 최고 점수는 12점이었다.

이 대목부터 상황이 정말로 흥미로워졌다. 우리는 모두에게 점수를 알려준 후 다음 사항을 읽어달라고 요청했다.

- 개별 팀원이 얻은 점수의 평균(우리는 이를 '개별 평균 점수'라 불렀다)
- 팀원이 얻은 최고 점수(우리는 이를 '개별 최고 점수'라 불렀다)
- 팀이 합의한 명단에 부여된 점수(우리는 이를 '팀 점수'라 불렀다)

	팀1	팀2	팀3	팀4	팀5	팀6	팀7	팀8	팀9	팀10
개별 평균 점수	6.4	6.5	6.5	6.7	8.2	6.7	7	8	6.3	6.8
개별 최고 점수	8	7	10	8	10	7	8	10	7	8
팀 점수	7	5	6	7	8	8	8	7	9	6
시너지	약간	없음	없음	약간	없음	있음	약간	없음	있음	없음

팀별로 이 3가지 점수를 화이트보드에 적어보니 대체로 패턴이 드러났다. 개별 평균 점수는 대개 팀 점수보다 높았고, 개별 최고 점수는 거의 항상 팀 점수보다 높았다. 팀 점수가 개별 평균 점수나 개별 최고 점수보다 높은 경우는 매우 드물었다. 여기에 해당하는 팀은 '시너지'가 있다고 볼 수 있었다. 또한 팀 점수가 개별 평균 점수보다는 높지만 개별 최고 점수보다 낮다면, '약간의 시너지'가 있다고 볼 수 있었다. 위의 표는 몇 년 전에 진행한 워크숍에 참여한 팀들이 기록한 점수 내역이다.

시너지를 달성한 팀이 20퍼센트에 불과하며 절반의 팀은 개별 구성원의 평균보다 못한 점수를 기록했다는 점에 비춰볼 때, 센게의 주장은 확증된 것으로 보인다. 개별 구성원의 합보다 많은 가치를 창출하는 시너지는 획득하기 어려운 목표다.

한 참가자는 화이트보드에 게시된 점수를 본 후 "팀은 우리를 멍청하게 만들어!"라고 외쳤다.

이너서클이 과오를 키우는 방식

물론 칠레 광부 구출 작전에 기반한 사회적 실험은 인위적인 것이다. 정보는 비현실적으로 한정되었고, 시간 제한도 자의적이었다. 그럼에도 여전히 이 실험은 팀이 복잡한 문제와 씨름하면서 시너지를 달성하기가 얼마나 어려운지 보여준다. 일급 팀원들로 구성한다고 해서 일급 팀이 된다는 보장은 없다. 그 이유를 이해하기 위해 우리의 실험에 참가한 팀들이 명단을 결정한 방식을 좀 더 자세히 살펴보자.

대다수 팀은 먼저 개별 명단부터 공유하면서 작업을 시작했다. 이때 구조 순서를 정하는 기준도 같이 제시했다. 중대한 도덕적 문제에 대한 입장에 따라 거의 언제나 폭넓은 반응이 나왔다. 가령 심각한 질병을 가진 사람을 먼저 구조해야 할지, 아니면 마지막에 구조해야 할지 같은 문제가 관건이었다. 차례대로 발언하는 사이에 서로 같은 생각을 가진 팀원들끼리 빠르게 연합을 결성했다. 이 하부 집단은 서로의 생각을 발판으로 삼았고, 들뜬 분위기를 형성했으며, 관련된 생각을 보다 자신 있게 내세웠다. 이 과정은 일부 팀원을 이너서클로 결속하고, 과감성을 부여하는 확증의 고리를 만들었다. 이너서클의 입장에 동의하지 않는 팀원은 자신의 생각에 대한 확신을 잃거나, 반대로 자신의 의견을 강하게 주장하며 맞섰다.

우리는 시너지가 나오지 않은 팀에 질문을 던졌다. 그때마다 이러한 역학이 분명하게 드러났다. 가령 우리는 개별 점수가 가장 높은 팀원에게 "당신의 관점이 더 뛰어난데도 왜 팀을 설득하지 못했습니까?"라고 물었다. 전형적인 대답은 대개 이런 식이었다. "제 생각이 맞다는 걸 몰라서 의구심이 들었어요. 반면에 다른 팀원들은 자신의 생각을 열심히 내세웠죠. 그래서 저도 생각을 바꿔서 팀의 의견을 따른 거예요." 이 순간, 그 팀은 해당 팀원의 지력智力을 잃었다. 이것이 가장 흔한 결과였다.

두 번째로 흔한 결과는 다른 접근법을 가진 2~3명이 교착 상태에 빠지는 것이었다. 그러다가 제한 시간이 다가오면 대개 누군가가 다수결로 결정하자고 말했다. 이는 빠르게 선택지를 정하는 효율적인 방식이었으며, 공정하고 민주적인 절차처럼 보였다. 그러나 이 실험에서 투표는 실패하는 전략이다. 소수 의견을 묵살하고, 우월할 수도 있는 통찰을 간과하기 때문이다. 여기에 해당하는 팀은 기껏해야 한정된 시너지밖에 달성하지 못했다.

반면 시너지를 달성한 약 20퍼센트의 팀은 달랐다. 그들은 대개 각 팀원이 다른 팀원을 설득하도록 더 열심히 장려했다. 그래서 "왜 나이 많은 광부를 마지막에 넣었나요?" "왜 신체 건강 문제와 정신 건강 문제를 무시해야 한다고 생각해요?" "X를 고려했나요?" "왜 그렇죠?" "왜 안 되죠?"라는 질문들을 던

지게 만들었다.

가장 성공적인 팀은 합의를 이루기 위해 노력했다. 이 접근법은 100퍼센트 합의로 이어지는 경우가 드물었다. 그래도 다양한 관점을 드러내고, 팀이 합의점을 찾는 데 도움을 주었다. 또한 모두가 "약하게 견지한 강한 의견"[26]을 갖도록 유도했다. 합의 구축은 이너서클이 형성되어 소수 의견을 배제하는 속도를 늦추었다.

이는 명백한 질문으로 이어진다. 합의 구축이 그토록 효과적이라면, 왜 팀 역학에서 확인되는 경우가 매우 드물까?

짧게 답하자면, 합의 구축은 시간이 오래 걸리기 때문이다. 의사 결정을 해야 하는 실제 상황에서는 며칠, 심지어 몇 시간 동안 팀들이 토론이나 논쟁을 벌이는 호사를 누리는 경우가 드물다. 현실에서 가능한 최선의 시나리오는 리더가 모두의 의견을 열린 태도로 듣고, 모든 관련 정보를 공개하고, 의견이 다른 지점을 확인하고, 그에 대해 솔직하게 논쟁하는 것이다. 그래도 합의를 이루기 어렵다면, 결국에는 시간 제약 때문에 '이견異見을 넘어선 헌신'을 요구할 수밖에 없다. 이는 인텔의 전설적 CEO 앤디 그로브Andy Grove가 만든 말이다. 이 경우 리더는 논쟁을 끝내고 결단을 내린다. 전체 팀은 리더의 결정을 실행에 옮기는 데 헌신해야 한다. 합의를 이루지 못했다 해도, 이견을 가진 사람들은 괴롭힘을 당하거나 머릿수에서 밀렸다고 느끼지 않는다. 오히려 자신들의 의견을 충분히 말하고 존중받았다고 느낀다. 그래서 사기가 높게 유지된다. 결정을 실행에 옮기려는 팀원들의 의지도 충만하다.

스타트업이 특히 이너서클에 취약한 이유

이너서클은 팀의 성공을 저해한다. 그럼에도 거의 모든 유형의 회사에 존재한다. 스타트업이 특히 이너서클에 취약하다. 대다수 스타트업은 2~5명의 친구나 가족으로 이루어진 긴밀한 소수 집단에서 출발하기 때문이다. 그중에는 대기업에서 같이 일하다가 따로 나와 스타트업을 시작하는 경우도 있다. 페이팔 출신으로 유튜브를 만든 스티브 첸Steve Chen, 채드 헐리Chad Hurley, 자베드 카림Jawed Karim이 그런 예다. 또는 스냅챗을 만든 에번 스피걸Evan Speigel, 보비 머피Bobby Murphy, 레지 브라운Reggie Brown 같은 대학 친구들도 있고, 렌트 더 런웨이Rent the Runway를 만든 제니퍼 하이먼Jennifer Hyman과 제니퍼 플라이스Jennifer Fleiss나 와비 파커Warby Parker를 만든 닐 블루먼솔Neil Blumenthal, 앤드루 헌트Andrew Hunt, 데이비드 길보아David Gilboa, 제프리 레이더Jeffrey Raider 같은 경영대학원 동기들도 있다. 그 밖에 스트라이프Stripe를 만든 패트릭 콜리슨Patrick Collison과 존 콜리슨John Collison 같은 형제도 있고, 모즈Moz를 만든 랜드 피시킨Rand Fishkin과 그의 어머니 길리언 뮤시그Gillian Muessig 같은 모사도 있다.

이런 형태의 동업은 매력적이다. 이미 형성된 신뢰가 엄청난 가치를 지니기 때문이다. 처음에 가진 것이라고는 꿈과 노동

이너서클이 초래하는 위험한 간극

(Wasserman, 2012)

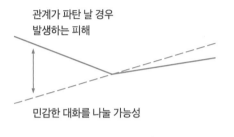

친구 및 가족 | 지인 | 옛 직장 동료

관계가 파탄 날 경우
발생하는 피해

민감한 대화를 나눌 가능성

덜 안정적   더 안정적

가족이나 친구들로 구성한 창업팀은 동업자 관계가 가장 덜 안정적이다. 반면, 옛
직장 동료로 구성한 창업팀은 동업자 관계가 가장 안정적이다. 가까운 관계가 수
반되는 경우 갈등의 비용이 높아진다. 그에 따라 문제에 직접적으로 대처하기 위
해 필요한 민감한 대화를 나눌 가능성이 크게 낮아진다.

윤리뿐일 때, 모르는 사람을 채용해 노력에 동참시키기는 어렵
다. 가족이나 친구들로 팀을 꾸리면 의사 결정의 바퀴에 기름
칠을 할 수 있다. 창업자 입장에서 그런 사람들과는 사업을 시
작하는 데 따른 리스크와 보상을 편안하게 나눌 수 있다.

그러나 노엄 와서먼Noam Wasserman이 《창업자의 딜레마The
Founder's Dilemmas》에서 지적한 대로, 가족이나 친구들로 구성

한 창업팀은 동업자 관계가 가장 덜 안정적이다.[27] 이런 관계로 형성된 이너서클은 모두 필수 요소인 건강한 갈등, 의견 불일치, 불쾌한 대화를 꺼리는 경향이 있다. 개인적 관계가 걸려 있기 때문에 갈등의 비용이 매우 높아진다. 앞의 그래프는 와서먼이 수천 개 스타트업을 연구하면서 확인한 역학을 나타낸 것이다.

이너서클은 사적 관계와 공적 관계의 중요한 경계를 흐린다. 한 예로, 마티Marty는 친구이자 대학 동창인 마르코Marco와 핀테크 스타트업을 만들었다. 두 사람은 기숙사 방에서 연이은 음주와 몽상을 하다가 사업 아이디어를 구상했다. 사업을 시작할 때만 해도 대다수 사안에 대한 두 사람의 의견은 일치했다. 또 졸업한 지 오랜 시간이 지나도록 여전히 같이 어울리는 걸 즐겼다.

그러던 중 마티가 CEO 역할을 맡게 되었다. 반면 자신의 전문 영역에만 관심이 있던 마르코는 사용자 경험(UX) 부문 책임자가 되었다. 스타트업이 UX 책임자를 따로 두기는 너무 이른 감이 있었다. 그러나 마티는 마르코와의 의리를 중시했고, 어떤 역할이든 그를 팀에 두기를 원했다. 게다가 두 사람은 초기 단계 스타트업에서 직위는 대개 자의적인 것이라는 데 동의했다. CEO든 UX 책임자든 중요치 않았다. 두 사람은 동등한 동업자였다. 우정이 우선이었고, 사업은 그다음이었다.

그러나 마르코가 중요한 기한들을 놓치면서 긴장이 쌓이기 시작했다. 마티는 객관적으로 후속 조치를 했다. 대부분의 업무 환경에서 기한을 놓친 사람에게 이유를 묻는 것은 사소한 일이었다. 그러나 마르코는 마티의 후속 조치를 동등한 친구이자 동업자 관계에 대한 도전으로 여겼다. 마티가 지위를 내세우는 것처럼 보였다. 마티가 엔지니어링 책임자를 영입하면서 긴장이 고조되었다. 그때까지 두 사람은 매주 금요일에 음주와 몽상을 즐기는 자리를 계속 가졌다. 그러나 엔지니어링 책임자는 이 전략적 대화에서 배제되었다. 대신 월요일에 두 창업자가 그에게 내용을 전해주었다. 엔지니어링 책임자는 자신이 제품 로드맵 결정에 영향을 미칠 여지가 없다고 느낀 직후 회사를 떠나버렸다.

가족이 연관된 다른 사례도 있다. 시몬Simone은 고모와 같이 창업한 전자 상거래 스타트업을 운영했다. CFO를 맡은 고모는 1년 내내 부실한 성과를 냈다. 그럼에도 '고모는 건드릴 수 없는 존재'라는 말들이 회사에 돌았다. 결국 시몬은 마지못해 고모를 내보내기로 결정했다. 이후로 거의 2년 동안 가족 모임이 어색해졌다. 고모는 대부분의 자리에 참석조차 하지 않았다.

전 직장 동료 관계는 가족이나 친구 관계보다 개인 간 갈등을 잘 관리하는 경향이 있다. 이미 각자 어떻게 일하는지 확인한 상태에서 스타트업을 운영하는 데 필요한 기술을 보고 서로를 선택했기 때문이다. 그들이 전 직장에서 하던 행동은 스타트업으로 쉽게 전이된다. 그래서 갈등을 해소하거나 서로의 생각에 이의를 제기할 때, 감정을 건드리지 않고 보다 솔직하고 단도직입적인 태도를 취하는 경향이 있다.

대학 친구나 가족과 함께 스타트업을 세웠다 해도 불안정성과 실패가 불가피하지 않다는 사실을 아는 것이 중요하다. 다만 이너서클의 역학이 회사를 엇나가게 만들지 않도록 열심히 노력할 각오를 해야 한다.

이너서클은 이것을 중심으로 형성된다

앞서 설명한 스타트업에 해당하지 않는 기업이라고 해서 이너서클의 함정으로부터 자유로운 것은 아니다. 이너서클은 어디에서나 형성되어 양질의 의사 결정을 위협할 수 있다. 그 원인은 '직위에 따른 영향력'과 '성격에 따른 영향력' 때문이다.

직위에 따른 영향력은 직위와 보고 체계에 기반하기 때문에 한층 명백하게 드러난다. 극단적인 경우, 팀은 소위 짐 바크스데일Jim Barksdale(전 넷스케이프 CEO) 규칙을 적용한다. 그 내용은 "우리에게 데이터가 있으면 데이터를 따르고, 우리가 가진 게 의견뿐이라면 내 의견을 따른다"는 것이다. 이런 태도는 CEO를 중심으로 이너서클을 형성하게 한다. 또한 그로부터 배제된 사람들 사이에서 폭넓은 반감을 초래한다.

성격에 따른 영향력은 어떤 사람(반드시 CEO이거나 고위 리더일 필요는 없다)이 화술, 자신감, 인간적 매력, 설득력 같은 탁월한 개인적 속성을 지녔을 때 생긴다. 이런 사람은 조직표에서 높은 자리에 있지 않더라도 자신의 생각을 중심으로 빠르게 연합을 구축할 수 있다. 그리고 이 연합은 이너서클로 발전할 가능성이 있다. 성격에 따른 영향력을 가진 사람은 다른 사람들이 자신의 입장을 받아들이도록 설득할 수 있는 것처럼 보인다. 설령 그 입장이 팀을 잘못된 길로 이끌 수 있다고 해도 말이다.

일부 팀에서는 서로 충돌하는 다수의 이너서클이 생겨난다. 가령 창업자이자 CEO를 중심으로 한 이너서클과 부서장 또는 보다 하위 리더를 중심으로 한 이너서클이 있을 수 있다. 팀이 이너서클의 함정에 빠질 위험이 있는지 평가할 때, 공식적 조직표에는 드러나지 않는 비공식적 연합을 살펴야 한다는 것을 명심하라.

집단 사고의 증상 포착하기

광부 구조 실험에서 확인한 대로 강한 이너서클이 존재하는 팀은 의견 불일치를 스스로 억제하며, 건강한 논쟁을 억누른다. 그 결과 스타트업부터 기성 기업, 비영리 단체, 정부 기관까지 어떤 유형의 조직에서도 나타날 수 있는 집단 사고가 형성된다. 심지어 일부 연구자들은 집단 사고가 홀로코스트, 난징 대학살, 존스타운Jonestown 집단 자살 사건 같은 흉악한 범죄의 원인임을 확인했다. 또한 다른 연구자들은 집단 사고가 우주왕복선 '챌린저'호 폭발 사고와 영국 기업 마크스 앤드 스펜서Marks & Spencer와 영국항공British Airways 파산의 원인이라고 주장했다.

우리는 팀의 집단 사고를 진단하기 위해 다음 증상 목록을 활용한다. 이 목록은 예일대학 심리학자 어빙 재니스Irving Janis 의 연구[28]와 그로부터 수십 년 후 진행된 캐스 선스타인의 연구를 참고한 것이다. 일부 증상은 다른 증상보다 포착하기 쉽다. 그래도 모든 증상은 팀이 심각한 문제를 향해 나아가고 있다는 단서다.

1. **무적이라는 착각** 팀의 대화가 과도한 낙관과 '무사태평한 태도'에 지배당한다. 그 결과 비정상적인 리스크를 지게 된다. "우리를 미워하고 의심하는 사람들은 신경 쓰지 마. 우린 결국 성공할 거니까"라는 식의 말은 전형적인 위험신호다. "아직 누구도 못 한 일이지만 우리가 최초로 해낼 거야"라는 식의 말도 그렇다. 창업자의 배짱은 힘든 시기에 자산이 될 수 있다. 그러나 과도한 배짱은 중요한 관점을 덮어버릴 위험이 있다. 회사가 하려는 일을 지금까지 누구도 하지 못한 이유를 탐구하는 것이 유익하다.

2. **의문 없는 믿음** 집단 사고에 빠진 팀은 내부의 위험신호와 부정적 피드백 또는 나쁜 행동을 무시하거나, 과소평가하거나, 합리화한다. 가령 경쟁이 심한 일부 차량 공유 시장에서는 산업 스파이 짓을 하거나 직원을 운전자로 등록시켜서 경쟁 업체의 입사 교육 절차, 인센티브 내역, 운전자용 앱 기능을 알아내려는 스타트업들이 있다. 그들은 이런 비윤리적

인 일들을 "경쟁이 심해서 그저 살아남으려고 노력하는 것일 뿐"이라고 합리화한다.

3. 자기 검열 팀이 공유한 최초의 아이디어나 가장 쉽게 접근할 수 있는 정보에 매달릴 때 이 문제가 드러난다. 누군가는 반대 의견을 가졌어도 드러내지 않는다. 대신 다른 팀원이 먼저 말하는지 보려고 기다린다. 하지만 다른 팀원들 역시 위험 감수를 두려워한다. 팀이 합의한 것처럼 보이는 입장을 속으로는 반대하는 팀원이 얼마나 많은지 모르기 때문이다. 회의 시간의 침묵은 자기 검열이 작동한다는 강력한 신호다.

4. 적에 대한 고정관념 집단 사고는 공통의 적(경쟁자나 규제 기관 또는 같은 회사의 다른 팀)을 단순하고 정형화된 관점으로 바라본다. 그 결과 부주의한 의사 결정이 이루어질 위험이 발생한다. 회의에서 "그들은 이 결정적인 아이디어를 구상할 만큼 똑똑하지 않아"라는 식의 허수아비 논법이 나오면 주의하라.

5. 만장일치의 착각 사명을 둘러싼 열의와 흥분은 팀이 나아가고자 하는 방향에 대해 만장일치가 이루어졌다는 느낌을 줄 수 있다. 매우 의욕적인 팀에서는 다른 팀원들의 침묵을 동의의 신호로 간주하는 목소리 큰 파벌(반드시 다수파인 것은 아니다)이 존재하는 경우가 많다.

6. 직접적 압박 일부 리더는 반대 의견을 가진 팀원을 압박한다. 가령 "지금은 이해하지 못하겠지만 결국에는 이해하게 될 거야"라는 식의 말로 해당 팀원이 불충하거나 어리석다고 느끼게끔 만든다. 똑똑한 리더는 팀원을 지적으로 괴롭히면서 자신이 우월하다는 인식을 내세우지 않도록 주의해야 한다. 그들은 때로 공격적인 의도 없이 팀원을 가르치는 듯한 말투를 쓴다. 이는 인간관계에 대한 몰이해 내지 사회적 둔감성을 드러내는 신호다.

7. 심리적 방어 일부 리더는 팀의 시각이나 결정 또는 단결을 뒤흔드는 문제적인 정보를 차단한다. CEO가 회사의 실제 재정 상태를 숨기는 것이 흔한 예다. 자금이 다 떨어져가는 상황에 처하면, 정리 해고나 급여 삭감이 있을지도 모른다는 불안을 조성하고 싶지 않은 게 당연하다. 그러나 나쁜 소식을 감춰서 혼란을 막으려는 것은 솔직하게 사실을 알리고 해결책을 모색하는 것보다 대체로 덜 효과적이다.

8. 분극화 팀원들이 도전을 받았을 때 이전보다 더 극단적인 입장을 취하면 분극화가 일어난다. 줄다리기에서 상대가 강할수록 발꿈치를 더 깊이 땅에 박아야 이길 수 있다. 이러한 본능은 대단히 지적이고 합리적인 사람도 자신의 의견을 뒷받침하기 위해 유리한 데이터만 취사선택하거나 의심스러운 주장을 하게 만든다. 심지어 예일대학의 댄 카한Dan Kahan

과 동료들은 지적인 사람일수록 데이터를 선택적으로 왜곡해 자신의 관점에 맞는 결과를 낸다는 사실을 확인했다.[29]

이너서클의 함정 벗어나기

혈연이나 오랜 관계 또는 개인적 영향력을 중심으로 형성된 연합은 이너서클을 초래하는 경향이 있다. 이런 경우, 집단 사고를 극복하고 생산적 논쟁을 장려하기 위해 한층 더 노력해야 한다. 이를 위해서는 이너서클의 함정을 벗어나는 방법을 찾아낸 사례를 참고하는 것이 좋다.

우구르 샤힌Uğur Şahin과 외즐렘 튀레지Özlem Türeci(두 사람 모두 튀르키예 혈통의 독일 과학자다)는 2002년에 결혼한 부부로, 2008년에 바이오엔테크BioNTech를 창립했다. 우구르는 CEO, 외즐렘은 최고 의학 책임자를 맡았다. 이후 12년 동안 두 사람은 종양 면역 치료를 연구하면서 단클론 항체monoclonal antibody 요법에 이어 mRNA 기반 요법을 개발했다. 그러나 후자는 안정성이 부족했고, 그들의 연구는 글로벌 항암 커뮤니티의 기대를 충족하지 못했다.

그러던 중 바이오엔테크를 창립한 지 18년 후 운명의 날이 찾아왔다. 2020년 1월 24일 금요일 우구르는 중국에서 코로나19 바이러스가 퍼지고 있음을 알리는 초기 논문 중 하나를 읽었다. 무증상 전파가 이루어진다는 증거를 보고 우구르는 "매우 빨리" 글로벌 팬데믹이 발생할 수도 있겠다고 걱정했다.[30] 그다음 주 월요일, 그는 코로나19 백신을 신속하게 개발하는 쪽으로 방향을 돌렸다. 이름하여 '광속 프로젝트Project Lightspeed'였다. 독일이 첫 지역 봉쇄에 들어간 3월 초에 바이오엔테크는 이미 20종의 백신 후보를 개발해둔 상태였다.[31] 그중 하나가 나중에 바이오엔테크-화이자의 mRNA 백신이 되었다. 이 백신은 최초로 미 식약청, EU, 세계보건기구의 승인을 받았다. 이로써 그 전까지 무명 기업이던 바이오엔테크는 전 세계에 걸쳐 수백만 명의 생명을 구하는 데 중심적인 역할을 했다.

우구르와 외즐렘은 부부여서 궁극적인 이너서클이 될 것이며, 특히 백신을 급히 개발해야 한다는 강한 압박을 받는 상황에서 팀 역학을 저해했을 것이라고 가정하기 쉽다. 그러나 그들은 오히려 부부라는 이점을 즐겼다. 가령 하루 중 언제든 일에 대한 대화를 나누어도 그에 따른 일반적인 문제를 겪지 않았다.[32] 그들을 아는 사람들은 서너 가지 핵심적 이유를 제시했다.

첫째, 두 사람의 기술은 상호 보완적이었다. 스위스의 노벨상 수상자로서 두 사람을 자신의 연구소에 채용한 적이 있는 롤프 칭커나겔Rolf Zinkernagel의 말에 따르면 "우구르는 혁신적인 과학자이고, 외즐렘은 탁월한 사업 운영 감각을 지닌 놀라운 임상의"였다.[33] 이 차이는 두 사람이 각자 다른 영역에 집중하는 가운데, 고유한 관점을 지니고 서로의 기술을 존중하는 데 도움을 주었다.

둘째, 두 사람은 바이오엔테크의 사명에 대한 열의를 공유했다. 우리가 살펴본 많은 이너서클 동업자 관계에서는 헌신의 정도가 크게 달랐다. 깊이 공유된 목적의식은 난관을 헤치고 나아가려는 의욕을 부여한다.

셋째, 두 사람은 자존심이나 위계 구조보다 증거를 우선시하는 과학적 태도를 공유했다. 바이오엔테크의 백신이 유명해진 후, 두 사람을 인터뷰한 기자는 이렇게 물었다. "두 사람이 중요한 사안에 대해 완전히 다른 의견을 가졌을 때는 누가 결정을 내리나요?" 이에 우구르는 "제가 틀렸다면 순순히 인정합니다. 엄밀하게 말하면 제가 상사이기는 해도 말이죠"라고 대답했다.[34]

건강한 토론을 중시하는 태도는 두 창업자뿐 아니라 회사 전체로 확대되었다. 직원들은 자주 활발한 토론을 벌이면서도 개인적 갈등이나 권력 과시에 빠지지 않았다. 또한 이너서클이 모든 논쟁에서 이기도록 허용하지도 않았다. 우구르는 다른 인터뷰에서 이렇게 말했다. "연구소 회의를 할 때 과학자들 사이에는 위계 구조가 없습니다. 과학은 위계 구조와 아무 관계가 없어요. 이해가 진정한 핵심입니다. 이는 말하는 사람이 아니라 그 내용이 중요하다는 것을 뜻해요."[35] 스타트업 리더들은 과학자처럼 사고함으로써 혜택을 얻을 수 있다.

리더는 이견을 적극적으로 요청하라

이너서클의 함정을 피하려면 바이오엔테크 창업자들이 그랬던 것처럼 리더가 다른 관점을 기꺼이 환영한다는 사실을 알려야 한다. 우리는 구글 포 스타트업을 대리해 진행한 연구에서 이 사실을 확인했다(부록 1에 요약되어 있다).[36] 우리가 스타트업 리더들에게 이견을 장려하는 일이 중요하다고 생각하는지 물었을 때 '그렇다'라고 응답한 비율은 3퍼센트에 불과했다. 반면 리더의 동료와 팀원에게 같은 질문을 했을 때 '그렇다'라고 응답한 비율은 14배나 많은 42퍼센트였다. 데이터를 더 자세히 살펴보니 분명하게 드러나는 사실이 있었다. 요컨대 대다수 리더는 팀원이 자신의 아이디어에 도전하는 것을 중시했다. 다만 팀원이 주도적으로 우려와 반론을 제기하길 기대했다. 대다수 리더는 누구도 이의를 제기하지 않으면 다들 동의한다고 가정했다.

리더는 이견을 기대만 하지 말고 요청해야 한다. 명확하게 요청하지 않으면, 팀원은 리더가 원치 않는다고 가정한다. 리더는 자신의 지위가 무의식적으로 이견을 잠재운다는 사실을 깨닫지 못하는 경우가 많다. 이견을 제시했다고 해서 누구도 처벌받지 않는다고 아무리 자주 강조해도 리더의 열정, 확신, 지능, 에너지가 위협적으로 작용할 수 있다.

전형적인 미국의 '열린 문 정책'은 이견을 끌어내기에 충분치 않다. 팀원이 마음껏 발언할 수 있는 여건을 조성해야 한다.

권위에 복종하는 것이 문화적 규범이거나 이견을 제시하면 비호감을 사는 분위기에서는 변화를 위해 더욱 열심히 노력해야 한다.

메이 첸Mei Chen은 싱가포르에서 우리의 워크숍에 참여한 리더다. 그는 자신의 아이디어와 상충하더라도 팀원들로부터 최선의 아이디어를 뽑아내는 창의적인 방식을 개발했다. 과거 그는 우리의 워크숍에서 경각심을 일깨우는 피드백을 받았다. 팀원들은 그가 항상 이견에 방어적인 태도를 보였다고 말했다. 메이는 똑똑한 사람이었다. 다만 아이디어를 공유하는 방식이 매우 신중했다. 그는 우리와 이 문제에 대해 논의하는 과정에서 깨달음을 얻었다. 메이는 이전에 애널리스트로 일했다. 당시에는 일을 잘하는 데 도움을 준 행동들이 지금은 리더로서 팀을 이끄는 능력을 저해하고 있었다. 가령 새로운 제안을 팀원들에게 전달하기 전에 며칠씩 혼자서 개발하는 식이었다. 이렇게 자신의 아이디어에 너무 많은 투자를 하다 보니 반론이 나오면 마치 능력을 의심당하는 개인적 공격처럼 느껴졌다.

메이는 유능한 팀원이 좌절해서 그만두기 전에 변화를 이루어야 한다는 사실을 깨달았다. 다행히 아주 잘 통하는 2가지 전술을 찾아낼 수 있었다. 첫째, 그는 완벽해지려는 본능에도 불구하고 덜 준비된 상태로 회의에 참석하기로 마음먹었다. 자신의 아이디어를 준비하는 일을 줄이자, 팀원들이 의문을 제기하거나 대놓고 이견을 보여도 불쾌하지 않았다. 둘째, 솔직한 논의를 더욱 촉진하기 위해 일대일 대화를 늘리기 시작했다. 메이는 개별 팀원과 만나는 자리에서 자신의 아이디어와 이면의 논거를 제시했다. 그리고 "분명 빠진 게 있는 것 같아요. 뭐가 빠졌다고 생각해요? 내가 놓친 게 뭔가요?"라는 식으로 물었다.

메이의 접근법은 싱가포르 경영대학교Singapore Management University와 UC 버클리의 연구자들이 내린 결론과 결을 같이한다. 그들의 연구 결과에 따르면, 리더는 의견 충돌을 이견 표출로 규정하지 말아야 한다. 그렇게 규정하면 팀원들은 리더가 다른 의견에 정말로 열린 태도를 취하는 게 아니라고 가정한다. 이 가정은 대화를 줄이고 중요한 정보의 교환을 저해하는 경향을 지닌다. 반면 리더가 의견 충돌을 토론으로 규정하고 모든 입장을 동등하게 대우하면 팀원들은 리더가 이견 제시를 원하고 기대한다고 가정한다. 이 연구에서는 리더가 표현을 바꾸기만 해도 공유되는 정보량이 4배나 증가했다.[37]

다행인 점은 이너서클을 벗어나는 일이 실로 가능하다는 것이다. 아닐 사바왈Anil Sabharwal은 수십억 사용자를 둔 구글 포토 개발팀을 이끌었다. 그는 자신의 접근법을 이렇게 설명한다. "토론하고 논증하면서 깊이 파고드세요. 최선의 결과는 열정적이고, 건설적이며, 긍정적인 논쟁에서 나옵니다. 그렇게 되도록 장려하고, 심지어 강제하세요. 다만 신뢰와 정직 그리고 존중이라는 토대가 필요하다는 사실을 알아야 합니다. 그게 없으면 순전한 말싸움밖에 되지 않아요. 그건 좋지 않습니다."[38]

논쟁의 질 높이기

밥 테일러Bob Taylor는 기술 부문의 선구자로서 컴퓨터 혁명을 일으킨 드림팀 중 하나를 만들었다. 생산적인 토론을 촉진하는 데 능통했던 그는 1960년대 말, 펜타곤의 국방고등연구계획국Defense Advanced Research Projects Agency(흔히 '다르파DARPA'로 불린다)에서 핵심적인 역할을 했다. 다르파는 펜타곤, MIT, UC 버클리, 샌타모니카 연구소의 컴퓨터들을 연결하는 인터넷의 초기 버전을 선보였다. 뒤이어 그는 1970년대에 제록스 팔로알토 연구소Xerox Palo Alto Research Center에서 세계 최초로 개인용 컴퓨터를 발명한 팀을 이끌었다. 구글의 전 CEO 에릭 슈미트Eric Schmidt는 "밥 테일러는 우리가 현재 사무실과 집에서 사용하는 거의 모든 것을 이런저런 형태로 발명했다"고 말했다.[39]

제록스 팔로알토 연구소를 방문한 사람들은 연구자들이 격렬하게 논쟁하는 모습을 보고 자주 놀랐다. 그들은 상대가 틀렸음을 증명하는 만족감을 얻으려고 논쟁에서 이기려 들지 않았다. 목표는 항상 서로의 생각을 조명하는 것이었다. 동료의 인성이나 성격을 비판하는 것은 허용되지 않았다. 테일러는 협력적인 문화를 보존하고, 이 문화를 일부 똑똑한 연구자들의 독단적인 경향으로부터 보호하는 것이 자신의 주된 역할이라고 생각했다. 그래서 "누구도 우리 모두만큼 똑똑하지 않다"는 일본 격언을 자주 인용했다.

테일러가 즐겨 하는 설명에 따르면 논쟁에는 2가지 종류가 있다. '클래스 1' 논쟁의 경우, 양쪽 모두 서로의 관점을 제대로 이해하지 못한다. 그래서 반대 의견을 과장되고 쉽게 반박할 수 있는 버전으로 왜곡하는 허수아비 논법에 기댄다. 그 결과 시간이 지나면서 팀의 사기가 떨어지고, 성과가 저해된다.

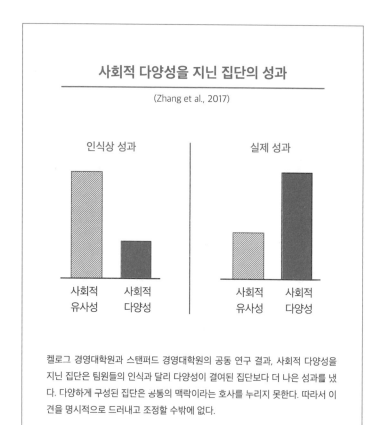

사회적 다양성을 지닌 집단의 성과

(Zhang et al., 2017)

인식상 성과

실제 성과

| 사회적 유사성 | 사회적 다양성 |
| 사회적 유사성 | 사회적 다양성 |

켈로그 경영대학원과 스탠퍼드 경영대학원의 공동 연구 결과, 사회적 다양성을 지닌 집단은 팀원들의 인식과 달리 다양성이 결여된 집단보다 더 나은 성과를 냈다. 다양하게 구성된 집단은 공통의 맥락이라는 호사를 누리지 못한다. 따라서 이견을 명시적으로 드러내고 조정할 수밖에 없다.

반면, '클래스 2' 논쟁의 경우 서로의 관점을 온전히 이해하기 위해 시간을 들인다. 이때 '상대의 관점을 상대가 만족할 정도로 설명할 수 있어야 한다'는 기준이 적용된다. 즉, 서로의 입장을 깊이 파고들어서 가장 강력한 측면을 찾아내고, 그걸 상대에게 설명할 수 있어야 한다. 그렇게 해야 어떻게 반박할지 생각할 수 있다. 그래서 허수아비가 아니라 '철인鐵人'을 쓰러트릴 만한 논법을 구축해야 한다.

테일러는 논쟁을 재단하는 것이 아니라 클래스 1에서 클래스 2로 격상시키는 것이 자신의 역할이라고 생각했다.[40] 덕분에 폭넓은 전문성과 배경을 대표하는 명민한 인재들을 한데 묶을 수 있었다. 보다 인상적인 그의 업적은 다양성이 주는 혜택을 극대화하는 환경을 조성하는 한편, 자신은 근본적으로 이너서클에서 빠졌다는 것이다.

테일러가 양질의 논쟁과 다양성의 힘에 대해 반세기 전에 본능적으로 알았던 사실은 우리가 현재 알고 있는 사실을 확증한다. 켈로그 경영대학원과 스탠퍼드 경영대학원의 공동 연구진은 피실험자들을 사회적 다양성을 지닌 팀과 지니지 않은 팀으로 나누어 배치했다. 그리고 팀 과제를 실시한 후 얼마나 잘한 것 같은지 물었다. 각 팀이 스스로 예측한 성과와 실제 성과를 비교한 결과, 비슷한 사람들끼리 일하는 것이 더 나은 결과로 이어진다는 생각이 틀린 것으로 드러났다. 오히려 사회적 다양성을 지닌 팀이 더 나은 결과를 얻었다. 많은 참고 자료와 어휘를 공유하지 않기 때문에 논쟁을 벌이기가 더 어려웠는데도 말이다.*

'어른의 감독'에 지나치게 저항하지 말라

일부 창업자는 이너서클의 함정 때문에 고전할 때, 팀을 이끌고 갈등을 관리하는 어려운 일을 위임하려 시도한다. 그래서 구글의 에릭 슈미트, 페이스북의 셰릴 샌드버그Sheryl Sandberg, 에어비앤비의 벨린다 존슨Belinda Johnson, 델의 모트 토퍼Mort Topfer 같은 유명 성공 사례를 참고해 외부에서 임원을 영입한다. 이 인사들은 모두 '회사의 어른'으로서 미숙한 창업자가 경영 문제를 해결하는 데 도움을 주었다는 언론의 평가를 받았다.

그러나 노스캘리포니아대학교 연구진의 연구 결과는 이 전략에 의문을 제기한다.[41] 그에 따르면 어른의 감독은 의도한 목적을 달성하는 경우가 드물다. 창업주 CEO가 그들의 조언에 저항하는 경향이 있기 때문이다. 전문 경영인이 스타트업을 경영하는 경우, 최고 경영진의 질이 성과에 중대한 영향을 미친

---

* 이 연구에서 사회적 다양성을 지닌 팀은 각 대학에서 다른 사회 집단에 속한 사람들로 구성된 팀을 말한다. 당시 다른 사회 집단에 속한 사람과 연합하는 것은 평판 측면에서 위험한 행동으로 여겨졌다. 참고 자료: Katherine W. Phillips, Katie A. Liljenquist, and Margaret A. Neale, "Is the Pain Worth the Gain? The Advantages and Liabilities of Agreeing with Socially Distinct Newcomers," *Personality and Social Psychology Bulletin* 35, no. 3(2009. 3): 336–50, https://doi.org/10.1177/0146167208328062.

다. 반면 창업자가 CEO 자리를 유지하는 경우(그리고 특히 차등 의결권을 통해 막강한 투표권을 가진 경우), 다른 요직에 누구를 앉히는지는 거의 문제가 되지 않는다. 창업자는 계속 이너서클의 핵심으로서 분위기를 좌우하고 대다수 결정을 내린다. 다른 요직에 앉은 어른들은 성과에 실질적인 영향을 거의 미치지 못한다.

연구진은 그 사례로 그루폰Groupon 창업자 앤드루 메이슨Andrew Mason을 든다. 메이슨은 회사에 어른들을 많이 끌어들였다. 경영진의 모든 구성원이 그보다 10살 이상 나이가 많았다. 그러나 그는 2011년 상장한 지 2년 만에 이사진에 의해 쫓겨나고 말았다. 경영진의 어른들이 말렸는데도 터무니없는 행동을 하고 논쟁적인 회계 기법을 썼기 때문이다.

좀 더 극단적인 사례로는 위워크WeWork의 창업 CEO였다가 오명을 쓰고 물러난 애덤 노이먼Adam Neumann이 있다. 그는 2019년 위워크가 유니콘 스타트업으로 각광받으며 상장했을 때 노련한 임원들을 주위에 두었다. 그러나 상장 직후 주가가 하락하면서 사임할 수밖에 없었다. 뒤이어 언론은 그의 방만한 라이프스타일, 공금 횡령, 요란한 사무실 파티, 약물 및 알코올 남용 그리고 '어른의 감독'에도 불구하고 저지른 다른 비행非行들을 폭로했다.

연구진이 결론지은 대로 창업 CEO가 어른들의 조언을 통해 도움을 얻고 싶다면 일부 통제권을 적극적으로 내주어야 한다. 또한 그들이 창업자의 비전을 실행에 옮기기만 하는 것이 아니라, 실질적인 결정을 내릴 수 있도록 해야 한다. 창업 CEO는 다른 리더들처럼 이견을 환영하는 방법을 배워야 한다. 마찬가지로 중요한 일은 양질의 반론에 비추어 자신의 결정을 재고해야 한다.

무사태평한 태도와 이너서클이 주도하는 집단 사고보다 건설적 이견과 솔직함을 중시하는 문화를 구축(또는 재구축)하는 기법은 2부에서 자세히 배울 것이다.

문제

팀이 구성원의 합보다 높은 가치를 지닐 때 기대할 수 있는 시너지는 달성하기 아주 어렵다. 그 주된 요인은 이너서클의 함정 때문이다. 많은 팀의 경우, 창업자 또는 자기 주장이 강하고 카리스마 있는 다른 리더를 중심으로 형성된 이너서클이 문화를 지배한다. 이너서클에 속한 사람들의 직위에 따른 영향력 또는 성격에 따른 영향력은 흔히 집단 사고 그리고 긍정적인 논쟁과 건설적인 갈등의 부재로 이어진다.

증거

우리가 구글 포 스타트업의 유능한 창업자 프로젝트Effective Founders Project를 진행하면서 알게 된 사실이 있다. 리더들은 팀 내에서 이견을 장려하는 일의 가치를 일관되게 과소평가한다. 반면 팀원들은 그 가치를 14배나 높게 평가한다. 예일대학과 하버드대학 공동 연구진은 팀의 집단 사고 현상을 연구했다. 이 연구는 이너서클의 함정에 빠졌는지 진단할 때 살펴봐야 할 증상들을 보여준다. 다른 연구자들은 다양성을 지닌 팀, 건설적 논쟁, 창업자가 강력한 이너서클이 주는 일부 혜택을 포기하는 일의 가치를 밝혀냈다.

해결책

다양한 의견을 억누른 결과로 드러나는 행동들에 주의를 기울여라. 대신 팀이 나누는 대화에서 적극적으로 이견을 장려하라. 상충하는 관점을 이끌어내는 일이 힘들고 시간 낭비처럼 느껴질 수 있다. 그래도 결국은 더 나은 결정으로 이어질 가능성이 훨씬 높다. 양질의 논쟁을 이끌어내기 위해 클래스 1 논쟁(허수아비 논법을 수반하는 논쟁)을 클래스 2 논쟁(상대의 관점을 온전히 이해하고 존중하는 태도로 반론을 제기하는 논쟁)으로 전환하려고 노력하라.

이단아적 마음가짐의 함정

많은 창업자는 스타트업을 키워가는 삶이 너무나 멋질 것이라는 낭만적인 생각에 자극을 받는다. 그래서 대기업의 전형적인 문화에서 벗어날 길을 찾는다. 그들은 관료 체제, 위계 구조, 무의미한 정책, 불공정한 차별 그리고 회사 생활을 짜증 나게 만드는 다른 모든 요소의 제거를 꿈꾼다. 이 모든 것을 혁신하는 일은 자신을 파괴적 이단아로 보는 창업자들에게 특히 강한 매력을 지닌다. 그들은 제품이나 서비스 또는 산업을 재발명하는 일이 가능하다고 믿는다. 그 믿음을 인사관리의 혁신으로 확장하기는 쉽다. 그들이 보기에 기업들이 따르는 낡은 관행은 스트리밍 시대의 비디오카세트 플레이어처럼 낡은 것이다.

하지만 문제가 있다. 사람은 코드보다 훨씬 예측하기 어렵고 미묘한 측면을 지닌다. 또한 다른 사람들과 같이 일하는 과정에는 신속하게 해결하기 어려운 보편적인 난관들이 존재한다. 많은 전통적인 비즈니스 절차는 짜증을 유발하는 측면이 있다. 그러나 그것들이 적어도 어느 정도까지 지속된 이유는 성공적인 대규모 조직을 구축하는 일을 뒷받침했기 때문이다. 이 점을 명심해야 한다. 명확히 해두자면, 기업 관행에는 잘못된 부분이 많다. 또한 우리는 구시대적 경영을 옹호하려는 것이 아니다. 다만 우리는 창업자들이 반대 방향으로 너무 멀리 나아가는 모습을 보았다. 그들은 인간적 역학의 근본적 측면과 낡은 것처럼 보이는 관습의 이면에 숨겨진 지혜를 무시했다.

창업 초기에는 이단아처럼 경영하기가 비교적 쉽다. 이 시기에 소수의 공동 창업자와 초기 직원들은 같은 열정, 목표, 기운을 공유한다. 그래서 모든 기업 관행을 내다 버리고 평등하면서도 비관료적이며, 고도로 능률적인 팀으로서 스타트업을 운영할 수 있다. 또한 제품과 서비스뿐 아니라 경영 방식까지 혁신한 창업자라며 자화자찬할 수도 있다.

그러나 이런 반관습적 태도를 더 이상 유지할 수 없는 때가 생각보다 빠르게 온다. 회사가 성장하는 동안에도 이단아적 리더십을 고수하면 역기능을 초래하는 해로운 문화가 형성된다. 이는 공동 창업자와 팀 사이에 깊은 갈등의 골을 만든다.

지금부터 특정한 이단아적 사고가 스타트업을 난관에 빠트리는 이유를 설명하는 증거를 제시할 것이다. 또한 이단아적 경영과 관련해 그 부작용을 간과하게끔 하는 6가지 흔한 믿음에 대해서도 살펴볼 것이다. 이 믿음이 사실이라면 정말 좋을 것이다. 하지만 그렇지 않다는 증거가 있다. 오히려 이 믿음은 회사가 성장하는 과정에서 어긋난 기대와 동업자 관계의 긴장으로 이어질 수 있다.

1. **동일 지분 신화** 공동 창업자는 동등한 헌신과 기여의 대가로 동일한 지분을 받아야 한다.

2. **공동 지휘 신화** 공동 창업자들이 권한과 결정권을 동등하게 나눠야 한다.

3. **위계 구조 없는 규모화 신화** 여러 층의 경영 구조는 관료 체제를 형성하고 진전 속도를 늦추기 때문에 피해야 한다.

4. **구조적 화합 신화** 직능 사이의 분쟁은 바로잡아야 할 실패 요소다.

5. **갈등 없는 성장 신화** 강력한 문화는 팀이 커지는 동안에도 모든 개인 간 갈등을 최소화하거나 심지어 예방할 수 있어야 한다.

6. **영웅적 행위 신화** 영웅적인 추가 노력은 창업 초기뿐 아니라

장기적으로도 필요하다.

이런 신화가 해롭거나 심지어 치명적인 함정이 되는 양상을 살펴보자.

동일 지분 신화

초보 창업자가 저지르는 흔한 실수 중 하나는 창업 첫날에 지분을 동등하게 나누는 것이다. 이는 100퍼센트(따라서 동등한) 헌신하고 기여할 수 있는 여건을 만들 것이라는 과하게 이상적인 믿음에 따른 것이다.

보상 문제와 관련해 기술 스타트업을 대상으로 실시한 대규모 연구 결과가 있다.[42] 그에 따르면 동일 지분 분할은 모든 창업자가 비슷한 수준의 경력을 지닌 초보 창업자일 때 가장 흔하다. 이 경우, 지분을 동일하게 나눈다는 결정은 보통 개별 창업자의 기술과 기여 수준을 측정할 수 있기 전에 이루어진다.[43]

그들은 (2등분이든, 3등분이든, 4등분이든 또는 그 이상이든) 동일 지분 구조가 사업 성공 가능성을 낮춘다는 사실을 모른다. 와튼 스쿨, 뉴욕대학, 코넬대학, 컬럼비아대학에서 경영학을 가르친 제이슨 그린버그Jason Greenberg는 동일 지분 구조를 기여 기대치에 대한 명확한 합의와 공정하고 가변적인 보상으로 대체하면 생존력을 획득할 가능성이 4배나 높아진다고 말한다.[44] 지분을 역동적이고 가변적인 방식으로 배분하거나 지분과 급여 사이에 균형을 맞추면 실제 기여도가 명확해졌을 때 조정하기가 더 쉽다.

그런데 왜 지분을 동일하게 분할하는 방식이 그토록 흔할까? 그 주된 이유는 그것이 동등한 헌신과 기여를 이끌어내는 최선의 방식처럼 보이기 때문이다. 동일 지분 구조는 고루하고 계산적인 대기업식 출세주의에 맞서는 이상주의적이고 이단아적인 반발이다. 창업자들은 '우리는 보상을 놓고 다투는 게 아니라, 세상을 바꿀 놀라운 걸 만드는 데 집중할 거야'라고 생각한다. 게다가 누가 공정성을 추구하는 방식에 반대할 수 있겠는가?

동일 지분 분할은 기대에 대한 불편한 논의를 피하는 방편이기도 하다. 나는 어떤 기여를 할 것인가? 너는 어떤 기여를 할 것인가? 품질과 속도에 어떤 기준을 적용할 것인가? 개인적 시간과 노력, 자원을 어느 정도나 내어놓을 것인가? 이런 문제에 대한 기대치를 명시적으로 논의하지 않으면 모든 창업팀 구성원이 다른 구성원들의 기준을 충족하기가 사실상 불가능하다. 공동 창업자들이 동일한 정도로 기여하지 못할 것은 명백하다. 저마다 다른 기술, 인맥, 자원을 지녔는데 어떻게 그럴 수 있겠는가? 묵시적 기대와 명시적 보상을 비교하는 가상의 장부를 만들어보면 (모두는 아니라도) 누군가는 실망하기 마련이다.

우리의 스타트업 조사 결과는 기대치가 명시적이지 않으

면 팀원들이 마음대로 가정하게 된다는 것을 보여준다.[45] 우리는 수백 명의 창업자를 대상으로 33가지 리더십 역량을 평가했다. 그 역량에는 업무 추진 능력, 양질의 성과를 달성하는 능력, 효과적으로 협력하는 능력, 팀원에게 조언하고 그들을 성장시키는 능력, 동기 부여 능력 등이 포함되었다. 우리가 조사한 창업자들은 단 1가지 역량만 진정으로 탁월하면 된다고 생각했다. 그것은 리더로서 팀원을 북돋우는 능력이었다. 반면 공동 창업자들이 서로를 평가할 때는 기대치가 훨씬 높았다. 즉, 33가지 역량 중 17가지 역량에서 탁월한 수준을 기대했다. 다시 말해서 동업자에 대한 창업자의 전형적인 기대치는 자신에 대한 기대치보다 17배나 높았다. 이는 자신에게 갖는 최소한의 기대치와 무의식적이나마 동업자에게 갖는 여러 측면의 기대치 사이에 거대한 간극이 존재함을 말해준다(연구 결과의 개요는 부록 1 참고).

이 간극이 어떤 악순환을 초래할지는 쉽게 상상할 수 있다. 가령 당신은 1가지 리더십 역량만 습득한 후 잘하고 있다고 생각할지 모른다. 그러나 공동 창업자들은 훨씬 높은 묵시적 기대치를 충족하지 못한다는 이유로 당신을 조용히 힐책한다. 결국 시간이 흐름에 따라 서로에 대한 실망이 깊어가고, 비난과 반목은 심해진다.

헬스테크 스타트업을 공동 창립한 졸라Zola와 마케나Makena는 이 교훈을 힘들게 얻었다. 그들은 요하네스버그 지역 구급차 서비스의 비효율성을 해결하려고 애썼다. 기술 담당인 졸라는 가나 출신으로 게임을 좋아했으며, 컴퓨터 공학을 전공하려고 마음먹은 우등생이었다. 그는 첫 프로그래밍 강의 시간에 처음 작성한 코드로 '헬로 월드Hello, World!'를 띄우는 데 성공한 후 짜릿한 흥분을 느꼈고, 이것이 진정한 소명임을 깨달았다.

졸라는 2019년 캐나다 대학에서 창업 및 기술 부문 석사 과정을 밟다가 마케나를 만났다. 마케나는 남아프리카공화국 출신으로 글로벌 보건 및 개발 부문에서 석사 학위를 받았다. 그녀의 꿈은 모국의 의료 서비스 수준을 개선하는 것이었다. 마케나는 남아프리카공화국 국민들이 응급 의료 서비스를 보다 빠르고 효율적으로 받을 수 있는 앱을 개발하고 싶었다. 이를 위해 사업 계획을 세우던 그녀는 경영, 협력 관계 개발, 자금 조성, 마케팅 부문에 대한 자신의 능력과 균형을 이룰 기술 담당 공동 창업자가 필요했다.

CTO를 맡은 졸라와 CEO를 맡은 마케나는 지분을 50 대 50으로 나누고 창업에 착수했다. 졸라는 당시를 이렇게 회고했다. "우리는 각자 다른 기술을 가진 좋은 짝이었어요. 마케나는 공공 의료를 잘 알았고, 나는 필요한 기술을 구축할 수 있었죠." 졸라는 적은 예산으로 두어 명의 가나 개발자를 영입했다. 그들은 몇 달 동안 제품 시장 적합성을 달성하는 일에 매달렸다. 문제는 마케나가 제품의 매력을 높이기 위해 개발팀에 요구하는 기능이 계속 늘어난다는 것이었다. 졸라는 마케나와 매주 갖는 회의 자리를 두려워하게 되었다. 회의에서 마케나가 전하는 묵시적 메시지는 "더 많은 일을, 더 빨리 하라"는 것이었다.

졸라는 마케나가 소프트웨어 개발의 어려움을 모른다는 사실이 명백해진 순간을 기억한다. 그때 마케나는 "이 부분에 버튼을 넣어요. 쉬운 일이잖아요?"라는 식으로 말했다. 졸라는 평정심을 유지하려 애쓰며 그렇게 하기가 얼마나 어려운지 설명했다. 게다가 앞선 5번의 회의에서 마케나가 쏟아낸 다른 요청 사항이 잔뜩 밀려 있는 상태였다.

우리는 스타트업 CEO와 CTO 사이에서 이런 문제가 자주 불거지는 것을 확인했다. CEO는 대개 고객과 투자자 앞에서 멋진 신기술이 안겨줄 밝은 미래를 홍보한다. CTO는 CEO의 거창한 약속을 실현하려고 정신없이 일하는 한편, 그 과정에서 기술 부채를 너무 많이 쌓지 않으려고 노력한다. CEO는 미래에 사는 경향이 있지만, CTO는 제품을 출시하기 위해 온전히 현재에 머물러야 한다. 둘 다 서로의 지식, 기술, 헌신에 대해 나름의 가정을 한다. CEO는 흔히 CTO가 제품 개발에 대해 모든 것을 안다고 가정한다. CTO는 CEO가 스타트업에 필요한 모든 자원에 접근하는 법을 안다고 가정한다.

마케나와 졸라는 좌절과 기대를 숨기지 않고, 열린 자세로 솔직하게 이야기함으로써 손상된 관계를 복구할 수 있었다. 마케나는 졸라에게 이렇게 털어놓았다. "나는 기술에 대해 잘 몰라요. 그래서 이런 기능을 개발하는 일이 얼마나 어려운지 말해주지 않으면 알 수가 없어요."

마케나는 2년이 지난 후 과거를 돌아보면서 솔직함의 가치를 깨달았다. 그녀는 "서로의 기대를 드러내고 논의하면서 하나씩 수용하거나 폐기하는 일은 엄청나게 유용했어요"라고 말했다. 공동 창업자들은 지분 분할 방식을 논의하는 데 그치지 말고, 서로가 기대하는 바를 명확하게 터놓고 이야기해야 한다. 묵시적 기대를 충족하지 못할 것이 거의 확실하기 때문이다.

공동 지휘 신화

2010년 말, 30대 초반의 두 공동 창업자가 샌드힐 로드Sand Hill Road에 자리한 사무실의 문을 두드리고 다녔다. 그곳은 실리콘밸리 벤처 투자 커뮤니티의 전설적인 심장부였다. 그 모든 문 뒤에는 두둑한 자금을 갖추고 다음에 투자할 엄청난 아이디어를 찾는 투자자들이 있었다. 개리 탠Garry Tan과 사친 아가왈Sachin Agarwal은 자신들에게 엄청난 아이디어가 있다고 생각했다. 2년 전, 두 사람은 쉽게 사용할 수 있는 마이크로블로그 플랫폼으로서 트위터와 유사하지만 더 나은 사용자 경험을 제공하는 포스터러스Posterous를 만들었다. 포스터러스는 열혈 추종자를 거느리며 급격하게 사용자를 늘려가는 중이었다. 개리와 사친은 시리즈 A 라운드Series A round를 통해 수백만 달러를 조달하려 노력했다. 그래야 포스터러스를 주류 앱으로 성장시킨 다음 수익화에 나설 수 있을 터였다.

투자자들에게 초기 성공담을 들려주던 그들의 모습은 인상적이었다. 그러나 전설적인 벤처 투자자 마크 앤드리슨Marc An-dreessen과 벤 호로위츠Ben Horowitz와의 만남은 나쁜 방향으로 흘러갔다. 호로위츠가 "누가 CEO인가요?"라고 질문한 것이 계기였다. 두 사람은 구글의 래리 페이지와 세르게인 브린 같은 동등한 지도부의 전통에 따라 "둘 다입니다"라고 대답했다. 그러나 호로위츠에게 '둘 다'는 오답이었다. 미팅은 갑작스레 끝나버렸고, 투자는 거부되었다.

호로위츠는 이후 블로그에 올린 글에서 '공동 지휘'에 반대하는 이유를 설명했다. 이 글은 딱히 포스터러스를 겨냥한 것은 아니지만 그렇게 볼 수도 있었다.

공동 지휘는 언제나 CEO나 이사처럼 조직 최상단에 있는 사람들에게는 실로 매력적으로 보인다. 그들은 이렇게 생각한다. '우리한테는 월드 클래스 인재가 2명이나 있어. 일거양득이지! 오랜 과거의 관습에 얽매이지 말아야 해. 우리는 모두 성인이야. 다 잘 지낼 수 있어.' 그러나 조직에서 일을 도맡아 하는 사람들에게는 훨씬 덜 매력적으로 보인다. 그들에게 공동 지휘는 짜증, 혼란, 지체를 초래하는 요소에 더 가깝다.

회사가 커지면 의사 결정에 참고해야 할 정보가 엄청나게 늘어난다. 어떤 렌즈를 통해 사업을 바라보느냐에 따라 관점도 다양해진다. 책임자가 2명일 경우, 그 차이는 혼란과 지체를 초래한다. 회사의 모든 직원은 CEO가 양질의 결론을 신속하게 내려주는 데 의존한다. 설령 잘못된 결정이라도, 모든 결정은 무無결정보다 나은 경우가 많다……. 공동 지휘를 하면 CEO들이 그런 측면에서 부실한 성과를 낼 것이 거의 확실하다.[46]

호로위츠는 많은 사람의 짐작과 달리 자신과 앤드리슨이 회사에서 공동 지휘를 하지 않는다는 사실을 밝혔다. 또한 그는 컨설팅 기업 매킨지의 핵심 설계사 마빈 바우어Marvin Bower의 유명한 조언도 되풀이했다. "권력 공유는 결코 성공하지 못한다."

개리와 사친은 시리즈 A 라운드에서 자금을 조달할 수 있었다. 그러나 두 사람은 공동 CEO 방식을 계속 유지할 수 없다는 사실을 깨달았다. 사친은 '아이디어 담당'으로서 버전 1.0을 위한 코드를 작성하고 포스터러스에 100퍼센트 집중했다. 개리는 '제품 담당'으로서 아주 단순한 사용자 경험을 구축했다. 그러나 그는 회사 일 말고도 다른 목표가 많았다. 그래서 두 사람은 사친이 단독 CEO가 되어야 한다는 데 동의했다. 어차피 직위는 대개 형식적인 것에 불과했다. 정말로 중요한 사실은 두 사람이 동등하다는 것이었다.

안타깝게도 이 결정은 동업자 관계의 파탄으로 이어졌다. 시리즈 A 라운드 직후 사용자 증가율이 정체했다. 경쟁자, 특히 인스타그램과 비교해 포스터러스의 한계가 두드러졌다. 두 사람은 중대한 결정에 동의하지 못했다. 그중에서도 가장 큰 결정은 사업 방향을 전환하는 방식에 대한 것이었다. 그때까지 성공은 동업자 관계에 숨겨진 문제들을 가려주었다. 1년에 10배씩 성장하는 스타트업에서는 갈등이 크게 생길 일이 없기 때문이다. 개리는 "동업자 관계에서 갈등이 발생할 가능성에 대비하지 않으면, 가장 잘 협력해야 할 때에 서로 반목하게 된다는 교훈을 힘들게 얻었다"고 회고했다.[47] 그와 사친은 서로에게 직접적으로 터놓고 말하는 일이 드물었다. 그러다 회사가 어려워지자 보호 장구나 훈련, 교전 수칙도 없이 목숨을 건 듯한 다툼에 휘말렸다.

개리가 회사를 떠나야 한다는 사실을 깨달았을 때 모든 것이 결정적인 대목을 맞이했다. "그만두기 전 몇 주 동안 제대로 자지도, 먹지도 못했습니다. 심박수가 120에 고정된 것 같았어요. 회사의 미래에 대해 공동 창업자와 동의할 수 없는 지경에 이르렀죠. 제가 피땀 흘려 키운 회사를 떠나야 했습니다. 그러고 싶지 않았지만 육체적, 정신적으로 더 이상 스트레스를 견딜 수 없는 상황이었습니다."[48]

포스터러스는 2012년 트위터에 인수되었고, 2013년에 문을 닫았다. 그로부터 10년이 지난 지금도 개리는 동업자에게 CEO 자리를 준 것을 후회한다. 위신을 잃었기 때문이 아니라, 자신이 회사의 문제를 바로잡고 성공으로 이끌 수 있었다고 생각하기 때문이다. "CEO가 되는 게 중요하다고 생각하지 않았습니다. 시리즈 A 라운드가 끝난 후 그 문제를 동업자와 상의했고, 그가 CEO가 되었죠. 솔직히 그게 후회스럽습니다. 제가 CEO가 되었어야 한다는 걸 깨닫는 데 너무 오랜 시간이 걸렸어요……. 잘못된 게 있으면 제가 바로잡을 수 있어야 했습니다."[49]

개리는 이제 이 경험에서 얻은 교훈을 활용해 다른 창업자들이 비슷한 실수를 피하도록 돕는다. 이 글을 쓰는 현재, 그는 스타트업 인큐베이터인 와이 콤비네이터Y Combinator의 CEO로서 초기 단계 벤처 투자 기금을 통해 스타트업에 투자하고 있다. 또한 스타트업에 조언을 제공하는 인기 유튜브 채널도 운영한다. 그와 사친은 나중에 화해했으며, 지난 갈등을 잊기로 했다. 그래도 개리는 자신의 이단아적 믿음을 회고하며 후회한다. 더 이상 공동 CEO가 아니어도 여전히 동등한 공동 창업자가 될 수 있다는 믿음은 지나치게 이상적이었다.

위계 구조 없는 규모화 신화

이단아적 창업자들이 위계 구조라는 개념 자체를 싫어하는 것은 놀라운 일이 아니다. 무슨 일이라도 하려면 위에서 허락을 받아야 하는 명령 계통보다 창의성과 과감성을 더 크게 저해하는 요소가 있을까? 위계 구조는 관료 체제를 낳는 것처럼 보인다. 최상부 리더들은 일의 현실 그리고 사용자나 고객의 필요에 대한 감을 잃는 경향이 있다. 의사 결정은 느려지고, 팀은 비난을 피하기 위한 과도한 설명과 경영진에게 현황을 계속 알리기 위한 문서 작업의 늪에 빠진다. 열의에 차 있는 새 스타트업이 이런 조직이 되기를 원하는 사람이 있을까?

인시아드INSEAD의 파니시 푸라남Phanish Puranam은 조직 설계

부문의 선도적인 사상가 중 한 명이다. 그는 위계 구조가 인기를 잃은 이유 가운데 대체로 언급되지 않는 이유를 연구했다.[50] 위계 구조는 모두가 동등하다는 평등주의적 이상을 부정하며, 어떤 사람은 다른 사람들보다 더 많은 권력과 자율성을 누릴 자격이 있음을 시사한다. 또한 직원들이 더 협소하고 전문화된 역할을 갖도록 강제한다. 그래서 일의 다양성을 중시하는 직원들에게 깊은 불만감을 안긴다. 다른 한편, 위계 구조는 관리자들이 팀의 활동을 조율하고 통합하기 위한 보고 시스템을 만들도록 강제한다. 하지만 직원들은 이런 보고를 핵심적 도구가 아닌 지겨운 요식행위로 본다. 또한 위계 구조는 관리자들이 코드를 작성하거나, 판매를 달성하거나, 프로젝트를 완수하는 것처럼 가시적이고 정량화할 수 있는 일에 비해 측정하기 어려운 비가시적 일을 하도록 강제한다. 가시적 성과는 보다 가치 있는 것으로 폭넓게 간주된다. 그래서 직원들은 관리자를 불필요한 존재라고 싫어하기 시작한다.

사람들은 흔히 위계 구조를 관료 체제와 혼동한다. 그럴 만도 하다. 이 둘은 나란히 확대되는 경향이 있기 때문이다. 다른 모든 조건이 동일할 때, 관리자가 있는 50인 회사는 5인 회사보다 더 많은 회의, 문서 작업, 승인 절차가 필요할 것이다. 하지만 위계 구조에는 긍정적인 측면도 있다. 이 측면은 성장하는 스타트업이 과도한 관료 체제의 단점에 시달리지 않고 목표를 달성하는 데 도움을 준다. 이단아적 경영자는 관료 체제를 최소화하려고 위계 구조를 철폐했다가 혼란이 발생했을 때

곤경에 처한다.

구글 초기에 래리 페이지와 세르게이 브린은 거의 수평적인 조직 구조를 실험했다. 엔지니어링 부서의 간부직은 제거되었고, 수백 명이 담당 부사장인 웨인 로징Wayne Rosing에게 직접 보고했다. 두 창업주의 목표는 빠른 아이디어 개발을 막는 장벽을 없애고, 자신들이 대학원에서 누렸던 자유로운 분위기를 재현하는 것이었다. 그러나 이 이단아적 경영 실험은 몇 달밖에 지속되지 않았다. 비용 보고서나 사소한 개인 간 갈등 같은 작은 문제를 들고 창업주들을 직접 찾아가는 직원들이 너무 많았다. 프로젝트에는 필요한 자원이 투입되지 않았고, 중복되는 프로젝트가 문제로 떠올랐다. 엔지니어들은 경력 개발을 위한 피드백과 조언을 갈망했다. 곧 최소한 어느 정도의 위계 구조는 유용하다는 사실을 모두가 깨달았다.[51]

밸브Valve, 자포스Zappos, 깃허브Github, 미디엄Medium, 버퍼 Buffer 같은 다른 이단아적 스타트업들도 수평적인 조직을 시도했다. 자포스 창업주 토니 셰이Tony Hsieh는 2014년에 '홀라크러시holacracy'라는 획기적인 자율 관리 방식을 퍼트렸다. 폭넓게 시도된 이 도박은 권한과 의사 결정을 극적인 방식으로 분산시켰다. 어떤 과제가 생겼을 때 그걸 하고 싶은 직원들이 손을 들어서 담당 팀을 꾸렸다. 이처럼 유연하게 구성된 팀은 결정을 내릴 전적인 권한을 얻었다. 홀라크러시 옹호론자들은 이를 자율 관리라 불렀다. 반면 비판론자들은 이를 부실 관리라 불렀다. 셰이는 새로운 시스템을 도입하고 2년 후 전 직원에게 최후통첩을 했다. 홀라크러시를 열심히 따르든지 아니면 퇴직금을 받고 회사를 그만두라는 것이었다. 그러자 1,500명의 직원 중 3분의 1이 회사를 떠났다. (아이러니하게도 이 조치는 권력과 위계 구조를 적극 활용한 것이었다.)[52]

그러나 3년 만에 자포스는 홀라크러시를 해체하고 어느 정도의 위계 구조를 만들었다. 회사가 계속 성장함에 따라 팀들은 무정부 상태와 비슷한 상황에서 규칙과 지침을 필요로 했다. 특히 예산 수립과 우선순위 설정 같은 중요한 기능에서 더욱 그랬다. 또한 자율 관리를 하는 팀들은 서로 협상하는 데 많은 시간을 들였다. 반면 관리자가 신속한 결정을 내리면 모두가 앞으로 나아갈 수 있었다. 홀라크러시 체제 구축을 공동 지휘한 존 번치 John Bunch의 회고에 따르면, 사업 척도가 나빠지기 시작했으며 고객 서비스가 탁월하다는 평판도 흔들리고 있었다.[53]

유능한 경영자가 이끄는 건강한 위계 구조가 운영상의 모호성을 줄이는 데 도움이 된다는 증거는 명확하다. 또 건강한 위계 구조는 팀을 공동의 목표로 단결시키고, 갈등을 해결하고, 진전 속도를 높이며, 직원 개발 및 복지를 돌보는 데 유용하다. 컬럼비아대학 교수 애덤 갤린스키 Adam Galinsky는 여러 연구를 통해 팀이 서로 협력하며 복잡한 문제를 해결하게 하려면 평등한 친구들만 있는 것보다 상사가 있는 게 낫다는 사실을 보여주었다.[54]

와튼 스쿨의 새롬 리 Saerom Lee도 모두 합쳐서 19만 종 이상의 게임을 만든 다수의 게임 개발사를 대상으로 위계 구조의 영향력을 연구했다. 그 결과 관리자 직급 추가는 소비자 평균 평점의 약 1퍼센트 하락과 상관성이 있었다. 그 원인은 관리자들이 대규모 집단을 작은 팀으로 나누면서 아이디어의 교류가 줄어들기 때문이었다. 다른 한편, 관리자 직급 추가는 글로벌 매출 14퍼센트 증가와 상관성이 있었다. 그 원인은 정처 없는 탐험과 소모적 갈등이 줄어들기 때문이었다. 즉, 해당 기업은 품질이 아주 조금 저하되는 대가로 상업적 측면에서 훨씬 크게 성공할 수 있었다.•

푸라남은 이 점을 아주 잘 정리한다. "위계 구조는 평등주의, 자율성, 과제 다양성에 대한 근원적인 선호에 어긋나는 것처럼 보이기 때문에 불만을 초래한다……. 이런 이유로 비위계적 조직 구조가 때로 경제적 측면의 직접적 중요성을 뛰어넘는 수준의 인기를 누린다."[55]

위계 구조가 반드시 관료 체제로 퇴행하는 것은 아니다. 합당한 한계 안에서 적용하면 팀 내에 속도와 명확성에 더해 뚜렷하게 더 나은 결과를 이끌어낼 수 있다. 따라서 위계 구조를 두려워하지 말아야 한다.

• 사소한 품질 저하에 따른 진정한 기회비용은 알려지지 않았다. 그 주된 이유는 이 대규모 정량적 연구가 상관성만을 확인했기 때문이다. Saerom Lee, "The Myth of the Flat Start-up: Reconsidering the Organizational Structure of Start-Ups," *Strategic Management Journal* 43, no. 1(2022. 1): 58-92, https://doi.org/10.1002/smj.3333.

구조적 화합 신화

　팀이 성장하고 팀원들이 보다 전문화된 역할(운영, 재무, 제품 개발, 영업 등)을 맡게 되면, 다른 종류의 갈등이 부상하기 시작한다. 우리는 이를 훨씬 폭넓게 다루어지는 개인적 갈등과 비교해 구조적 갈등이라 부른다. 두 사람이 가치관이나 성격, 의사소통 스타일 또는 행동 방식의 충돌로 자주 부딪치는 것은 개인적 갈등이다. 리더는 이런 갈등의 근본 원인을 신속하고 과감하게 제거해야 한다. 그러기 위해서는 오해를 바로잡거나, 공감을 증진하거나, 한쪽을 내보내거나, 그 밖에 다른 종류의 해법을 써야 한다.

　반면 구조적 갈등은 사람들이 조직 내에서 수행하는 역할을 통해 자연스럽게 불거진다. 한정된 자원을 갖기 위한 경쟁, 팀의 전략을 특정 방향으로 돌리려는 욕구, 견제와 균형을 위해 직능 사이에 구축된 시스템 등이 그 원인으로 작용한다. 다음은 직무 때문에 흔히 생기는 구조적 갈등의 사례다.

- CEO와 CTO는 실행 시기와 그에 따른 리스크를 달리 본다. CEO는 흔히 제품 출시를 앞당기려 든다. 투자자나 이사회, 대중에게 이미 거창한 약속을 했기 때문이다. 반면 CTO는 과도한 기술 부채를 쌓는 일 없이 출시하기 전에 모든 제품을 최대한 좋게 만들어야 한다는 압박감을 느낀다.
- 제품개발팀은 속도와 품질에 대해 타협하는 문제를 놓고

엔지니어링팀과 자주 다툰다. 제품개발팀은 대개 경쟁 업체를 앞지르기 위해 빨리 신기능을 선보이고 싶어 한다. 반면 엔지니어링팀은 사용자에게 신기능을 노출하기 전에 최대한 버그를 줄이고 싶어 한다.

- 재무팀은 거의 언제나 마케팅팀이나 인사팀 그리고 다른 팀의 지출을 줄이려 애쓴다. 그 결과 해당 팀은 거의 언제나 예산이 너무 적다고 느낀다.
- 영업 담당 부사장은 흔히 신규 매출을 늘리기 위해 신규 고객에게 할인 혜택을 제공하려 든다. 반면 CFO는 수익성이 저하된다는 이유로 주저한다.
- 하드웨어팀은 기한을 두고 소프트웨어팀과 충돌한다. 공급 업체 및 생산 협력 업체와 손발을 맞춰야 해서 기한을 맞추기가 훨씬 빡빡할 뿐 아니라, 출시 후 신속한 업데이트로 보강하는 호사를 누릴 수 없기 때문이다.

이런 긴장은 다양한 직무에 내재되어 있다. 해당 직무를 맡은 사람은 흔히 다른 팀과의 견제와 균형이 제공하는 이점을 인식하지 못한다. 복잡한 일을 해내기 위해 분업화된 활동 영역을 만드는 방식에는 진정한 가치가 존재한다. 가령 직원, 투자자, 고객, 사용자 같은 다양한 이해관계자의 필요를 대변하는 동시에, 자원을 투명하게 활용하면서 회사를 효과적으로 운영하기 위한 내부적 통제 장치를 갖출 수 있다. 성공적으로 성장하는 스타트업은 이 모든 일을 잘할 수 있어야 한다. 조직 내부의 긴장은 성장에 따르는 자연스러운 결과다.

　이단아적 경영자는 구조적 갈등을 개인적 갈등처럼 신속하고 과감하게 해결하려 들다가 곤경에 처한다. 그들이 흔히 쓰는 방식은 관련자들 중 한 명을 비판하는 것이다. 그들은 가령 CFO와 영업 담당 부사장이 자리를 바꾸면 반대되는 관점에서 할인 문제를 두고 싸우기 시작할 것이라는 사실을 거의 고려하지 않는다.

　이 딜레마는 축구팀을 예로 들어 생각할 수 있다. 당신이 감독으로서 팀에 5 대 4로 이기고 싶은지 아니면 0 대 1로 지고 싶은지 투표에 부쳤다고 가정하자. 당신은 당연히 모두가 이기기를 원할 것이라고 짐작한다. 그러나 골키퍼는 사실 0 대 1로 지는 쪽을 더 선호할 수도 있다. 그래야 개인 실점 기록이 더 좋아지기 때문이다. 반대로 선택지를 1 대 0 승리와 4 대 5 패배로 바꾸면, 이번에는 팀의 스타 공격수가 패배하는 쪽을 선호할지도 모른다. 그래야 개인 득점 기록이 더 좋아지기 때문이다. 물론 모든 선수가 이기는 데 집중하는 것이 이상적이다. 그러나 보다시피 다른 인센티브들이 서로 줄다리기를 한다. 두 선수에게 까다롭거나, 고약하거나, 비협조적이라는 딱지를 붙일 필요는 없다. 그들은 그저 본능적으로 개인 기록을 개선하고 싶어 할 뿐이기 때문이다. 감독이 해야 할 일은 골키퍼와 공격수 모두 개인적 성과보다 팀의 성공에 집중하도록 만드는 것이다. 또한 그들이 각자 자신의 일에 최선을 다하면 팀이 더 나은 결과를 낼 수 있다는 인식을 심어주는 것이다.

스타트업은 축구팀과 달리 긴밀한 피드백 고리 그리고 승리가 무엇인지에 대한 명확한 정의를 항상 활용하지는 못한다. 그래도 구조적 갈등에 대처하는 리더의 전략은 동일하다. 우선 구조적 갈등을 인식해야 한다. 그런 다음 구조적 갈등을 활용해 우선순위를 명확하게 밝혀야 한다. 또한 직능 사이에 내재된 영속적인 갈등을 결코 완전히 해소할 수는 없다는 사실을 받아들여야 한다. 제품팀이 영업팀을 압박하고, 반대로 영업팀이 제품팀을 압박하도록 허용하라. 재무팀이 예산을 두고 마케팅팀과 솔직한 논쟁을 벌이도록 허용하라. 다만, 결국에는 전체 조직의 목표가 최우선임을 모두에게 상기시켜라.

많은 스타트업이 저지르는 치명적인 실수는 갈등을 해소하기 위해 특정 팀을 밀어내고 권한을 줄이는 것이다.

갈등 없는 성장 신화

이단아적 경영의 또 다른 특징은 완벽한 화합이라는 이상적 비전을 추구하면서 갈등을 억누르려 드는 것이다. 앞서 구조적 갈등을 억누르는 것은 지극히 해롭다는 사실을 확인했다. 그러나 모든 스타트업이 성장하는 과정에는 보다 파괴적인 유형의 개인적 갈등도 불가피하다. 성장은 언제나 복잡성을 초래하고, 상황을 통제하는 창업자의 능력을 감소시킨다.

상당히 전형적인 스타트업의 여정을 예로 들어보자. 그들은 처음에 아주 작고 긴밀한 팀으로 출발한다. 구성원들은 창업 초기의 정신없는 시기에 완전히 하나로 뭉친다. 덕분에 성공을 이루고 나면 더 많은 일을 하기 위해 인력을 충원한다. 단계별 목표를 달성하고 인력을 충원하는 이 주기는 여러 번 반복된다. 그러나 1인당 성과는 창업팀이 달성한 것과는 비교가 되지 않는 것처럼 보인다. 인원이 늘어날 때마다 성과를 내기가 더 어렵게 느껴진다. 모두가 열심히 노력하고, 서로 협력하며, 자기 일을 잘하는 데도 말이다.

이 흔한 현상을 초래하는 원인을 이해하기 위해 하나의 모형을 활용할 수 있다. 대규모 시스템 내의 역학이 미치는 효과를 계산하기 위한 모형이다. 이는 우리의 직관을 엄격하게 검증하는 방식이다. 그러니 모형을 만들어보자!

안드레아Andrea와 제임스James, 두 사람으로 구성된 팀이 있다고 가정하자. 그들은 뛰어난 협력자로서 생산적인 토론을 벌이고, 핵심 우선순위에 합의한다. 그야말로 우수한 조직의 사전적 정의에 해당하는 팀이다. 그러나 얼마 후 두 사람 사이에 개인적 갈등이 불가피하게 불거진다. 모형을 단순하게 만들기 위해, 두 사람이 어떤 날 개인적 갈등을 겪을 확률이 1퍼센트라고 치자. 둘 중 한 사람의 일진이 나쁠 수도 있고, 실망스러운 결과 때문에 두 사람이 서로를 탓할 수도 있다. 또는 악의 없이 한 말이 오해를 초래해 강한 반발을 일으켰을 수도 있다. 갈등이 일어날 확률(1퍼센트)에 팀 내 관계의 수(1)를 곱하면 팀에서 매일 일어날 수 있는 갈등의 수치(0.01)가 나온다. 다음은 그 방정식이며, 여기서 p는 확률을 나타낸다.

p(갈등 발생 확률) × (팀 내 관계 수) = (갈등 발생 예상치)

이제 안드레아와 제임스가 루시아Lucia를 고용했고, 팀의 역학은 여전히 아주 강력하게 작용한다고 가정하자. 어떤 날 두 사람이 갈등을 빚을 확률은 여전히 1퍼센트에 불과하다. 그러나 이제는 관계의 수가 안드레아와 제임스, 제임스와 루시아, 루시아와 안드레아, 이렇게 3개로 늘어난다. 여기에 앞선 방정식을 적용하면 다음과 같다.

갈등 발생 확률 1% × 관계 수 3 = 갈등 발생 예상치 0.03

뒤이어 팀은 네 번째 구성원 호세José를 고용한다. 이제 관계의 수는 갑자기 6개로 늘어난다. (통계를 잘 안다면, 총인원 수는 선형적으로 증가하는 반면 총관계 수는 기하급수적으로 늘어난다. 일각에서는 이를 '이차적 급증quadratic explosion'이라 부른다.)

갈등 발생 확률 1% × 관계 수 6 = 갈등 발생 예상치 0.06

이 가상의 스타트업이 성장하는 과정에서 발생 가능한 갈등을 보다 쉽게 계산하기 위해, '(팀 내 관계 수)'를 전체 팀원 수를 나타내는 n의 방정식으로 대체하자. 그러면 다음과 같다.

$$p(\text{갈등 발생 확률}) \times [(n)^*(n\text{-}1)/2] = (\text{갈등 발생 예상치})$$

이 스타트업이 여전히 완벽한 고용 실적을 유지하고 개인적 갈등의 발생 확률이 여전히 1퍼센트에 불과한 경우, 어떤 일이 생기는지 보자.

개인적 갈등의 발생 확률이 아주 낮다고 해도, 우리의 모형은 총 인원이 15명만 되어도 매일 개인적 갈등이 발생할 것임을 말해준다. 또한 총인원이 20명이 되면 매일 약 2건의 개인적 갈등이 발생할 것이라고 예상할 수 있다!

누군가는 목표에 집중하는 강력한 문화를 지녔던 과거와 달리, 회사가 커진 지금 갈등이 잦아졌다고 불평할지도 모른다. 그러면 갈등은 불가피하다는 점을 지적하라. 어떤 팀이든 규모가 커지면 갈등 발생 확률이 기하급수적으로 증가하기 마련이다. 따라서 문화가 망가졌다는 생각은 틀린 것일지도 모른다. 또한 갈등에 휘말린 사람들의 개인적 문제가 원인이 아닐 수

팀원 수	관계 수	갈등 발생 예상치
5	10	0.10
10	45	0.45
15	105	1.05
20	190	1.90

도 있다. 갈등이 증가하는 것은 그저 수학적 사실에 불과하다!

물론 앞서 살펴본 대로 실제 기업에서는 구조적 차이가 형성됨에 따라 p(갈등 발생 확률)가 증가하는 경우가 많다. 때로 두 부서 사이의 자연스러운 긴장이 개인적 적대 관계로 비화되기도 한다. 연관되는 사람이 늘어날수록 누군가는 구조적 이견을 개인적 공격으로 오해할 가능성이 커진다.

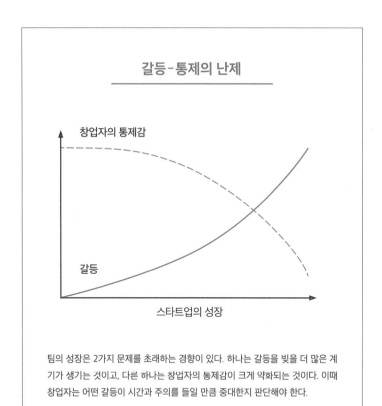

갈등-통제의 난제

창업자의 통제감

갈등

스타트업의 성장

팀의 성장은 2가지 문제를 초래하는 경향이 있다. 하나는 갈등을 빚을 더 많은 계기가 생기는 것이고, 다른 하나는 창업자의 통제감이 크게 약화되는 것이다. 이때 창업자는 어떤 갈등이 시간과 주의를 들일 만큼 중대한지 판단해야 한다.

갈등이 적은 긴밀한 팀이든, 갈등이 많은 골치 아픈 팀이든 중요한 점은 이것이다. 즉, 팀의 성장은 갈등을 빚을 더 많은 계기를 만들며, 세계 최고의 리더라도 갈등을 막을 수는 없다. 이단아적 경영 신념을 가진 리더를 더욱 좌절시키는 사실이 있다. 바로 자신이 개입해 모든 갈등을 해소해야 한다는 생각이 가장 절실할 때, 회사 내 관계를 통제하는 능력이 그 어느 때보다 약화된다는 것이다.

팀 내 갈등이 늘어나는 것 같다고 해서 안타까워하지 말라. 대신 어떤 갈등을 해소하는 데 주의를 기울이고 한정된 시간을 투자할지 자문하라. 갈등이 너무나 두드러져서 팀의 문화를 망치거나, 당신의 핵심 가치관을 침해하는 경계를 넘거나, 팀의 성과에 과도한 영향을 미칠 때는 어떤 전투에 개입할지 선택하라.

회사를 키우려고 너무나 열심히 오랜 시간을 일하고 나니, 정작 경영하기가 더 어려워지는 것은 잔인한 운명의 장난처럼 보일 수 있다. 그러나 그것이 이단아적 경영 신념의 함정이다. 모든 갈등을 해소할 수는 없다는 사실을 받아들여야 한다.

영웅적 행위 신화

이단아적 창업자는 영웅적 행위를 좋아한다. 흔히 창업 초기에 요구되는 정신 나간 근무시간과 극적인 노력을 좋아한다.

이 시기에 공동 창업자와 초기 직원들이 신생 회사를 키우기 위해 감당해야 하는 일은 일반적인 업무 부하보다 몇 배나 많다. 우리는 이런 영웅적 행위에 대한 이야기를 칭송한다. 특히 기술 산업에서 더욱 그렇다. 노력, 창의성, 난관에 맞서는 끈기 같은 문화적 규준을 강화하기 때문이다. 일부 창업주는 수년 또는 심지어 수십 년이 지난 후에도 제품 시한을 맞추려고 한 달 동안 하루 20시간씩 일하던 때를 여전히 자랑한다. 사무실 바닥에서 자고, 식은 피자만 먹었다면서 말이다.

이런 고생은 영웅에게 짜릿함을 안긴다. 강렬한 집중을 통해 힘든 대박승epic win(게이머들의 은어로서 가능할 거라고 생각하지도 못했던 놀라운 승리를 뜻한다)을 거둘 때 나오는 아드레날린은 중독적이다. 영웅적 행위를 해낸 후 동료와 친구들에게 받는 칭찬도 마찬가지다. 그러니 일부 리더가 그런 수준의 강렬한 노력을 지속하려고 애쓰는 것은 놀라운 일이 아니다. 하지만 매달 꾸준히 영웅적 행위를 해내려는 시도는 매우 위험하다. 거기에는 적어도 3가지 이유가 있다.

첫째, 영웅적 행위는 한 사람에게 의존하는 구조를 만든다. 문제는 그 구조가 조만간 무너지게 되어 있다는 것이다. 영웅이 계속 나타나 팀을 구해주면, 나머지 팀원들에게는 자신의 기술을 구축하고 주인의식을 가지려는 인센티브가 생기지 않는다. 한 사람의 영웅적 행위는 다른 팀원들이 무력감을 학습하도록 유도한다. 그래서 오늘 끈 불이 나중에 타오를 새로운 불을 일으킨다. 심리학자들은 장기간에 걸친 영웅적 행위 또는 소위 '과대 기능overfunctioning' 행위의 단점을 주목하기 시작했다. 한 사람의 과대 기능이 오래 지속되면 나머지 팀원들은 '과소 기능underfunctioning'으로 되갚는다. 즉, 수동적으로 변해서 업무나 책임을 맡지 않으려 한다. 또한 품질 기준을 높게 유지하는 일뿐 아니라 심지어 자신이 해야 할 일까지 영웅에게 의존한다. 이런 반응은 뒤이어 과대 기능을 하는 영웅을 짜증 나게 만든다. 그래서 결국 영웅은 분노와 탈진에 시달리게 된다.

영웅 문화는 장기적으로 미숙련 팀과 불안정한 시스템에 따르는 비효율성을 초래한다. 《멀티플라이어Mulitpliers》의 저자 리즈 와이즈먼Liz Wiseman은 리처드 파머Richard Palmer를 그 사례로 제시한다. 파머는 1990년대에 업무 절차 재설계 시스템을 만드는 스타트업을 창업했다.[56] 그는 회사의 최고 천재였으며, 의장이 되기 위해 CEO 자리에서 물러난 후에도 모든 주요 결정을 자신이 내리겠다고 고집했다.

한 임원 회의에서 파머의 법률 자문이 기업 지배 구조 준칙을 근래에 개정한 내용을 보고했다. 그는 까다로운 질문을 퍼부었고, 답변에 만족하지 못했다. 그래서 600페이지짜리 관련 도서를 사서 밤새 읽었다. 다음 날, 그는 긴급 회의를 소집해 이제 자신이 지배 구조 전문가이니 앞으로 그에 관한 어떤 질문이든 받겠다고 알렸다. 사실 파머가 더한 가치는 법률 자문을 무시하고, 다른 임원들이 자신도 같은 꼴을 당할까 봐 두려워하게 만들고, 의장으로 일해야 할 시간을 잘못 배분한 데 따른 피해에 비하면 미미하기 짝이 없었다. 결국 그는 뜻하지 않게 자신을 단일 의존 대상으로 만들고 말았다.

영웅적 행위의 두 번째 문제는 영웅이 불가피하게 나머지 팀원을 나약하고, 게으르며, 구원이 필요한 대상으로 보게 된다는 것이다. 여러 실리콘밸리 기업에서 성공적인 제품 담당 리더로 활약한 앨릭스 코모로스케Alex Komoroske는 영웅적 행위를 하고 싶은 충동이 동료들을 바라보는 관점을 형성했다고 우리에게 말했다. "다른 사람들은 저만큼 강하거나 유능하지 않다고 생각했습니다. 또한 저처럼 계속 영웅적으로 달려나가지 않는 사람, 제가 보기에는 그저 불평이나 늘어놓는 게으른 사람을 싫어하게 되었습니다. 그렇게 시간이 지나고 나니까 저도 모르게 남 탓을 하거나, 사람들을 밀어내거나, 그들의 관점과 통찰을 차단하는 저 자신을 발견하게 되었습니다."[57] 코모로스케는 결국 이런 생각이 왜곡되고 부당하다는 사실, 그리고 궁극적으로는 자신이 계속 불을 꺼야 하는 이유를 깨달았다.

셋째, 영웅적 행위에 대한 중독은 이런 생각으로 이어질 수 있다. '내가 동료들보다 훨씬 많은 일을 하니까 더 많이 받을 자격이 있어.' 대니얼Daniel과 카일Kyle은 수십억 달러의 가치를 지닌 유럽 핀테크 기업의 공동 창업자다. 문제는 그들의 경영 스타일이 확연히 다르다는 것이었다. 첫 10년 동안 CEO를 맡은 대니얼은 강력한 팀을 조합하고, 일상적인 결정을 위임하는 가운데 가장 중요한 문제와 씨름하는 데 초점을 맞추었다. 그는 같이 일하기 쉬운 사람이 아니었다. 다른 사람들이 있는 자리에서 임직원의 부실한 판단을 지적하는 경우도 잦았다. 그래도 항상 더 나은 아이디어나 더 강력한 계획으로 만회할 기회를 주었다.

첫 10년 동안 여러 임원직을 거친 카일은 대니얼의 뒤를 이어 성공적으로 CEO 자리를 승계했다. 그는 영웅적 행위에 집착할 가능성이 훨씬 컸다. 새로운 분야에 빠르게 통달하는 드문 재능을 지녔기 때문이다. 카일은 프로그래머이자 데이터 과학자, 강인한 운영 담당 임원 그리고 상장을 조율한 기업 금융 선수였다. 직원들은 그와 같이 일하는 것을 좋아했다. 그도 온갖 세부 사항에 개입하는 것을 즐겼다. 곧이어 그는 대니얼이라면 위임했을 비교적 사소한 문제까지 직접 처리하는 최고 문제 해결사가 되었다.

카일은 오랫동안 성공적으로 일한 후 CEO 자리에서 물러났다. 그 직후 우리와 나눈 대화에서 그는 자신의 여정이 안긴 기쁨과 고통을 이렇게 회고했다. "저는 항상 대니얼이 회사를 키우기 위해 저만큼 열심히 일하지 않는다고 느꼈습니다. 그래도 그는 회사의 얼굴이었고, 대중은 그를 좋아했죠⋯⋯. 저는 저 역시 그만큼 인정받을 자격이 있음을 증명하려고 줄곧 무리하게 일했다는 걸 뒤늦게 깨달았습니다. 그걸 진작 깨달았다면 상황이 더 나았을 겁니다."

영웅 문화의 조성은 오래가는 기업을 만드는 방법이 아니다. 대신 영웅적 행위는 비상사태를 대비한 수단으로 여기고, 선택적으로 취하라. 그렇다고 해서 사명에 대한 깊은 헌신이나 진전에 필요한 노력의 가치를 깎아내리려는 건 아니다. 다만 다른 담당자가 있는데도 쓸데없이 나서서 문제를 해결하는 것은 의도치 않은 결과를 초래하며, 모든 노력을 수포로 만들 수도 있음을 명심하라. 그러니 더 강하고 효과적인 시스템을 구축하는 데 시간과 에너지를 투자하라. 직원들이 당신의 구원 없이도 대부분의 문제를 스스로 해결하도록 도와라.

조직 운영에 관한 모든 이단아적 사고가 의도치 않은 부정적 결과로 귀결되는 것은 아니다. 비관습적 경영 방식을 통해 성공을 이룬 기업들은 우리를 항상 흥분시킨다. (맞다. 앞으로 확인하겠지만 그런 기업이 많다.)

하지만 위에서 설명한 특정 이단아적 관행을 시도해보고 싶은 마음이 든다면 주의해야 한다. 데이터는 명확하게 말한다. 조심스럽게 나아가야 한다고. 어쩌면 증거를 엄격하게 활용하는 방향으로 그런 본능을 유도할 수 있을지도 모른다. 오래된 기술을 활용하는 새로운 방식을 실험할 때처럼 말이다.

3. 이단아적 마음가짐의 함정

문제

창업자들은 표준과 산업을 혁신하기 위해 스타트업을 만드는 길을 선택한다. 그러나 특정한 경영 관행에 도전할 때 이단아적 마음가짐의 함정에 빠질 위험이 있다. 가령 동업자에게 기대하는 바를 불분명하게 남겨둔 채로 동등한 지분 분할을 통해 평등주의를 강제하거나, 모호한 권한 공유 제도를 만들거나, 관료 체제를 피하려고 위계 구조를 도입하지 않거나, 영웅적 행위에 의존하거나, 건강하고 불가피한 갈등을 포함한 모든 갈등을 제거하려 든다.

증거

엄격하게 진행된 여러 연구 결과는 이단아적 관행이 지닌 심각하지만 흔히 인식하기 어려운 단점들을 보여주었다. 가령 많은 창업자가 동등한 지분 분할을 단행한다. 그러나 동업자에게 기대하는 기여에 대한 명확한 합의와 공정하고 가변적인 보상은 스타트업의 생존 가능성을 4배나 높여준다. 또 다른 연구는 관리자 직급을 추가하는 것이 제품의 상업적 성공 가능성을 14퍼센트나 높인다는 사실을 밝혀냈다. 게다가 품질 측면에서는 거의 아무런 폐해가 없었다. 또 단순한 행위자 기반 모형 agent-based model은 팀이 성장함에 따라 개인적 갈등이 불가피해진다는 것을 보여준다.

해결책

자신이 이단아적 경영 관행에 어느 정도로 빠졌는지 평가하라. 그런 다음 필요하다면 그 관행을 회사의 지속성에 기여할 가능성이 높은 검증된 시스템과 구조로 대체하라. 그중 일부는 대기업을 연상시켜서 내키지 않을 수도 있다. 그렇다고 해서 반드시 수용할 가치가 없는 것은 아니다. 열린 자세로 실질적 효과를 추구하라. 줄기차게 증거를 좇아라. 그길은 과감한 경영 혁신으로 이어질 수 있고, 검증된 최선의 관행으로 이어질 수도 있다.

자신감의
함정

2018년, 고젝의 CEO 케빈 알루위Kevin Aluwi와 경영팀은 구글의 싱가포르 캠퍼스에서 우리와 같이 며칠을 보냈다. 그동안 그들은 인사와 문화에 대한 구글의 접근법을 배웠다. 고젝은 인도네시아에 기반한 슈퍼 앱super-app으로서 차량 공유 서비스로 시작해 곧 결제, 배달, 주문형 메시지, 예약 등 훨씬 많은 서비스로 사업 범위를 넓혔다. 당시 고젝은 동남아시아에서 가장 성공적인 스타트업 중 하나였다. 그래서 드물게 100억 달러 이상의 가치를 인정받고 있었다. 우리는 그들이 많은 것을 정립했으며, 우리한테 배울 게 많지 않으리라 짐작했다. 그때까지 우리는 더 이른 단계의 창업팀만 지원했다. 그들은 어떻게 사람들을 이끌거나 건강한 문화를 구축해야 할지 거의 모르는 경우가 많았다.

우리는 고젝 경영팀에 구글의 문화가 아시아 지역에서 어떻게 전파되었는지(그 과정에서 저지른 모든 실수를 포함해) 설명했다. 그들은 우리의 말을 경청하고, 노트에 적고, 깊은 생각이 담긴 질문을 던졌다. 워크숍 말미에 우리는 이미 큰 성공을 거두었는데도 열심히 배우려는 모습을 보여줘서 고맙다고 말했다.

그러자 케빈은 마치 칭찬을 무시하듯이 "우리는 시드 단계 스타트업이 아닙니다. 우리에게 도움이 필요하다는 걸 알고 있습니다!"라고 대답했다.

케빈의 겸손한 발언은 진솔하게 들렸으며, 스타트업 창업자들, 특히 크게 성공한 창업자들의 자신감에 대한 우리의 생각을 재고하게 만들었다. 우리는 지나친 자신감에 넘치는 창업자들을 많이 알고 있었다. 또한 차질을 겪는 바람에 크게 상심해서 불안과 자기 회의에 빠진 창업자들도 많이 알고 있었다. 하지만 케빈은 달랐다. 그는 두 유형이 혼합된 사례였다. 우리는 그의 태도를 나중에 '자신감이 뒷받침된 겸손'이라 불렀다.

대다수 창업자는 자신감이 너무 많거나 너무 적다. 둘 다 스타트업의 여정을 망칠 수 있지만, 그럼에도 나름의 쓸모는 있다. 이 두 극단 사이를 헤치고 나아가는 일은 엄청나게 힘들다. 스타트업을 이끄는 과정에서 마주치는 수많은 난관이 그들을 한쪽 내지 다른 쪽으로 몰아가기 때문이다. 대다수 유능한 스타트업 리더는 험하고 좁은 해협을 지나갈 수 있다. 이 해협의 한쪽에는 자신감 과잉이라는 머리가 6개나 달린 괴물이 있고, 다른 쪽에는 자신감 부족이라는 치명적인 소용돌이가 도사리고 있다. 이것들은 스타트업의 여정을 위협하는 스킬라Scylla와 카리브디스Charybdis(둘 다 그리스신화에 나오는 바다 괴물 – 옮긴이)다.

우리는 유능한 창업자 프로젝트[58]를 위해 수백 개 스타트업을 조사했다. 그 결과는 자신감 과잉과 자신감 부족이 얼마나 많은 피해를 초래할 수 있는지 보여주었다. 어떤 창업자는 주로 두 괴물 중 하나만 직면했다. 그러나 두 괴물 사이를 오가는 창업자도 있었다. 그들은 일이 잘 풀릴 때는 자신감에 넘치다가 문제가 생기면 자신감을 잃어버렸다.

한편으로, 심하게 커진 자신감은 특히 스타트업 여정의 초기 단계에서 과감하게 위험을 감수하는 데 필요한 열정과 에너지를 창출한다. 이런 에너지는 사실상 사업을 시작하기 위한 전제 조건이다. 이처럼 넘치는 자신감은 초기에 창업자에게 도움을 주지만 나중에는 거의 전적으로 부담이 된다. 준비 부족이나 재무적 예측치 과대평가를 포함한 일련의 문제로 이어지기 때문이다.

다른 한편으로, 많은 창업자는 특히 불가피한 난관과 좌절에 부딪힐 때 '완벽주의에 따른 자기 회의'에 빠진다. 그들은 자기 비판에 주눅이 들어서 성공할 능력이 없는 건 아닌지 불안해한다. 대개 불가능할 정도로 우월한 수준의 다른 창업자들과 자신을 비교한 후 이런 심리 상태가 찾아온다. 그러면 포기하고 싶은 마음이 들 수 있다.

하지만 케빈 알루위처럼 결국에는 '자신감이 뒷받침된 겸손'이라는 균형점을 찾는 창업자도 있다. 그들은 자신의 강점과 약점을 보다 현실적으로 파악한다. 또한 난관에 대처하는 자신의 능력에 대해 적절한 자신감을 지닌다. 이는 여정을 시작할 때 품었던 것과는 종류가 다른 자신감이다. 데이터는 강인한 스타트업 리더들이 이런 종류의 겸손을 드러낸다는 것을 보여준다. 그들이 온화하고 유순하며, 말투가 부드럽다는 얘기가 아니다. 우리가 말하는 리더는 이미 달성한 성과가 어느 정도이든 항상 배워야 할 것이 많다는 사실을 인정한다. 또한 자신보다 훨씬 뛰어난 지식과 기술을 가진 동료나 자문에게 위협감을 느끼지 않는다. 그들은 "아는 게 늘어날수록 모르는 게 많다는 사실을 알게 된다"는 아리스토텔레스의 오랜 지혜를 실천한다.

자신감과 자기 회의를 다룬 글은 대단히 많다. 그런 글은 특히 비전과 카리스마에 바탕을 둔 자신감이 미덕인 것처럼 말한다. 그러나 우리가 생각하기에는 더 깊이 탐구해야 할 교훈이 있다. 이 장에서는 과도한 자신감의 어리석음, 크게 성공한 창업자들 사이에서도 만연한 자기 회의와 그 위험, 자신감이 뒷받침된 겸손이 비밀 무기라는 주장에 대한 증거를 제시할 것이다. 이 사실을 말해주는 사례들은 이 책에서 가장 생생하고 많은 것을 드러내는 이야기를 담고 있다.

자신감의 심리학

스타트업 분야에 종사하는 많은 사람처럼 우리는 역량과 자신감 사이에 강한 상관성이 존재하며, 따라서 높은 자신감은 탁월한 역량의 지표로 간주해야 한다고 가정했다. 실제로 관련 데이터를 분석해보니 상관성이 드러나기는 했다. 문제는 그게 거의 반비례 관계라는 것이었다. 현실적으로는 능력 측면에서 가장 높은 점수를 얻은 창업자들이 자신의 기술과 능력을 과소평가했다. 다만 완벽주의에 따른 자기 회의에 빠져서 아무것도 못 할 만큼 심각한 수준으로 과소평가하지는 않았다.

과도한 자신감과 오만뿐 아니라 자기 회의와 불안에 관한 수많은 심리학 문헌이 있다. 우리가 데이터를 통해 확인한 사실은 이것이 스타트업 창업자들에게만 고유하게 적용되는 게 아니었다. 코넬대학의 심리학자 데이비드 더닝David Dunning과 저스틴 크루거Justin Kruger는 1999년 자신감이 넘치는 사람은 적어도 처음에는 매우 유능하다고 일반적으로 인식된다는 사실을 확인했다. 그러나 그들의 실제 역량은 자신이 추정하는 것보다 훨씬 못 한 경우가 많다. 더닝과 크루거는 '우월감 환상illusory superiority'을 그 원인으로 제시했다. 그들은 역량 범주의 반대편 끝에서 가장 높은 수준의 기술을 가진 사람들이 오히려 자신의 능력을 과소평가하는 경향이 있음을 확인했다.[59] 이러한 역설을 더닝-크루거 효과Dunning-Kruger effect라고 부른다.*

더닝과 크루거는 과도한 자신감의 기원에 대한 이론을 제시했다. 기업계, 스포츠계, 학계, 공연계 등에서 새로운 기술을 습득하거나 새로운 역할을 맡았을 때 사람들은 과도한 자신감에 빠진다. 초보일 때 그들은 실수를 피하는 방법을 모른다. 마찬가지로 중요한 점은 실수를 인식하는 훈련도 되어 있지 않다는 것이다. 가령 두 사람은 피실험자들에게 먼저 "달의 지름은 얼마일까요?"처럼 어려운 문제를 풀도록 요청했다. 또 이런 문제를 10개씩 푼 다음에는 얼마나 잘 풀었다고 생각하는지 물었다. 연구 결과 사람들은 자신의 성과를 일관되게 과대평가했다. 현실에서 비슷한 상황에 처했을 때, 실제로 자신이 얼마나 부실한 성과를 냈는지 알 기회를 갖지 못하면 사람들은 높은 자신감을 유지한다.

무능해서 손해를 보는 사람이 대개 그 사실을 알지 못하는 이유가 거기에 있다. 저술가 로버트 휴스Robert Hughes가 말한 대로 "완벽한 자신감은 재능 없는 사람에게 수여되는 위로상이다."[60]

새로운 기술을 부지런히 습득하는 사람은 결국에는 자신이 해당 분야 최고수들보다 얼마나 뒤떨어지는지 알게 된다. 이는 낙심과 자기 회의라는 새로운 국면으로 이어질 수 있다. 넘치

● 　더닝-크루거 효과에 의문을 제기하는 주장도 있다. 거기에 따르면 더닝과 크루거가 내린 결론은 주로 통계적 착각에 따른 것이다. 그러나 더닝과 크루거를 비롯한 다른 연구자들은 이런 반론을 극복하는 실험을 계속 실행해 더닝-크루거 효과가 실재한다는 증거를 얻었다. 자세한 내용은 다음 자료를 참고할 것. David Dunning, "The Dunning－Kruger Effect and Its Discontents," *Psychologist*, 2022.

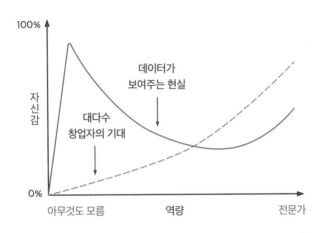

자신감과 역량

100%

자신감

데이터가
보여주는 현실

대다수
창업자의 기대

0%

아무것도 모름   역량   전문가

창업자들은 흔히 실력이 좋아지는 만큼 자신감이 높아질 것이라 기대한다. 그러나 데이터가 보여주는 현실은 정반대다. 능력 측면에서 가장 높은 점수를 받은 창업자들은 그보다 낮은 점수를 받은 창업자들보다 자신의 능력을 과소평가하는 경향이 있다. 결국에는 자신감이 높아지지만 이전의 고점으로 돌아오는 경우는 드물다.

던 자신감이 무너지면서 포기가 합리적인 대응처럼 느껴진다. 그 이면에는 과제가 너무 어렵고 계속된 실패가 불가피하다는 (대개는 잘못된) 가정이 있다. 그래도 자기 회의의 골짜기를 지날 때까지 포기하지 말아야 한다. 그러면 대부분의 경우 실력이 늘면서 자신감이 높아진다. 다만 초보 시절에 가진 과도한 수준까지는 결코 돌아가지 못한다.

더닝-크루거 효과의 가장 위험한 사례는 무지에 따른 초기 단계의 과도한 자신감을 결코 넘어서지 못하는 사람들이다. 그들은 위 그래프의 좌상단에 고착된다. 즉, 능력이 부족한데도 자신감은 넘친다. 이런 사람이 스타트업을 경영하면 거듭 대혼란을 초래할 수 있다.

과도한 자신감의 절정

스타트업을 만드는 데 드는 진정한 비용과 어려움을 진작 알았다면 많은 창업자는 시작조차 하지 않았을 것이다.

2004년 23살의 스웨덴 엔지니어 다니엘 에크Daniel Ek는 혁신적인 아이디어를 가졌다는 스타트업으로부터 영입 제안을 받았다. 에크의 회고에 따르면 "컴퓨터로 전화를 걸게 해준다"는 아이디어였다. 당시 그는 잘난 체하며 "그걸로는 절대 성공하지 못할 거예요"라고 대꾸했다.[61] 그 스타트업은 인터넷 전화의 선구자로 2011년 마이크로소프트가 85억 달러에 인수한 스카이프Skype였다.

치기 어린 과도한 자신감에 넘치던 에크는 자신도 마찬가지로 혁신적인 것을 만들 수 있다고 생각했다. 그는 약 5억 명이 냅스터Napster, 카자Kazaa, 파이러트 베이Pirate Bay 같은 공유(즉, 불법) 서비스를 통해 음악을 소비한다는 사실을 깨달았다. 2006년에 디지털 음악을 합법적으로 소비하는 유일한 방식은 아이튠즈를 이용하는 것이었다. 아이튠즈는 한정된 곡을 엄격한 보호조치 아래 판매했다. 그래서 어디서나 고급 오디오 품질로 음악을 듣기가 힘들었다. 에크는 불법 사이트의 뛰어난 음질과 무한한 다양성을 아이튠즈의 합법성과 합치는 방법이 있을지 고민했다. 그러면 음악가들은 보상을 받을 수 있고, 누구도 소송을 걸어서 사이트를 폐쇄하지 않을 터였다.[62] 그래서 에크와 마르틴 로렌트손Martin Lorentzon은 스포티파이Spotify를 창립했다.

두 사람의 넘치는 자신감은 사업 초기에 필수적인 자산이었다. 스포티파이 서비스를 출범하는 일은 상상했던 것보다 훨씬 힘들었다. 에크는 유니버설 뮤직 그룹Universal Music Group, 소니 뮤직Sony Music, 워너 뮤직 그룹Warner Music Group 같은 대형 음반사와 계약할 필요가 없다고 생각했다. 새로운 플랫폼이 아주 좋으면 음악가들이 자신의 곡을 직접 올릴 것이라고 믿었기 때문이다. 그는 대다수 음악가가 대형 음반사들한테 음원에 대한 권리를 넘긴다는 사실조차 몰랐다. 그들은 라이선스 계약 없이 스포티파이가 곡을 재생하도록 허락하지 않을 것이었다. 그래서 에크의 팀은 계약을 협상하는 일에 나섰다. 그는 '크게 어렵지 않을 거야. 분명 좋아할 거니까'라고 생각했다.

그러나 그 뒤로 2년 반에 걸친 치열한 협상이 이어졌다. 대형 음반사와의 껄끄러운 관계는 지금도 변함이 없다. 음반사들은 여전히 스포티파이에 위협감을 느낀다. 음악가들에게 더 나은 조건을 미끼로 독립하라고 부추김으로써 자신들과 경쟁할지도 모르기 때문이다. 에크는 스포티파이의 사업적 측면이 이렇게 힘들지 알았다면 창업하지 않았을 거라고 인정했다.[63] 그가 열성적으로 사업에 달려든 것은 무지했기 때문이다. 이는 "프로그래머의 3대 미덕은 게으름과 조급성 그리고 오만함"이라는 컴퓨터 과학자 래리 월Larry Wall의 말을 증명하는 사례였다(에크가 어떻게 오만함을 극복했는지는 뒤에서 살펴볼 것이다).[64]

과도한 자신감의 3가지 형태

하버드대학의 경제학자 앨버트 허시먼Albert Hirschman은 이런 유형의 어리석은 자신감 과잉을 '숨은 손 원칙'으로 설명한다. 그는 유망하지 않은 프로젝트에 엄청난 노력과 자본을 쏟은 기업들을 오랫동안 연구했다. 그의 주장에 따르면 혁신가들은 숨겨진 힘의 작용으로 인해 난관을 과소평가하게 된다. 그러다가 자신이 부딪힌 장애물의 진정한 규모를 알게 될 무렵에는 프로젝트를 포기하기에 이미 늦은 경우가 많다. 이런 양상에 대해 허시먼은 이렇게 결론짓는다. "우리가 창의적 자원을 모조리 쏟아내게 되는 유일한 계기는 과제의 속성을 오판할 때이다. 즉, 실제보다 더 통상적이고, 단순하며, 진정한 창의성을 덜 요구한다고 인식하는 것이다."[65]

그가 말하는 것은 '정확성 과신overprecision'이다. 이는 돈 무어Don Moore UC 버클리 조직행동학 교수가 제시한 과도한 자신감의

3가지 유형 중 하나다.[66] '정확성 과신'은 사실 추측 내지 예측만 가능한 일을 계획하고 예상하는 능력을 과도하게 믿는 것을 말한다. 두 번째 유형은 '과대평가overestimation'다. 이는 자신이 실제보다 더 뛰어나다는 부정확한 믿음이다. 세 번째 유형은 자신이 다른 사람들보다 더 뛰어나다는 '우월의식overplacement'이다.

스타트업 창업자들은 흔히 과도한 자신감의 이 3가지 징표를 모두 드러낸다. 즉, 앞으로 맞이할 어려움과 위험을 정확하게 예측했다고 과신하고, 그 위험을 감수하는 자신의 능력을 과대평가하며, 다른 스타트업 창업자를 포함한 동료들보다 자신의 능력이 우월하다고 생각한다.

이 모두는 당신의 노력을 저해할 수 있다. 가령 지나치게 자신만만한 운동선수는 대회를 소홀하게 준비하는 경향이 있다. 그 결과 훈련을 더 했다면 달성할 수 있었던 수준보다 못 한 성적을 내게 된다. 한 실험에서 연구자들은 피실험자들의 자신감 수준을 조작했다. 그 결과 자신감이 덜한 피실험자들은 거의 20퍼센트나 더 많은 노력을 기울였다.[67]

스탠퍼드대학의 경제학자 울리케 말멘디어Ulrike Malmendier와 펜실베이니아대학의 경제학자 제프리 테이트Geoffrey Tate는 CEO의 과도한 자신감을 연구했다. 그들은 대기업 CEO들이 내린 투자 결정과 관련된 공개 데이터를 활용했다. CEO가 회사에 미치는 높은 수준의 위험을 감수하고, 인수 프로젝트에 따른 수익을 과대평가하며, 경쟁 입찰 상황에서 과도한 인수 금액을 지불하면 자신감 과잉으로 분류했다. 그 결과 통계적으로 유의미한 상관성이 확인되었다. 예컨대 자신감이 과도한 CEO가 지나치게 높은 금액으로 다른 기업을 인수한 후 기록한 누적 주가 수익률은 다른 CEO들이 기록한 수치보다 낮았다.[68]

한 가지 해결책:
CEO가 존중하는 사람의 냉철한 피드백

우리의 워크숍은 과도한 자신감을 다스리는 데 도움을 줄 것이다. 그러나 또 다른 해결책도 있다. 그것은 강한 피드백을 제공할 냉철한 조언자들을 곁에 두는 것이다. 실리콘밸리에서 자문으로 활동하는 빌 캠벨Bill Campbell은 과도한 자신감을 길들이는 방법을 알았다. 그래서 '1조 달러짜리 코치'라는 별명을 얻었다. 그는 오랜 기간에 걸쳐 래리 페이지, 세르게이 브린, 제프 베조스, 잭 도시, 에릭 슈미트, 순다르 피차이, 셰릴 샌드버그를 비롯한 수많은 기술 업계의 선구자들을 도왔다.[69]

2000년대에 빌이 조언한 사람 중 한 명은 구글에서 검색, 광고, 지메일, 안드로이드, 앱, 크롬 개발을 처음 감독한 제품 담당 임원 조너선 로젠버그Jonathan Rosenberg였다. 그의 최대 강점은 기술적, 전략적 측면의 명민함이었다. 또한 품질 기준을 높게 유지하기 위한 그의 접근법은 무능함을 용인하지 않았다. '기술 업계의 가장 끔찍한 10대 폭군'이라는 클릭 유도성 기사에서 자신이 9위에 올랐을 때는 오히려 훈장으로 여길 정도였다. 그는 애플 CEO 스티브 잡스, 마이크로소프트 CEO 스티브 발머, 세일즈포스 CEO 마크 베니오프와 어깨를 나란히 한 것을 자랑스럽게 생각했다. 이 기사는 그를 다음과 같이 소개했다. "구글 수석 부사장 조너선 로젠버그: 그는 래리와 세르게이에게도 고함을 친다." 나중에 그는 "아주 멋진 내용이었어요……. 부하 직원들에게도 보냈죠. 당신도 그러지 않았겠어요?"라고 말했다.[70]

일주일 후 조너선은 통상적인 일대일 면담을 위해 빌의 사무실에서 기다리고 있었다. 빌이 늦는 것은 그답지 않은 일이었다. 조너선 앞에 있는 테이블에는 기사를 출력한 종이가 놓여 있었다. 15분 늦게 마침내 빌이 도착했다. 그는 출력본을 들었다가 테이블 위에 던지더니 조너선을 향해 말했다. "이게 도대체 뭔가?"

조너선은 "제 이름이 스티브 잡스, 마크 베니오프, 스티브 발머와 같이 언급됐어요. 제가 기술 업계의 가장 끔찍한 10대 폭군에서 9위에 올랐다고요"라고 대답했다.

빌은 이렇게 쏘아붙였다. "난 스티브 잡스와 같이 일해서 그가 어떤 사람인지 알아. 자네는 스티브 잡스가 아냐. 그따위로 행동하면 안 돼."* 그러고는 통상적인 상담을 거부하고 사무실

---

* 이 질책은 잡스의 악명 높은 성격을 용인하려는 의도를 담은 게 아니었다. 당시 애플 임원이던 캠벨은 1985년에 잡스를 CEO 자리에서 해임하는 조치를 지지한 것으로 알려졌다. 참고 자료: https://allaboutstevejobs.com/bio/key_people/bill_campbell.

을 나가버렸다. 다음 달에 예정된 상담 일정도 모두 취소했다.

두 사람이 마침내 다시 만났을 때 조너선은 사과의 말을 '쏟아내는' 것으로 상담을 시작했다. 빌은 그를 포용하며 "자네가 어떤 걸 배웠는지는 말하지 않아도 돼. 난 자네에게 교훈을 주었고, 그게 잘 먹혔다는 걸 알아. 오늘은 어떤 이야기를 하고 싶은가?"라고 말했다.

우리는 14년 후 그 경험에 대해 조너선에게 질문했다. 그는 당시 자신과 비슷한 수준의 자신감을 갖지 않은 사람들은 자신의 비판적인 피드백을 힘겨워했다고 말했다. 조너선은 자신의 스타일이 유능한 일부 직원들을 억누른다는 사실을 깨달았다. 그들은 "논의에 참여하기를 망설였고, 자신의 관점을 공유하지 않으려" 했다. 그는 요즘은 손해를 보는 측면이 있어서 자신의 과거 경영 스타일이 훨씬 덜 흔해졌다는 것을 인정했다.[71]

조너선은 빌 캠벨처럼 존경받는 사람이 자신을 더 나은 길로 이끌어준 것을 특히 감사하게 여겼다. 그리고 이후 빌에 대한 평전으로 〈뉴욕타임스〉 베스트셀러에 오른 《빌 캠벨, 실리콘밸리의 위대한 코치Trillion Dollar Coach》를 써서 고마운 마음을 표현했다.

완벽주의에 따른 자기 회의의 결말

우리가 많은 창업자를 만날 무렵에는 대개 초기의 자신감이 많이 꺾여 있는 상태다. 현실에서 접하는 가혹한 난관이 그들을 짓누른 것이다. 일부 창업자는 자신의 재능을 과대평가하던 태도에서 과소평가하는 태도로 급변한다. 그들은 절망에 사로잡혀 이렇게 생각한다. '내가 생각만큼 뛰어나지 않다는 걸 사람들이 곧 알아챌 거야. 어떻게 해야 할지 모르겠어. 실패하고 말 거야!'

이처럼 자신이 사기꾼이라는 생각은 심리학자들이 말하는 '다원적 무지pluralistic ignorance'에서 기인한다. 이는 사람들이 대외적으로 표현하는 것과 다른 신념을 품는 현상을 말한다. 그 이유는 자신의 관점이 대다수의 관점과 다르다고 오해하기 때문이다.[72] 다시 말해, 사람들이 겉으로 드러내는 행동은 때로 사적인 생각과 다를 수 있다. 사람들은 튀고 싶지 않아서 그렇게 행동한다. 이런 유형의 가면극이 창업팀 전체에 걸쳐서 펼쳐지기도 한다. 이 경우, 새로 들어와 상황을 파악하려는 사람은 자기 회의에 빠져서 더욱 고립감을 느끼게 된다. 현실적으로 이런 느낌은 지극히 흔하다. 단지 쉽게 드러나지 않을 뿐이다.

이런 유형의 자기 회의에는 젠더 차이가 있지만 대다수 사람이 생각하는 것 만큼 크지는 않다. 소위 '가면 현상imposter phenom-enon'은 1970년대에 임상심리학자 폴린 클랜스Pauline Clance가 처음 연구했다. 그는 여성 환자들에게서 이 현상을 처음 관찰했다. 그래서 여성에게 훨씬 흔할 것이라고 생각했다.[73] 우리는 이 현상이 남성에게도 비슷하게 흔하다는 사실을 안다. 단지 남성들은 말을 잘 하지 않아서 감지하기가 더 어려울 뿐이다.

이는 남자다움에 대한 문화적 기대가 실로 남성에게 해를 끼치는 문제 중 하나다.*

여러 연구 결과에 따르면, 여성들이 대개 자기가 사기꾼이라는 생각 때문에 삶을 억누르는 피해를 더 많이 입는다. 자기 회의는 과제 수행 능력을 저해하고 자아상을 훼손하는 경향이 있다. 이는 행복감이 낮아지는 결과로 이어진다. 반면 남성은 대개 부정적 감정을 잘 받아들이지 못하며, 그에 대응하기 위해 강한 행동을 취하는 경향이 있다. 다만 모든 남성이나 여성이 이런 일반적 경향을 따르는 것은 아니라는 사실을 명심해야 한다.

고성과자도 자기 회의에 취약하다. 실제로 연구자들이 가면 현상을 처음 발견한 대상이 그들이었다.[74] 가령 구글 직원을 대상으로 조사한 결과, 거의 절반이 꾸준히 해당 현상을 겪는 것으로 드러났다. 전체 지원자의 99퍼센트를 걸러내는 채용 과정을 통과했는데도 말이다.[75] (우리 둘 다 그에 해당하며, 그 사실을 기꺼이 인정하기까지 오랜 시간이 걸렸다.)

호주 출신 창업자 마이크 캐넌브룩스Mike Cannon-Brookes는 '우연한 억만장자'라는 별명을 얻었다. 그는 2017년에 한 강연에서 이렇게 말했다. "저는 지금도 거의 매일 제가 무슨 일을 하고 있는지 모른다는 느낌을 받습니다. 15년 동안 그랬습니다."

---

* 이 현상에 대한 연구는 주로 이성애 중심 젠더에 초점을 맞춘다. 우리는 젠더가 고정되지 않은 사람들을 대상으로도 더 많은 연구가 이루어지기를 바란다.

그러면서 그게 단지 실패에 대한 두려움 때문은 아니라며 "잘
못을 모면하고 있는 느낌, 누군가가 언젠가는 알아채서 들킬
거라는 불안에 더 가깝다"고 덧붙였다. 그는 아틀라시안Atlas-
sian(지라Jira, 컨플루언스Confluence, 트렐로Trello로 유명하다)이라는
협업 소프트웨어 스타트업을 성공시켰다. 그럼에도 자신이 사
기꾼이라는 생각은 강하고 끈질기게 이어졌다. "다들 성공한
사람은 그런 느낌을 받지 않을 거라고 생각해요. 하지만 많은
창업자를 알고 있는 제가 보기에는 그 반대일 가능성이 더 높
습니다."[76]

근래에 경영학자 사나 자파르Sana Zafar가 실시한 연구 결과
에 따르면, 거의 80퍼센트에 달하는 창업자들이 적어도 가끔
은 가면 증후군 때문에 잠재적 피해를 입는다. "창업자들 사이
에 가면 현상이 증가하면서 그들이 이끄는 스타트업이 투자
금을 받지 못하거나, 개인적 투자만 받는 사례도 늘어나고 있
다."[77] 이 창업자들이 스스로 제약을 가하는 경우도 흔하다. 가
령 덜 유명한 벤처 투자사만 찾아가거나, 위협적으로 느껴지는
행동을 미루거나, 목표를 축소하는 식이다.

완벽주의에 따른 자기 회의의 주기

우리는 창업자들이 마음속 깊이 품은 불안을 토로하는 말을
오랫동안 들었다. 그 결과, 근거 없는 자기 회의가 만드는 꾸준

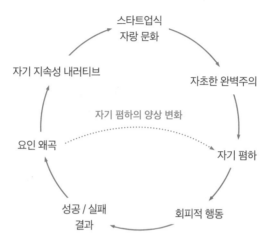

완벽주의에 따른 자기 회의의 주기

스타트업식
자랑 문화

자초한 완벽주의

자기 지속성 내러티브

자기 폄하의 양상 변화

요인 왜곡

자기 폄하

성공 / 실패
결과

회피적 행동

완벽주의에 따른 자기 회의는 스타트업식 자랑 문화와 자초한 완벽주의에서 시작된다. 성패의 요인을 어떻게 보느냐에 따라 자기 폄하는 지속되거나, 악화하거나, 완화된다.

한 주기적 패턴을 발견했다. 우리는 사람들이 해당 패턴을 쉽게 파악하고, 적절하게 묘사하며, 거기서 벗어날 수 있도록 도식을 만들었다. 모든 도식이 그렇듯이 우리의 도식도 다소 단순화되어 있다. 그래도 창업자들에게 그들만 고생하는 것이 아님을 보여주는 데 도움을 준다.

이 주기는 스타트업 세계의 자랑 문화에서 시작된다. 창업자들은 수익성 있는 새 회사를 만들어야 한다는 압박만 받는 게 아니다. 그것만으로 충분히 힘든데도 말이다! 그들은 또한 전체 시장을 혁신하고, 주요 투자자를 끌어들이고, 눈이 튀어나올 만한 가치 평가를 달성해야 한다. 야심과 초기 이정표를 과장해야 한다는 압박은 기술 업계 미디어를 통해 더욱 가중된다. 그들은 언제나 조명을 비춰줄 만큼 요란한 다음 창업자를 찾는다. 이런 외부적 압박에도 불구하고 창업자들은 가족이나 어린 시절의 학교 환경이 심어준 극단적으로 완벽한 기준을 고수한다.

그러다가 불가능할 정도로 높은 기준이 거친 현실과 충돌하면, 자신의 역량을 과소평가하기 시작한다. 뒤이어 일시적 걱정이나 지속적 불안이 악화한다. 재러드 펜턴Jared Fenton은 대학생들이 대학생활의 심한 압박을 극복하도록 돕는 비영리 단체 리플렉트 오거나이제이션Reflect Organization을 창립했다. 그는 이 문제에 대해 이렇게 말한다. "완벽주의를 추구하는 창업자는 맞든 틀리든 투자자 같은 외부 플레이어가 완벽을 기대한다고 생각합니다. 하지만 속으로는 분명 연이어 완벽한 성과를 올릴 수 없다는 걸 알죠. 이는 불안감을 자아냅니다."[78]

창업자들은 이 경우 흔히 소위 말하는 '회피성 행동hedging behavior'으로 대응한다. 회피성 행동은 나중에 실망하는 일을 피하려는 행동이다. 거기에는 과도한 준비, 과로, 도움 요청 또는 다른 측면에서는 미루기나 '기어 낮추기' 등이 포함된다. 기어 낮추기는 어려운 목표를 스스로 포기하고 덜 힘든 일을 하는 것을 말한다. 가령 너무 엘리트라고 생각하는 투자자를 찾아가지 않거나, 훨씬 경력 좋은 사람에게 동업 제안을 꺼리는 것이 거기에 해당한다. 그러면 실패할 확률이 줄어든다. 잠재적 투자자나 동업자를 설득하는 자신의 능력을 과소평가하는 일이기는 해도 말이다. 운명론적 자기 암시도 흔한 회피성 행동이다. 가령 '어차피 안 되는 건 안 되는 거야'라고 생각하는 식이다. 이런 태도는 어려운 목표를 향해 노력하게 만드는 주체성을 약화시킨다.

일이 잘 풀리거나 잘 풀리지 않을 때, 창업자는 노력이나 도움, 행운, 자신의 재능 등 1가지 이상의 근원적 요인을 찾아 공치사나 비난을 한다. 성과를 낸 경우, 자기 회의에 빠져 과도하게 준비한 창업자는 노력 덕분이라고 생각하는 경향이 있다. 또한 도움을 요청한 창업자는 도움을 준 사람, 자기 제약 성향이 있는 창업자는 순전한 행운 덕분이라고 생각할 것이다. 이 3가지 유형은 모두 자신의 능력을 폄하한다. 반대로 실패한 경우, 모든 유형의 자기 회의에 빠진 창업자는 노력이나 지원 부족 또는 불운이 아니라 자신의 부족한 능력을 탓하는 경향이 있다.

이런 인식은 현실을 다소 왜곡한다. 거의 모든 상황에서는 운, 재능, 노력, 도움이 다양한 정도로 혼합되어 성패에 기여한다. 그러나 자신감이 부족한 창업자는 실패를 겪은 후 자신이나 다른 사람이 보다 편하게 받아들일 수 있는 이유를 댄다. 자신의 체면을 살려줄 이유 말이다.

이런 자기 방어 수단은 대체로 3가지 유형을 지닌다.

첫 번째는 긍정적인 모습을 보이면서 금세 새로운 도전을 내다보는 가짜 낙관론을 펴는 것이다. 이런 창업자는 모든 게 잘 될 것이라며 팀과 투자자를 안심시킨다. 그들도 마찬가지로 긍정적인 태도를 취하면서 동조하면, 앞으로 나아가기 위한 정서적 발판이 마련된다.

두 번째는 강한 모습을 보이는 것이다. 이런 창업자는 그동안 이룬 다른 많은 성공사례를 강조하면서 약점을 드러내는 징후를 무시한다. 이는 오만해지거나 자기 비판을 모면하기 위해 팀이나 외부자를 거칠게 비판하는 경향으로 이어질 수 있다.

세 번째는 거리를 두는 것이다. 이런 창업자는 뒤로 물러나 익명 모드에 들어간다. 묵묵히 나아가겠다는 듯이. 그에 따른 침묵은 팀이나 투자자를 불안하게 만든다. 그들은 문제를 덮어두기보다 원인을 분석하고 싶어 한다.

자신감 부족이 거의 치명적일 때

극단적인 자기 회의가 심각한 문제를 일으키는 경우가 있다. 그 사례로서 우리가 밸러리Valerie라고 부를 한 여성의 이야기를 살펴보자. 그녀는 영국 출신 창업자로서 탈진과 심각한 우울증에 시달렸다.

밸러리는 2010년에 대학을 갓 졸업한 후 통신 회사에서 밤늦도록 일했다. 그녀는 다른 사람들과 교류하고 싶었다. 그러나 당시에 유행하던 매치닷컴Match.com 같은 데이트 사이트는 성적인 분위기가 너무 짙었다. 그래서 사교 서비스를 위한 사이트를 만들어야겠다고 즉흥적으로 마음먹었다. 이 사이트는 생각지도 못한 속도로 인기를 끌었다. 그녀는 서버를 업그레이드하고 UX 디자이너의 도움을 받기 위해 얼마 되지도 않는 예금에서 500파운드를 써야 했다.

밸러리의 프로젝트는 초기 단계 스타트업에 투자하는 한 액셀러레이터 프로그램의 주의를 끌었다. 그녀의 회고에 따르면, 그때는 모두가 여성 창업자를 원했지만 그 수가 많지는 않았다. 그녀가 자신이 사기꾼 같다고 느낀 이유는 다른 창업자들이 너무 힘들다고 말한 자금 조달이 아주 쉬웠기 때문이다.

밸러리는 대체로 자기 주장이 매우 강하고 카리스마 넘치는 남성들로 구성된 창업자 커뮤니티에 합류했다. 그들 중 일부는 실리콘밸리의 베테랑이었다. 반면 밸러리는 조용한 성격의 영국 소도시 출신 22세 여성이었다. 그녀는 "그들과 같은 용어를 쓸 줄 몰랐고, 자신감이 없었어요"라고 회고했다. 액셀러레이터는 그녀에게 CEO 자리를 맡으라고 종용했다. 밸러리는 마지못해 동의했다. 하지만 그녀의 유일한 진짜 관심사는 CEO로서 회사를 이끄는 것이 아니라 제품을 개발하는 것이었다.

밸러리는 자신이 회피성 행동을 하면서 스스로 야심을 제약했다는 사실을 나중에 깨달았다. 밸러리가 CEO 자리를 거부하려 한 이유는 다른 사람들의 기대에 수반되는 압박에서 벗어나고 싶었기 때문이다. 또한 그녀는 자신이 만난 다른 창업자들이 속으로 자신을 재단하고 있다고 느꼈다. 호언장담에도 불구하고 그들의 스타트업 중 다수가 망할 것이라는 사실을 깨닫지 못한 채 말이다.

밸러리는 깊은 실망감을 담아 우리에게 말했다. "사람들은 언제든 도와주겠다고 말했어요. 하지만 정작 어려움을 토로하면 대체로 저의 잘못을 지적하기만 했죠. 멘토들은 도움을 주기보다 맨스플레인mansplain을 더 많이 했어요. 제 마음에 전혀 공감해주지 않았어요." 심지어 한 멘토는 그녀의 진지한 질문에 대해 얕잡아보듯이 "그냥 피터 틸Peter Thiel의 《제로 투 원Zero to One》을 읽으라"고 대답했다.

밸러리는 자신이 남성들의 세계에서 실패할 수밖에 없다고 느끼기 시작했다. 여성 창업자가 부딪히는 유리 천장이 너무 두꺼웠다. 결국 그녀의 고전은 위태로운 지경에 이르렀다. 초기 자본을 모두 쓴 후, 투자자들은 비용을 줄이고 추가 자본을 알아서 빌리라고 압박했다. 결국 6명의 팀원 중 2명을 내보내야 했다. 그중 1명은 암과 싸우는 중이었다. 이 일로 밸러리는 크게 상심했다. 게다가 돈을 빌릴 곳이라고는 친구와 가족뿐이었다. 다른 창업자들은 그냥 창업 과정의 일부라고 말했지만, 그래도 부끄럽기는 마찬가지였다. 그녀의 집안은 부유하지 않아서 다른 창업자들처럼 재정적 여유를 누릴 수 없었다.

밸러리는 방세도 내지 못해 집주인에게 제발 쫓아내지 말라고 사정해야 하는 처지가 됐다. 모두를 실망시키고 실패할 수밖에 없을 것 같은 예감이 들었다. 매일 밤, 늦은 시간까지 창밖을 내다보며 그냥 뛰어내려서 다 끝내버릴까 생각하기도 했다.

창업자가 이처럼 불안과 우울에 시달리는 것은 결코 드문 일이 아니다. 2015년 UC 샌프란시스코와 스탠퍼드대학 연구자들이 실시한 연구 결과에 따르면, 창업자는 우울증을 겪을 확률이 일반인보다 30퍼센트나 더 높다.[79] (당신이 그런 경우에 해당한다면 전문가의 도움을 받을 것을 권한다.)

다행히 밸러리는 언니에게 속마음을 털어놓음으로써 가장 암울한 시기를 견뎌냈다. 언니는 그녀와 많은 시간을 보내주었다. 또 부정적인 시각이 두려워 주저하는 그녀에게 의사를 찾아가라고 설득했다. 얼마 후 밸러리는 자신감을 억지로 드러내야 한다는 강박에서 벗어나기 시작했다. 팀원과 고객들은 그녀의 달라진 모습을 좋아했다. 가령 그녀는 직접 고객 서비스에 임할 때 "죄송합니다. 저희가 스타트업이라 아직 배울 게 많습니다"라는 식으로 고객의 불평에 대응했다.

밸러리는 회사가 파산 위기에 처했을 때 지분의 51퍼센트를 매각하라는, 샌프란시스코의 한 투자자 겸 연쇄 창업자의 제안을 수락했다. 매각액은 약 50만 달러에 불과했다. 업계 매체에 실릴 만큼 큰 금액이 아니었다. 그래도 부채뿐 아니라 체불 임금을 지급하기에는 충분했다. 어쨌든 회사는 살아남았고, 새로운 최대 주주 오너는 적어도 초반에는 진정한 멘토이자 코치가 되어주었다.

그때까지 밸러리는 자기 회의라는 굴레에 갇혀 있었다. 자신의 직감을 신뢰하거나 확신을 내세우지 못했다. 그녀의 자기 방어 수단은 긍정적인 모습을 꾸며내는 것이었다. 그녀는 지나치게 협조적이었고, 투자자들의 요구를 선뜻 받아들였다. 하지만 이후 자신감을 키워서 자신의 뜻을 관철하는 법을 배웠다. 이런 기술은 새로운 최대 주주 오너가 심각한 범죄 혐의에 연루되었을 때 매우 긴요했다. 그는 마약 거래뿐 아니라 여자 친구를 미국으로 데려오기 위해 이민 사기까지 저지른 혐의를 받고 있었다.

마침내 회사를 떠날 때가 되었다. 밸러리는 3,000만 명의 사용자를 둔 안정적인 회사를 만들고, 자발적으로 떠나는 게 자랑스러웠다. 현재 제품 개발과 자신감 형성에 초점을 맞추어 다른 여성 창업자들을 돕고 있는 그녀는 이렇게 말한다. "스타트업을 만드는 게 쉬운 일이 아니라는 걸 알아야 해요. 많은 경우 문제는 제품이 아니에요. 창업자가 자신의 직감을 신뢰할 수 있어야 해요."

냉철하고 솔직하게 조언하는 친구나 코치의 뒷받침에 더해 자신감을 키우고 자기 회의로부터 자신을 지키는 가장 효과적인 방법 중 하나는 다른 사람을 끌어올리는 것이다. 이런 활동은 자신이 얼마나 멀리 나아갔는지 상기시키는 좋은 수단이다.

자신감이 뒷받침된 겸손이라는 균형점

앞서 과도한 자신감과 자기 회의가 지닌 잠재적 위험에 대해 살펴봤다. 이제는 이 두 괴물 사이를 지나가는 좁지만 안전한 통로, 즉 자신감이 뒷받침된 겸손에 대해 이야기해보자.

자기 회의는 적당한 수준에서는 도움이 될 수 있다. 와튼 스쿨의 연구자 바시마 튜픽Basima Tewfik은 종종 자신이 사기꾼이라고 느끼는 투자 전문가, 의대생, 사관학도가 반드시 동료들보다 무능한 것은 아니며, 때로는 더 뛰어나기도 하다는 사실을 확인했다. 자신의 능력을 의심하는 피실험자들은 추가로 시간을 들여서 다른 사람의 의견을 구했다. 이는 더 나은 결정과 보다 협력적인 행동으로 이어졌다. 가령 가면 현상을 겪는 의대생들은 환자의 상태를 점검하고 다른 도움이 필요한지 물을 확률이 높았다. 또한 더 많은 공감과 관심을 드러내 환자들로부터 아주 좋은 평가를 받았다.[80]

우리의 연구와 다른 여러 학계 연구에서도 비슷한 결론이 나왔다. 거기에 따르면 가장 유능한 리더는 사명과 함께 팀을 이끄는 자기 능력에 자신감을 지니고 있었다. 또한 자신의 약점과 도움을 받아야 할 필요를 인정하는 겸손도 같이 지녔다. 자신감과 겸손은 어울리지 않는 조합처럼 보인다. 그러나 이 둘을 모두 드러내는 리더는 더 큰 창의성과 생산성 그리고 팀에 대한 헌신을 촉진하는 경향이 있었다.

이런 모습은 역대 가장 자신감 넘치고 까다로운 CEO로 유명할 뿐 아니라, 앞서 '폭군'으로 지목된 스티브 잡스에게서도 확인할 수 있다. 알다시피 그는 자신이 만든 애플에서 수치스럽게 쫓겨났다가 10여 년 후에 돌아와 다시 CEO가 되었다. 연구자들이 조사한 결과, 이 시기에 그의 나르시시스트적 성향은 눈에 띄게 줄어들었다. 측근들은 그가 다른 사람들의 생각을 한층 열린 자세로 받아들였고, 자신의 실수를 좀 더 기꺼이 인정했으며, 팀 쿡Tim Cook과 조니 아이브Jony Ive, 토니 파델처럼 엄청난 재능을 지닌 동료들에게 보다 고마워했다고 확인해줬다. 그 결과 임직원들은 그가 처음 CEO로 일할 때보다 훨씬 더 그에게 충성하게 되었다.[81] 스티브 잡스는 나르시시스트적 성향과 새롭게 익힌 겸손 사이에 균형을 잡아서 애플을 유례없는 수준의 성공으로 이끌 수 있었다.

중국의 조직심리학자들도 알리바바로 엄청난 성공을 거둔 잭 마Jack Ma가 비슷한 모습을 보였다고 설명한다. 그는 공을 나누고 자신을 기꺼이 비하함으로써 타고난 나르시시즘을 완화했다. 또한 알리바바의 과감한 계획을 자신 있게 전하면서도 자만의 위험성을 지적했다. 한 논평가는 그를 "미쳐 있지만 매력적으로 겸손하다"고 평가했다.[82]

겸손한 리더와 자신감이 과하고 나르시시스트적 성향이 강한 리더를 비교한 연구 결과에 따르면, 겸손한 리더들이 성과 면에서 명확한 우위를 보였다. 그들의 팀은 보다 협력적이고, 정보 공유에 한층 적극적이었다. 또한 공동 결정을 좀 더 잘 내렸고, 개인적 성공보다 집단적 성공에 열성적이었다. 다른 한편, 겸손과 높은 자신감을 겸비한 리더는 겸손하지만 자신감이 부족한 리더보다 더 나은 성과를 보였다. 또한 자신감이 과한 리더와의 격차는 거의 30퍼센트나 되었다.[83]

물론 겸손과 자신감 사이에서 적절한 균형을 잡는 일은 말처럼 쉽지 않다. 그리스신화에서 뱃사람들이 스킬라와 카리브디스 사이를 항해하기 힘들었던 것처럼 말이다. 연쇄 창업자 출신 투자자인 마크 포랫Marc Porat은 이 문제를 다음과 같이 설명한다.

내가 결코 해결하지 못한 역설이 있다. 한편으로, 직원들은 진정성과 솔직한 말을 원한다. 또한 나도 그들과 같은 집단의 일원이고, 내가 그들에게 공감하며, 심지어 취약한 모습까지 보여주는 동질감을 원한다. 하지만 다른 한편으로, 그들은 낙관적이고 긍정적이며, 단호함과 확고함 그리고 정확한 방향성을 지닌 이야기를, "우리가 이길 거야"라는 말을 듣고 싶어 한다. 그래서 나는 CEO로서 양면성을 동시에 드러내야 한다고 생각했다. 그런 평형상태를 유지하는 일은 쉽지 않았다.[84]

자신감이 뒷받침된 겸손의 양상

브리검 영 대학교Brigham Young University의 조직심리학자 브래들리 오언스Bradley Owens는 겸손의 3가지 뚜렷한 장점을 제시

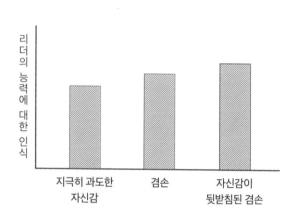

자신감이 뒷받침된 겸손을 드러내는 리더

(Zhang et al., 2017)

리더의 능력에 대한 인식

지극히 과도한 자신감 / 겸손 / 자신감이 뒷받침된 겸손

겸손한 리더는 자신감이 과한 리더보다 성과 측면에서 명확한 우위를 지닌다. 다른 한편, 자신감이 뒷받침된 겸손을 드러내는 리더는 지극히 과도한 자신감을 드러내는 리더보다 거의 30퍼센트나 더 나은 성과를 낸다.

한다.[85]

첫째, 리더가 자신의 장점과 한계를 정확하게 인식하도록 도와준다. 이는 가짜 겸손과 진짜 겸손을 구분 짓는다. 자신의 기술을 과대평가하는 리더는 중요한 과제를 달성하는 데 필요한 시간과 노력을 과소평가하는 경향이 있다. 그래서 기한을 맞추지 못하고 부진한 성과를 내게 된다.

둘째, 겸손은 열린 자세로 피드백을 받아들이게 한다. 이에 따라 리더는 실수로부터 교훈을 얻고, 시간이 지날수록 더 잘하게 된다. 겸손한 리더는 실천 여부와 무관하게 어디서 나오는 피드백이든 적극적으로 수용한다.

셋째, 겸손은 다른 사람들의 강점을 인식하는 데 도움을 준다. 그렇다고 해서 리더는 그들의 우수성이나 기술에 위협감을 느끼지 않는다. 이는 팀원들이 팀의 성공에 최대한 기여하도록 북돋는 한편, 리더 스스로 더 많이 배우게 한다.

자신감이 뒷받침된 겸손이라는 절호점sweet spot을 마침내 발견한 창업자의 좋은 사례는 앞서 소개한 스포티파이의 다니엘 에크다. 그는 혼자서 음반 산업계의 대기업들을 상대했다. 과거 자신감이 과했던 이 CEO는 현재 모든 결정을 독단적으로 내리지 않고 팀의 조언을 구한다. 그러면서 여전히 어떤 일의 성공 가능성에 대해 강하고 자신 있게 의견을 제시한다. 하지만 동시에 CEO가 팀원의 아이디어와 피드백에 귀를 기울이는 문화를 조성했다. 중요한 점은 그의 견해에 도전해도 안전하다는 사실을 팀원들이 안다는 것이다.

에크는 자신감이 뒷받침된 겸손이 사업적 이점을 안기는 좋은 사례가 되었다. 스포티파이는 2015년 디스커버리 위클리Discovery Weekly라는 맞춤형 플레이리스트 서비스를 출시했다. 이 서비스는 알고리듬을 활용해 각 사용자의 선호를 파악한 다음, 그들이 좋아할 새로운 곡들로 고유한 플레이리스트를 만들어줬다. 2021년에 이 맞춤형 플레이리스트의 재생 시간은

23억 시간에 달했다. 에크는 디스커버리 위클리를 스포티파이의 "가장 사랑받는 기능"이라 불렀다.[86]

이 사례에는 흥미로운 대목이 있다. 사실 에크는 디스커버리 위클리의 개발을 중단하고 싶어 했다. 그는 한 인터뷰에서 이렇게 털어놓았다. "저는 그 기능의 장점이 무엇인지 전혀 몰랐습니다. 그래서 정말로 할 거냐고, 왜 그 많은 시간과 에너지를 쏟아야 하냐고 두세 번 물었어요." 그럼에도 에크는 디스커버리 위클리를 출시하도록 허용했고, 자신이 틀렸다는 게 증명되어서 기뻤다. "처음에는 좋은 아이디어가 아니라고 생각했는데, 나중에 최고가 된 것들이 많아요."

에크는 또한 제품 담당 부사장이 자신에게 대단히 직설적이고 불쾌한 피드백을 한 이야기도 들려주었다. 그는 에크에게 이렇게 말했다. "솔직히 말하겠습니다. 누구도 대표님이 주재하는 회의를 좋아하지 않아요. 사실 대표님이 회의에 기여하는 게 하나도 없거든요." 이 말을 들었을 때 에크는 지극히 방어적인 태도로 반응했다. 그 부사장을 잘라버리고 싶은 마음도 들었지만 좀 더 고민해보기로 결정했다. 이후 그는 두어 번 제품 개발 회의에 불참해 자신 없이 얼마나 잘하는지 눈여겨봤다. 그 결과는 이랬다. "알고 보니 제가 빠지니까 훨씬 잘하더라고요."[87]

스포티파이의 전 간부는 우리에게 자신이 가까이에서 지켜본 에크에 대한 평가를 들려주었다. "지난 10여 년 동안 그가 조합한 경영팀을 보면, 내부에서 성장해 매우 솔직하게 말하는 장기 근속자들과, 자신에게 부족한 전문성을 가진 외부자들이 섞여 있었어요. 그는 외부에서 영입한 사람들에게 터놓고 이야기하라고 북돋아주곤 했습니다."

에크는 과거와 달리 이제는 팀의 재능과 전문성을 높이 평가하는 태도를 보인다. "저는 세계 최고의 인재는 일반적인 사람보다 50배, 아니면 적어도 10배는 더 낫다고 확신합니다. 세상에서 가장 똑똑한 사람들에게서 배울 수 있다는 건 정말 행운이에요."[88]

당신은 에크처럼 경솔한 자신감이 넘치는 기본적인 태도에서 출발할 수도 있고, 밸러리처럼 완벽주의에 따른 자기 회의의 고통에 시달릴 수도 있다. 어느 쪽이든 두 괴물 사이로 안전하게 항해하는 법을 배우는 것은 가능하다. 2부에서 살펴볼 모닥불 타임라는 도구는 자신감이 뒷받침된 겸손의 잔잔한 바다에 이르도록 당신을 도와줄 것이다.

문제

창업자는 자신감 과잉과 부족 사이에서 균형을 잡아야 한다. 대개 사업을 시작하려면 과도한 자신감이 필요하다. 그러나 과도한 자신감은 이후 준비 부족과 예측 오류로 이어질 수 있다. 다른 한편, 스타트업 업계의 자랑 문화와 자발적 완벽주의가 흔히 초래하는 자신감 부족은 사업을 포기하거나 잠재적 성공을 저해하는 자기 폄하 내지 회피성 행동으로 이어질 수 있다. 유능한 스타트업 리더는 두 극단 사이의 좁은 해협을 지나가야 한다.

증거

전 세계 창업자들에 관한 데이터는 무능할수록 자신감이 넘치는 반면, 유능한 창업자는 겸손한 경향이 있음을 보여준다. 또한 여러 연구 결과, 자신감이 과한 CEO는 더 많은 리스크를 지고, 수익성을 과대평가해 과다하게 투자하며, 결국에는 더 낮은 주가 수익률을 기록한다. 고성과자들 사이에서는 자신감 부족도 마찬가지로 흔하다. 창업자 중 80퍼센트는 적어도 가끔은 자신감 부족을 겪는다. 이 경우 스스로 위축되거나, 덜 유명한 투자자를 찾아가거나, 두려운 행동을 미루거나, 야심을 제한한다. 다른 한편, 겸손한 자신감을 드러내는 리더는 자신감이 과한 리더보다 30퍼센트나 더 높은 실적을 올린다.

해결책

자신감이 뒷받침된 겸손을 추구한다는 것은 사명과 그걸 달성하는 팀의 능력에 대해 확신을 갖는 법을 배우는 것이다. 동시에 자신의 강점과 약점에 대한 강한 피드백도 받아들일 줄 알아야 한다. 스티브 잡스와 다니엘 에크의 사례에서 확인한 대로, 리더는 훈련을 통해 다른 사람들의 명민함에 위협감을 느끼는 일 없이 그들의 강점을 인정하는 법을 배울 수 있다. 뛰어난 코치나 멘토는 이런 기술을 연마하도록 돕는다. 모닥불 타임라 부르는 우리의 도구도 마찬가지다.

The Bonfire Moment

THE BONFIRE MOMENT

2부

원팀 워크숍,
모닥불 타임을 시작하라

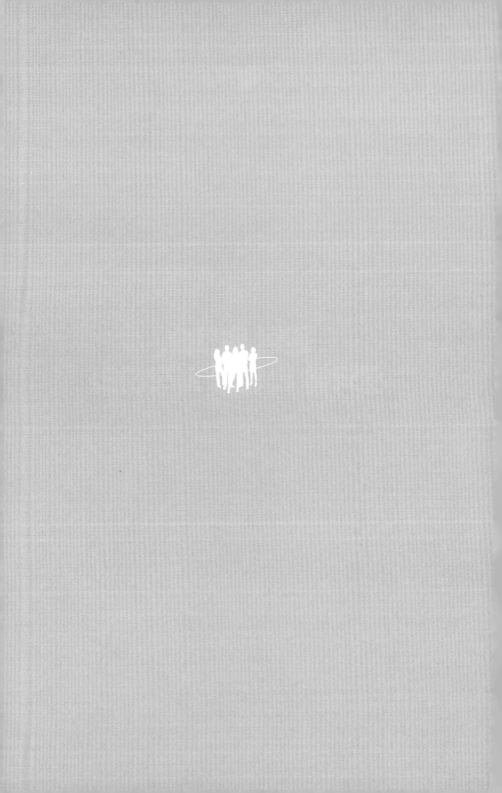

'모닥불 타임'
워크숍을 실행하는 법

　　당신의 팀이 '모닥불 타임' 워크숍을 실시하기로 결정했다면 중요한 단계를 밟게 된 것을 축하한다!

　　이 장에서는 당신이 참가만 하든 아니면 진행까지 하든, 팀의 일과가 대략 어떻게 구성되는지 알려줄 것이다. 또한 심리학, 조직행동학 및 관련 분야의 연구 그리고 전 세계의 수많은 스타트업을 도운 우리의 경험을 토대로 모닥불 타임을 설계하는 데 유용했던 일부 핵심 개념들에 대해서도 설명할 것이다. 이러한 개념들은 당신의 팀이 생산적인 하루를 보내기 위해 올바른 마음가짐을 갖는 데 도움을 줄 것이다.

　　당신이 워크숍을 진행할 계획이라면 이 장에서 그에 필요한 기술들을 얻을 수 있을 것이다. 그중에서도 특히 참가자들을 안심시키는 대화를 통해 워크숍을 이끄는 기술이 가장 중요하다. 부록 2에서는 워크숍 진행을 용이하게 해줄 체크리스트를 포함해 좀 더 상세한 지침을 소개한다.

몇 년 전, 나는 스톡홀름에 있는 전자 상거래 스타트업의 작업장을 방문했다. 약 15명으로 구성된 작은 스타트업이었다. 벽에는 상자들이 쌓여 있고, 형형색색의 리본과 종이가 바닥에 흐트러져 있었다. 두어 명은 싸구려 플라스틱 의자에 앉아 선물로 배송할 제품을 포장하고 있었다. 단독으로 창업해서 대단히 수익성 좋은 이 사업체를 운영하는 람Ram(가명)은 더없이 따뜻하게 나를 팀원들에게 소개해줬다. 그의 말투는 활기가 넘쳤다. 다만 말을 약간 더듬었다. 대개 두뇌 회전이 너무 빨라서 말하는 속도가 따라잡지 못하는 유형의 말더듬이었다.

람은 작업장을 보여주면서 내게 이렇게 속삭였다. "마틴, 고마워요. 최근에 당신 덕분에 덜 나쁜 사장이 되었어요!"

그것은 내가 우리 프로그램 수료자에게서 들은 최고의 칭찬이었다. 또한 '모닥불 타임' 워크숍에서 그가 얻은 깨달음을 생각하면 그다지 놀라운 일이 아니기도 했다.

람은 워크숍에서 팀원들로부터 매우 거친 피드백을 받았다. 그중 몇 가지를 소개하면 이렇다.

- 대표님은 특히 신입 사원을 대할 때 무시하는 듯한 말투를 씁니다.

- 마이크로매니지먼트를 줄이고 팀원들이 말하는 것을 진지하게 고려하세요.
- 직원을 대체 가능한 대상이 아닌 '사람'으로 보세요.
- 직원의 감정과 상황에 좀 더 공감하세요.
- 팀원들의 능력에 대해 말할 때 주의해주세요.
- 회의에서 방어적이고 심문하는 듯한 말을 줄여주세요.
- 팀원의 의견에 동의하지 않을 때 대표님이 가장 똑똑한 척하지 마세요.
- 너무 이기적인 태도를 보이지 마세요!

맙소사!

워크숍에서 이런 피드백을 읽는 것은 불쾌한 일이었다. 하지만 우리는 의도한 효과를 거두었다. 람과 그의 팀은 일반적인 스타트업의 풍조를 깨트리는 전환적 경험을 했다. 그들은 더 이상 자랑하거나, 허풍 떨거나, 자존심을 내세우지 않았다.

일반적인 스타트업이 1부에서 설명한 함정 중 하나에 빠졌다는 사실을 스스로 깨닫기까지는 1년 정도가 걸릴 수 있다. 람의 팀이 그랬고, 당신의 팀도 그럴지 모른다. 8시간 동안 치열하게 진행되는 우리의 워크숍은 참가자들에게 속도를 늦추고, 숨겨진 갈등을 드러내고, 미래의 갈등을 예상하고, 일에 대한 가장 큰 두려움과 불안을 공유하는 독특한 기회를 제공한다. 그것은 또한 바쁜 일과에서 벗어나 일에 파묻힐 듯한 압박감 없이 가장 인간적인 수준에서 소통할 수 있는 기회이기도

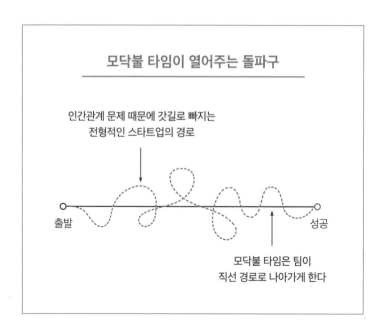

모닥불 타임이 열어주는 돌파구

인간관계 문제 때문에 갓길로 빠지는
전형적인 스타트업의 경로

출발   성공

모닥불 타임은 팀이
직선 경로로 나아가게 한다

하다. 참가자들은 자신의 발목을 잡는 인간관계 문제로부터 한 발짝 떨어져서 일 자체를 성찰한다.

팀을 하나로 만들기

팀은 가장 먼저 살펴야 할 필수 요소다. 하루를 최대한 알차게 보내기 위해 각 팀원은 워크숍에 시간과 주의를 기울일 준비를 해야 한다. 그러면 누가 팀원에 해당할까? 어떤 경우에는 쉽게 대답할 수 있다. 회사에서 쉼 없이 일하는 모두가 팀원이다. 그러나 팀원을 정의하기 더 복잡한 경우도 있다. 다음은 팀원을 구분하는 데 참고할 수 있는 기준이다.

누가 참석해야 할까?

- **초기 단계 스타트업** 풀타임으로 또는 대부분의 시간 동안 일하는 모두가 참석해야 한다. 거기에는 모든 공동 창업자, CEO, CTO 그리고 다른 최고 임원이 포함된다. 일부 초기 단계 스타트업의 경우 같이 제품을 개발하는 친구들로 구성된 소규모 팀이 그 대상일 수 있다. 인원수는 대개 3~8명이다.

- **규모가 큰 스타트업** CEO와 지도부가 참석해야 한다. CEO에게 직접 보고하는 모든 팀원도 포함된다. 그들은 회사의 핵심 리더로 간주되며, 대개 상당한 규모의 팀을 거느린 소수 인원일 때도 있다. 이 경우 거기에 해당하는 소규모 고위직 팀이 워크숍에 참석하는 게 적당하다. 그보다 낮은 직급의 팀원은 초대하지 않도록 주의하라. 구성원 사이의 권력 차이 때문에 서로 마음을 열기가 어려워진다.

- **대형 조직 내부의 팀** 팀 리더와 그에게 직접 보고하는 팀원들이 참석해야 한다. 우리는 이런 팀을 때로 '정규 팀'이라 부른다. 조직의 다른 부서와 긴밀하게 협력하는 경우 그들도 초대할 수 있다. 다만 (1) 당신의 팀과 일상적으로 교류해야 하고, (2) 팀의 일에 직접적으로 연관되어 성공 여부에 걸린 대가가 있어야 하며, (3) 권력 차이 없이 팀원이

그들을 동료로 인식해야 한다. 가령 인사나 재무, 운영 부문의 협력자가 확장된 팀의 일원이 될 수 있다. 모든 '내부 고객'은 포함하지 말아야 한다.

누가 참석하지 말아야 할까?

- **팀 운영에 관여하지 않는 투자자나 이사회 멤버** 주요 투자자나 벤처투자사 관계자가 있으면 워크숍의 역학이 복잡해진다. 팀원들은 돈줄을 쥔 사람에게 부끄러운 모습을 보일까봐 걱정한다. 따라서 투자자를 참석 대상에서 뺄 것을 강력하게 추천한다. 때론 주요 투자자가 지도부에 워크숍 참석을 요청하기도 한다. 이 경우에도 투자자는 참석하지 말아야 하며, 팀의 명시적 승인하에 진행 결과 요약본을 받는 것에 만족해야 한다. (워크숍에서 심리적 안전감을 조성하는 일에 대해서는 아래에 나오는 내용을 참고하라.)
- **멘토** 투자자와 같은 이유로 멘토도 참석해서는 안 된다. 다만 멘토가 인간관계 문제에 도움을 주고, 워크숍의 진행을 맡는 경우는 예외다.
- **인턴** 팀과 오래 일할 생각이 없는 인턴도 제외해야 한다.
- **외부 고객 내지 내부 고객** 이들은 워크숍에서 팀이 작위적인 행동을 하게 만들 가능성이 있다.

지금부터 설명하는 내용은 한 팀만 참석하는 경우를 전제하지만, 여러 팀으로 규모를 키울 수도 있다.

진행자를 선택하라

먼저 워크숍 진행자를 선정해야 한다. 진행자의 책임은 시간을 관리하고 사전 준비를 시키는 것이다. 진행자는 하루 동안 오케스트라의 지휘자 역할을 맡아 어떤 일을, 왜 해야 하는지 설명해야 한다. 또한 토론을 마치고 다음 활동으로 넘어가야 할 때를 확실하게 정해야 한다. 전문 트레이너나 진행자가 아니어도 이 일을 잘할 수 있다. 뒤에 나오는 내용을 참고하면 학습 의지가 있는 사람은 누구나 쉽게 워크숍을 진행할 수 있다. (부록 2는 사전 준비를 비롯해 전체 과정에 대한 진행자 지침도 제공한다.)

진행자의 역할은 매우 중요하다. 그렇다고 해서 무조건 팀에서 가장 직위가 높은 사람이 맡아야 한다는 말은 아니다. 사실 상사보다는 팀원들이 두루 신뢰하고 리더들이 존중하는 사람에게 진행을 맡기는 편이 더 낫다. 진행자는 때로 상사의 의견을 반박하거나 기각해야 한다. 따라서 그럴 의지와 능력을 갖춰야 한다.

진행자가 겪는 어려움 중 하나는 편향되지 않은 심판인 동시에 편향된 참가자여야 한다는 것이다. 이런 복합적인 역할을 팀원에게 맡기는 것이 너무 과도한 요구라고 생각된다면, 믿을 만한 외부자를 불러와야 한다. 우리의 워크숍은 진행자가 내부자든 외부자든 팀이 신뢰하는 사람이라면 성공적으로 운영할 수 있도록 설계되었다.

외부 진행자가 특히 도움이 되는 2가지 상황이 있다.

- **규모가 큰 경우** 특히 복수의 팀이 동시에 참가할 때 외부 진행자가 좋다. 이런 경우 진행 과정이 복잡해지며, 통상적인 단계를 벗어나야 할 수도 있다.
- **이미 공개적인 갈등이 많이 벌어진 경우** 우리의 워크숍은 해로운 팀 역학을 바로잡기 위해 중재하는 역할을 한다. 이런 경우, 팀원들이 신뢰하고 갈등에 연루되지 않은 외부자가 편향되지 않은 방식으로 팀을 이끄는 것이 매우 중요하다.

하루 종일 집중할 준비를 하라

회사에서 보내는 일과는 대개 집중력을 끊임없이 저해하는 방해 요소로 점철된다. 15분짜리 스탠드업 회의, 90초짜리 알림, 60분짜리 전원 회의, 30분짜리 영상통화, 잠깐 확인하는 이메일, 슬랙Slack으로 들어오는 질문 같은 것들이 거기에 해당한다. 《스프린트Sprint》의 저자 제이크 냅Jake Knapp이 요약한 대로 "파편화는 생산성을 저해한다".[89]

우리의 워크숍에 참석하면 전혀 다를 것이다. 하루를 통째로 할애해 어떤 예외도 없이 강렬하게, 진정으로 집중할 수 있다. 주의 분산을 최소화하기 위해 휴대폰, 태블릿, 노트북은 입구에 맡겨둬야 한다. (휴대 기기가 필요한 프로그램이 있지만 그 외에는 보관 장소에 두어야 한다.)

우리가 확인한 바에 따르면 대다수 팀은 금요일(또는 그 주의 마지막 근무일)에 워크숍을 진행했을 때 가장 성과가 좋았다. 참가자들은 업무 부담이 덜하고, 다른 요청이 들어올 가능성이 낮고, 폭넓게 사고할 여유가 있을 때 우리가 바라는 의욕을 보였다. 특히 중요한 이정표에 이르거나, 중대한 기한을 맞춘 직후가 가장 좋다. 이때는 팀원들이 마침내 한숨 돌릴 여유가 생겼다고 느낀다. 반면 주요 제품 출시나 투자자 회의 직후가 가장 안 좋다.

오전 9시부터 오후 5시까지 꼬박 8시간을 할애하라고 요청하면 불평하는 사람이 있을 것이다.* 그들은 '연성 문제'에 할애하기에 8시간은 너무 길다고 생각한다. 이런 생각을 하는 것은 속도의 함정에 빠졌기 때문이다. 8시간은 보통 금세 지나가고, 많은 참가자가 나중에는 오히려 더 하길 바란다는 사실을 알려주면 모두를 설득할 수 있을 것이다. 그래도 8시간 넘게 일정을 잡는 것은 권하지 않는다. 어느 정도 시간적 제약이 있어야 반드시 필요한 말을 하는 데 집중하고, 가장 의미 있는 일을 우선시할 것이기 때문이다.

---

* 4~5명으로 구성된 팀이 전체 과정을 진행하는 데 필요한 시간이다. 이보다 인원이 많으면 시간이 더 필요할 수 있다. 워크숍 진행과 관련해 세부적인 조정에 대한 지침은 부록 2를 참고하라.

워크숍을 4타임으로 나눠서 각각 다른 날에 진행하는 것도 고려할 수 있다. 가령 금요일 오전에 한 구간씩 진행하는 식이다. 이런 변형도 가능하지만, 효과를 극대화하기 위해 하루에 전체 과정을 마치는 것을 권한다. 보강할 부분은 언제든 나중에 다시 할 수 있다. 하루 일정을 세심하게 조율된 4가지 코스 요리라고 생각하라. 각 요리는 이전에 나온 요리를 기반으로 삼는다. 코스 요리를 몇 주에 걸쳐 하나씩 먹으면 인상이 훨씬 약해질 것이다.

적절한 장소를 찾아라

장소 선택은 워크숍을 성공적으로 진행하는 데 매우 중요하다. 가장 안 좋은 곳은 사무실의 한쪽 공간이든, 식탁이든, 좋아하는 카페든 매일 일하는 공간이다. 일상적인 요소로 가득한 공간에서는 일상적인 수준을 넘어선 생각을 하기가 엄청나게 어렵다.

반면 잘 고른 새로운 공간은 집중력을 높이고, 양질의 대화를 이끌어내며, '이메일에 답장하는 걸 깜박했네' 같은 생각에 따른 주의 분산을 최소화한다. 우리는 수많은 종류의 공간에서 워크숍을 성공적으로 진행했다. 예컨대 다음과 같은 장소들이다.

- **유료 또는 무료로 빌린 다른 사람의 사무실** 이전에 베푼 호의

의 대가로 그냥 사용하게 해준다면 돈을 아낄 수 있다.

- **다른 사람의 집** 다만 주인이 손님을 맞은 것처럼 대접해야 한다는 부담을 느끼지 말아야 한다. 이 선택지도 돈을 아껴준다.
- **공유 오피스 회의실**
- **거창하게 하고 싶다면 호텔 콘퍼런스 룸**
- **등산로나 캠핑장** 이런 곳에서는 실제로 모닥불을 피워놓고 할 수도 있다!

팀원들이 여기저기 흩어져서 재택근무를 한다면 어떻게 해야 할까? 우리는 대면 워크숍의 가치를 확신한다. 여러 사람이 동시에 이야기하면서 웃음을 나눌 수 있도록 해주는 영상회의 서비스가 나오기 전까지는, 온라인 워크숍으로 같은 경험을 하기 어렵다. (게다가 이모지 말고는 하이파이브도 할 수 없다.) 하지만 재택근무를 하는 팀이 갈수록 늘어나고 있다. 이런 팀의 경우, 모든 팀원을 같은 장소에 모으려면 비용이 너무 많이 들 수 있다. (비용을 감당할 수 있다면 그렇게 하라. 대면 워크숍은 큰 비용 대비 효과를 안겨준다.)

온라인 워크숍 외에 다른 선택지가 없다면 아래 지침을 따르라.

- 각 참가자에게 매일 일하는 공간이 아닌 곳을 찾도록 요청하라. 다른 부서의 사무실이나 유료 또는 무료로 빌린

외부 공간이 좋다. 방해 요소가 적고, 분위기가 다르되 하루 종일 있어도 편안한 곳이면 어디든 괜찮다.

- 와이파이 연결이 잘되는지 확인하라. 누군가가 약한 와이파이 신호 때문에 카메라를 꺼야 하는 경우, 워크숍의 질이 크게 저하된다.

- 모든 참가자가 위의 요건을 충족하는 장소에 자리 잡을 때까지 필요하다면 시작 시간을 늦춰라. 모든 팀원의 항공료를 댈 형편이 안 된다면, 와이파이 신호가 강한 공유 오피스의 일일 사용권을 구입해도 괜찮다.

- 다른 일을 병행하거나 전자 기기를 사용하면 안 된다는 엄격한 규칙을 정하라. 물론 영상통화를 위한 컴퓨터는 예외다. 우리의 워크숍은 순전히 아날로그식 경험이어야 한다. 인간 역시 아날로그식 존재이기 때문이다. 참가자들에게 워크숍에 필요한 자료를 미리 출력하고, 종이와 펜을 쓰도록 요구하라. 휴대폰과 태블릿은 참가자들이 자율적으로 치워두어야 한다.

모닥불 타임의 하루 일정

이제 모든 요소를 갖추었으니 워크숍을 어떻게 운영하는지 간략히 알려주겠다. 일과는 4개 구간으로 이뤄지며, 각 구간은 60~180분 동안 진행된다.

모닥불 타임

1타임	2타임	3타임	4타임
냉엄한 현실을 직시한다	숨겨진 역학을 인식한다	가면을 벗는다	암묵적 문제를 해결한다

1타임: 냉엄한 현실을 직시한다

바삐 일하는 평소에는 일손을 멈추고 자신이 얼마나 잘하고 있는지, 팀 역학에 어떻게 기여하는지 성찰할 틈이 없다. 그래서 우리는 전 세계의 창업자들을 대상으로 한 연구 결과에 기초한 자기 평가 도구를 제공한다. 해당 설문 내용은 우리의 웹 사이트에도 올라와 있다. 이 설문을 통해 창업자로서 자신의 역량을 성찰하고, 전 세계의 창업자들과 비교해 자신이 어떤 위치에 있는지 확인할 수 있다. 세부적인 내용은 부록 3에 수록해두었다. 거기에는 몇 주 전에 미리 팀원들로부터 피드백을 수집하기 위한 확장판도 포함되어 있다. 풍부한 통찰이 담긴 평가 결과를 숙고하면 팀의 약점에 해당하는 부분을 체계적으로 바로잡을 수 있는 기회가 생긴다.

2타임: 숨겨진 역학을 인식한다

뒤이어 우리는 참가자들에게 협력 방식을 재설정하도록 요청한다. 우리는 전 세계에서 수많은 팀을 도왔다. 그 과정에서 가장 흔한 2가지 갈등 유발 요소가 어긋난 동기 그리고 불공정한 동업 관계에 대한 들끓는 분노임을 확인했다. 그래서 우리는 참가자들에게 '유저 가이드User Guide'를 만들도록 요청한다. 이 문서는 행동 규범을 확립하고, 미래의 갈등 요인을 예상하며, 갈등을 완화하는 방법을 보여준다. 또한 새로운 기기에 대한 사용 안내서처럼 팀에 대한 중요한 사실을 말해준다. 가령 '왜 이 스타트업에 들어왔는지, 무엇을 중시하는지, 최선의(또는 최악의) 성과를 이끌어내는 요인은 무엇인지, 어떻게 피드백을 받고 갈등을 해결하길 원하는지, CEO와 동료 그리고 자신에게 무엇을 기대하는지, 어떤 문제가 팀을 무너트릴 것이라고 예상하는지, 어떻게 그 문제를 완화할지' 같은 내용을 담고 있다.

3타임: 가면을 벗는다

우리의 워크숍은 뒤이어 참가자들을 깊고도 어두운 곳으로 데려간다. 스타트업 창업자들은 허풍의 대가다. 우리가 만난 거의 모든 창업자는 속으로는 자신이 그저 되는 대로 꾸며내고 있다고 느꼈다. 그들은 다른 창업자도 자신처럼 불안해한다는 사실을 몰랐다. 우리는 각 팀원에게 자신의 가장 깊은 열등감과 걱정에 대해 이야기할 기회를 준다. 이는 모두가 흥분과 더불어 적어도 약간의 불안을 안고 회사에 들어왔음을 상기시킨다. 또한 이 구간에서는 참가자들이 의존하는 불안 극복 방식, 그들이 쓰는 가면의 유형과 세상에 내보이는 가식을 성찰할 기회도 제공한다. 우리는 이 자리를 '가식 고백 모임Bullshit Circle'이라 즐겨 부른다.

4타임: 암묵적 문제를 해결한다

3타임까지 진행하는 동안 상당한 수준의 허심탄회한 소통이 이루어졌다. 이제 대응하기 어려운 암묵적 문제들에 대해 대화할 차례다. 그래야 팀을 앞으로 나아가게 만드는 결정을 내릴 수 있다. 4타임에서는 2장에서 논의한 팀 항력의 원천에 대한 질문 목록을 살펴봐야 한다. 이 목록에 대해 이야기하는 가운데, 여러분은 가장 흔한 실패 요인을 피하기 위한 계획을 세우게 될 것이다. 또한 일상적인 단기 게임의 압박으로 인해 간과하거나 경시한 장기 게임 관련 핵심 결정에 주의를 기울이게 될 것이다.

모닥불 타임을 위한 토대

지금까지 워크숍이 대략 어떻게 진행되는지 살펴봤다. 이제는 뒤로 돌아가서 이런 구성을 짜는 데 활용한 설계 원칙과 거기에 참고한 심리학 연구 내용을 설명해보겠다.

우리는 워크숍을 설계할 때 시간에 쫓기고, 야심이 넘치며,

똑똑한 사람들을 상대하게 되리라는 걸 알았다. 그들은 즉각적인 가치를 안기지 못하고 질질 끄는 워크숍을 참아주지 않을 터였다. 그래서 우리는 자문했다. 어떤 전략이 일급 플레이어들을 일급 팀으로 바꾸는 데 가장 효율적일까? 업무 방식 및 협력 방식을 바꾸는 데 관심이 없는 참가자들에게 어떤 접근법이 통할까? 어떤 접근법이 오래가는 변화를 이루어낼까?

이러한 질문은 우리를 2가지 경로로 이끌었다.

스타트업은 고약한 학습 환경이다

우선, 개리 클라인Gary Klein의 연구는 월드 클래스 인재들이 전문성을 연마하기 위해 활용하는 가장 중요한 기제를 이해하는 데 도움을 주었다. 그는 전문적 직관에 관한 연구를 개척한 유명한 심리학자다. 전문적 직관은 깊은 전문성을 가진 사람이 시간 압박과 불확실성에 처한 가운데 양질의 결정을 신속하게 내리는 능력을 말한다. 클라인은 체스 마스터, 노련한 소방관, 테니스 챔피언 같은 사람들의 의사 결정 능력을 수십 년 동안 연구했다. 그가 내린 결론은 놀라웠다. 거기에 따르면 지능지수가 높고, 공간 추론 능력이 평균 이상이며, 단기 기억력이 뛰어나다고 해서 가장 빠르고 정확한 결정을 내리는 것은 아니다.*

클라인은 뛰어난 전문적 직관을 개발하려면 학습 환경에
2가지 요건이 필요하다고 결론지었다. 하나는 고도로 예측 가
능해야 한다는 것이고(소위 '고유효성 맥락high-validity context'), 다
른 하나는 시기적절한 피드백과 더불어 반복적으로 시도할 수
있는 기회를 제공받아야 한다는 것이다.[90]

학습에 유리한 환경은 고유효성 맥락을 만드는 분명한 인과
관계의 패턴을 가져야 한다. 가령, 체스 게임에서는 피드백이
분명하고 즉각적이다. 어떤 수를 두면 효과적인지, 아니면 실
수인지 바로 알 수 있다. 체스 실력을 진지하게 키우고 싶다면
앞으로 써먹을 수 있도록 해당 수와 그 결과를 머릿속 데이터
베이스에 추가해야 한다. 반면 주식시장은 훨씬 학습하기 어려
운 환경이다. 모든 결정의 결과가 수많은 외부 요소의 영향을
받기 때문이다. 거기에는 쉽게 얻기 어려운 기업 관련 통찰과

---

*   사실 전문적 판단력은 단지 특정 영역에 관한 정보를 인식하는 능력에 불과하다. 가
    령 체스 고수들은 게임에서 쓸 수 있는 수많은 수를 연구하며, 빠른 상기recall를 통해
    해당 정보에 접근할 수 있다. 그들은 일반인보다 더 나은 포괄적 기억력을 갖고 있
    지 않다. 그냥 체스를 둘 때 활용할 수 있는 특정한 기억을 연마했을 뿐이다. 체이스
    Chase와 사이먼Simon의 연구(1973) 결과는 이 문제와 관련해 자주 인용된다. 거기에 따
    르면 체스 말들을 무작위로 배치하는 경우, 체스 마스터라 해도 아마추어 플레이어보
    다 게임 내용을 더 잘 상기하지 못한다. 반면 체스 말들을 실제 게임과 같은 구도로
    배치하면 체스 마스터가 훨씬 더 나은 능력을 보여준다. 즉, 전문가들은 흔한 구도의
    목록을 장기 기억에 보관하고 있다. 그래서 대개는 정확하고도 빠른 반응을 보일 수
    있다. 그런 모습은 막 상황을 파악해가는 초보들을 감탄하게 만든다. 참고 자료: William
    G. Chase and Herbert A. Simon, "Perception in Chess," *Cognitive Psychology*
    4, no. 1(1973. 1): 55 – 81, https://doi.org/10.1016/0010 – 0285(73)90004 – 2.

주식을 거래하는 다른 모든 사람의 감정 상태가 포함된다. 그래서 어떤 패턴의 결과로 보이는 것이 사실은 그저 무작위적인 변동일 수도 있다.

전문가의 학습 환경이 갖춰야 할 두 번째 핵심 요소는 반복적인 시도를 하고, 시기적절하면서도 정확한 피드백을 받을 수 있는 기회다.

대학 입학 사정관들은 몇 년 동안 결과(졸업률이나 경력 측면의 성공 여부)를 확인할 수 없는 결정을 내린다. 이 점은 지원 단계에서 핵심 패턴을 파악하기 어렵게 만든다. 즉, 전문적 직관을 개발할 기회가 적다. 한 연구 결과는 이런 현실을 반영한다. 해당 연구는 대학 신입생들의 학점을 예측하려고 시도했다. 그 결과, 알고리듬이 사정관들보다 거의 80퍼센트나 더 높은 성과를 올렸다. 이 척도로 보면 그들은 전문가와 거리가 멀다.[91] 또 다른 연구 결과에 따르면, 방사선 전문의는 다른 전문의들보다 예측 능력이 떨어지는 경향이 있다. 그 이유는 화면에 보이는 어두운 부분이 실제 암 덩어리인지 파악하는 데 훨씬 오랜 시간이 걸리기 때문이다. 반면 마취 전문의는 수술하는 동안 환자의 활력 징후vital sign에 대한 피드백을 바로 얻을 수 있다. 그래서 즉각 용량을 조절해 성공률을 크게 높일 수 있다.[92]

팀 구축은 주식 투자, 대학 입학, 영상의학과 많이 비슷하다. 즉, 본질적으로 피드백의 정확도와 빈도가 낮은 저유효성 환경이다. 다시 말해, 이 영역에서는 전문적 직관을 개발하는 게 거의 불가능하다.

벤 호로위츠는 스타트업 창업자들을 위한 바이블인《하드씽 The Hard Thing About Hard Things》에서 이렇게 썼다. "하이테크 기업을 구축하기 위한 비법은 없다. 사람들을 이끌어 곤경에서 벗어나게 하는 비법은 없다. 사업이 엉망이 됐을 때 팀에 동기를 부여하기 위한 비법은 없다. 그래서 어려운 일이 어려운 것이다. 거기에 대응하는 공식은 없다."[93]

창업자의 여정이 혼란스럽고, 고통스럽고, 에둘러 가는 것처럼 느껴지는 이유가 여기에 있다. 창업자들은 심리학자 엠레 소예르Emre Soyer와 로빈 호가스Robin Hogarth가 말한 '고약한wicked' 학습 환경에서 일한다.[94] 이런 환경에는 인식 가능한 패턴과 정확하고 시기적절한 피드백 고리가 없다. 반면 친절한 학습 환경에서는 경험을 통해 훨씬 쉽게 학습할 수 있다.

모닥불 타임은 스타트업의 일상적 활동 영역이 단순한 방정식이 없는 고약한 학습 환경임을 가르치도록 설계되었다. 스타트업 팀은 자신의 경험이 보편적 교훈을 제공한다고 가정할 수 없다. 대신 호기심을 갖고, 답을 모른다는 가정하에 인간관계 문제에 접근해야 한다. 다른 한편, 우리의 워크숍에서 제공하는 양질의 피드백은 보다 친절한 학습 환경을 구축하는 데 도움을 준다.

도가니의 순간을 만드는 엔지니어

또 다른 경로는 우리를 워런 베니스Warren Bennis에게로 이끌었다. 그는 리더십 연구의 선구자로 폭넓게 인정받는 학자다. 수십 년에 걸친 그의 연구는 기업계가 전쟁 영웅을 뛰어난 리더십의 표본으로 보는 시각에서 더 인간적이고, 덜 위계적이며, 보다 적응성이 뛰어난 모형으로 나아가는 데 도움을 주었다.[95] 베니스는 이런 시각 전환을 "마초에서 마에스트로로"라고 불렀다.[96] 그는 하버드, UCLA, USC 같은 주요 대학에서 학생들을 가르쳤다. 또한 뛰어난 리더가 다른 리더들과 다른 점은 무엇인가, 그들은 타고나는가 아니면 만들어지는가, 어떤 형성의 순간들이 그들을 진정한 리더십의 길로 인도할까 같은 질문을 탐구하는 약 30권의 책을 썼다.

베니스는 고고학자의 접근법을 통해 유명한 리더들의 내면 세계를 탐구했다. 즉, 그들의 인생 이야기를 발굴해 어떤 패턴이 있는지 살폈다. 그가 확인한 바에 따르면 모든 뛰어난 리더는 "그들을 변화시키고 특별한 리더십 능력의 원천이 된 강렬하고, 흔히 트라우마를 안기며, 항상 예기치 않은 경험"을 겪었다.[97] 그는 이런 경험을 중세 연금술사들이 일반 금속으로부터 황금을 만들던 그릇인 '도가니crucible'라 불렀다.

일부 도가니의 순간은 시험이나 죽을 지경까지 내몰리는 시련 또는 삶을 위협하는 사건의 형태를 띤다. 그보다 덜 극적인 형태도 있다. 자기 회의와 미세 차별microaggression에 시달리거나 인지부조화를 초래하는 데이터를 발견하는 것 등이 그렇다. 모든 도가니의 순간은 베니스가 조사한 모든 리더를 깊은 자기 성찰로 이끌었다. 그들은 자신의 가치관이나 정체성 또는 세계관에 대한 가정에 의문을 품었다. 그 결과 한층 강한 자신감과 명확한 목적의식을 지니게 되었다.

하지만 베니스가 확인한 바에 따르면 도가니의 순간만으로는 충분치 않았다. 뛰어난 리더는 고통스러운 경험을 헤쳐나가며, 결국에는 그것을 재구성해 앞으로 나아가는 발판으로 삼았다. 가령 한 창업자는 처음에 자신의 출신 국가가 핸디캡이라 여겼다. 그는 양질의 교육을 받지 못했고, 부자 인맥을 쌓을 기회를 얻지 못했으며, 자신이 영어 방언을 쓰는 걸 부끄러워했다. 그러다가 나중에는 이 모든 것에 대한 열등감 때문에 다른 사람들보다 더 열심히 노력하게 되었다는 사실을 깨달았다.

모닥불 타임은 이 모든 사실을 염두에 두고 불편하면서도 흔히 거슬리는 경험들, 즉 도가니의 순간이 되도록 주문형으로 설계되었다. 또한 베니스가 밝힌 리더십 방정식을 완성하기 위해, 팀원들이 자신을 성찰하고 지금까지 그들의 여정에서 겪은 최악의 순간을 재구성하는 공간을 만들었다.

우리는 모닥불 타임이 하루 종일 가르치기만 하는 워크숍이 되기를 원치 않았다. 참가자들이 수동적으로 듣기만 하는 학생이어서는 안 되었다. 우리가 추구한 변화의 계기는 동요disturbance였다. 동요는 참가자들에게 자신이 어떻게 팀을 이끌었고, 어떻게 일했는지 근본적으로 재고할 기회를 주었다. 그러면 똑똑하고 의욕적인 사람들은 어떤 전문가의 도움 없이도 어떻게 변해야 할지 직관적으로 알았다.

우리의 워크숍에서는 이런 메커니즘이 하루 종일 작동한다. 우리는 질이 높으면서도 흔히 깨달음을 안기는 피드백을 제공하도록 워크숍 과정을 설계했다. 그 목적은 팀원들의 서로 다른 점과 비슷한 점을 보여주고, 팀원들이 서로에 대해 가진 묵시적 기대를 드러내는 것이었다. 우리는 자기 회의와 극복 방식을 안전하게 공유할 수 있는 구조적인 공간을 만들었다.

심리적 안전감 조성하기

도가니의 순간을 창출하는 것이 목적이라면 참가자들에게 심리적 안전감을 안기는 환경을 조성하는 일이 무엇보다 중요하다.

워크숍 과정은 참가자들에게 마음을 그냥 여는 것이 아니라 활짝 열도록 요구한다. 그들은 자신의 난관, 약점, 좌절 그리고 새롭게 발견한 숨겨진 간극을 공유해야 한다. 또한 자기 회의에 대해서, 어떻게 그것을 숨기는지에 대해서 이야기해야 한다. 이는 대단히 개인적인 문제로서 상담사나 아주 가까운 친구에게나 털어놓는 것이다. 따라서 동료들 앞에서 그런 것들을 공개할 수 있으려면 반드시 심리적 안전감을 조성해야 한다.

일과를 시작하기 전에 워크숍에서 털어놓는 모든 말은 적대적이거나 방어적인 태도가 아니라, 공감하고 감사하는 마음으로 받아들여질 것임을 확신시켜야 한다. 어떤 말도 공격의 빌미로 이용되지 않을 것임을 믿게 만들어야 한다. 또한 자신의 약점을 인정하거나 회사의 일에 의문을 제기한다고 해서 공공연하게 또는 은근하게 대가를 치르는 일은 없을 것임을 확신시켜야 한다.

팀이 이미 내부 갈등의 징조를 보인다고 해도 여전히 한데 모이는 일은 가능하다. 또한 강력한 진행자의 도움 아래 심리적 안전감을 안기는 모닥불 타임을 나눌 수 있다. 다음은 우리가 진행자로서 심리적 안전감을 조성하기 위해 활용한 효과적인 전략이다.

- **사전 만남을 가져라** 진행자는 워크숍 전에 각 팀원을 일대일로 만나야 한다. 다 만나기에는 인원이 너무 많다면 말다툼을 일으키거나, 적대적 분위기를 만들거나, 안전감을 느끼지 못할 가능성이 높아 보이는 팀원들을 중점적으로 만나라. 그들의 말을 경청하면서 워크숍 전에 신뢰를 구축하라. 그렇게 공감대를 형성하면 중립적이고 편향 없는 가이드로서 당신을 신뢰할 것이다.
- **성과에 대한 압박을 줄여라** 일부 주제는 불쾌하고 까다로워서 쉬운 해결책이 없다는 사실을 인정하라. 쉽게 답할 수 없는 질문도 제기될 것임을 알려라. 이 어려운 문제들은 모두가 최선의 아이디어를 내고 열의를 쏟아야 해결할 수

있으며, 누구의 발언과 질문도 재단되지 않을 것임을 강조하라.

- **팀이 공통점을 찾도록 도와라** 모두가 팀의 역학을 개선하려는 마음이 있음을 보여주는 것이 이상적이다. 사전 일대일 만남에서 팀이 직면한 문제에 대처하려는 의욕이 어느 정도인지 파악하라. 워크숍 동안에는 갈등의 원천으로 보이는 사람을 비롯해 모두가 좋은 의도로 참석했음을 밝혀라. 가령 "오늘 적대적이고 방어적인 모습이 많이 나올 거라서 조금 긴장되네요. 하지만 우리가 다 함께 노력해서 좋은 해결책을 찾을 것이라고 믿습니다"라는 식으로 말하라. 그다음 모두에게 오늘의 대화가 얼마나 까다로울지 1점에서 10점까지 점수를 매겨보라고 요청하라. 또한 팀을 더 강하게 만들기 위해 얼마나 열심히 노력할 것인지도 같은 척도로 표현하라고 요청하라. 모든 참가자가 비슷한 마음가짐을 가졌음을 보여주면 어색하고 긴장된 분위기를 완화하는 데 도움이 된다.

- **질문을 던져서 호기심을 갖는 모범을 보여라** 그 자리에서 가장 무지한 사람이 되어라. 모호한 얘기를 하는 사람에게 무슨 말인지 설명해달라고 요청하라. "우리는 제때에 양질의 코드code를 만들어내지 못해요"라는 식으로 두루뭉술하게 밀하는 사람이 있으면 사례를 제시해달라고 요청하라. 다른 사람이 방금 한 말을 나름대로 정리하고 "제가 제대로 이해한 건가요?"라고 물어라. 누군가를 탓하는 말투가 감

지되면 "OO 때문이라고 말하는 것 같은데 맞나요?"라거나, "본인도 이 문제에 책임이 있다고 생각하는지 궁금하네요"라고 순진한 척 질문을 던져라.

- **자만심을 앞세운 반발이 나오면 유도 고수처럼 대응하라** "지금까지 15개 제품을 출시한 사람으로서 말하는데, 그렇게 하는 게 아니에요"라거나 "와튼 스쿨을 수석 졸업한 제 말이 맞아요" 같은 발언에서 언제나 자만심의 낌새를 포착할 수 있다. 이런 발언은 내면의 불안을 드러낸다. 즉, 위협감에 대한 반작용으로서 자신의 힘을 내세우는 것이다. 위협감을 느끼면 경청하거나 생산적으로 참여하기 어렵다. 이런 경우에는 말을 막거나 정면으로 문제를 제기하지 말라. 대신 그들의 성향을 역이용하라. 그들의 경험과 관점에 대해 더 이야기해달라고 요청하라. 그다음 사소한 것이라도 동의하는 부분을 알려줘. 그들이 느끼는 위협감을 낮춰서 긴장을 완화하고, 부드럽게 대화의 장으로 끌어들여라.

- **'부모의 화법**parent voice**'에 주의하라** 부모의 화법은 문화권마다 정의가 다르다. 그래서 확고하면서도 다정하거나, 좀 더 거칠고 권위주의적일 수 있다. 어느 쪽이든 자신이 자녀에게 말하는 것처럼 참가자들에게 말하고 있다고 느껴지거나, 당신을 타이르던 부모처럼 말하고 있다고 느껴진다면 그러지 않기 위해 노력해야 한다. 당신의 역할은 인지 심리학자 앨리슨 킹Alison King이 말한 "무대 위의 현자"가

아니라 "곁에 있는 가이드"임을 명심하라.[98] 참가자들이 문제 해결이나 신속한 대답 또는 교착상태에서 벗어날 길을 찾기 위해 당신에게 의존하도록 놔두지 말라. 진행자가 다 알아서 해주는 독단적인 부모 역할을 맡으면 일부 참가자는 거기에 호응해 무력한 상태로 퇴행한다.

우리의 4가지 핵심 원칙

우리의 워크숍은 야심 찬 목표와 강한 심리적 부담을 수반한다. 우리는 이를 염두에 두고 인지과학 및 행동과학, 리더십, 조직행동학 분야의 주요 연구 결과를 참고했다. 그 결과 모닥불 타임을 위한 4가지 핵심 원칙을 개발했다.

1. **자랑 및 가식 금지** 이것은 우리의 워크숍에 적용되는 첫 번째 규칙이다. 참가자는 화려한 학위나 최고 직위 또는 지금까지 자신의 스타트업이 얼마나 성공했는지에 대해 이야기해서는 안 된다. 우리는 당신과 당신의 팀이 직면한 고통스러운 난관에 대한 솔직하고 노골적인 이야기를 원한다. 우리는 전술적 기술(가령 프레젠테이션 자료 만드는 법)에 시간을 낭비하지 않는다. 대신 같이 일하는 사람들끼리 체계적인 피드백을 나누는 데 집중한다. 그러면 팀원으로서 자신이 어떻게 행동하는지, 자신의 맹점은 무엇인지에 대해 명확한 통찰

을 얻을 수 있다. 투자자들을 워크숍에 참석시키지 않는 이유가 여기에 있다. 그래야 팀원들이 투자자 앞에서 나쁜 모습을 보일까 걱정하지 않는다.

2. 다양한 관점 우리는 팀원들이 서로의 말을 끝까지 잘 듣고 일이나 팀에 대한 관점을 공유할 기회를 제공한다. 리더들은 이런 말을 듣는 일이 드물다. 신선한 의견은 자신의 생각을 재고할 기회를 제공한다. 참가자들은 잠재적 실패 시나리오와 그 위험을 완화할 방법에 대해 이야기한다. 또한 하루 종일 팀 내의 숨겨진 부정합misalignment을 드러내고 미래에 벌어질 갈등을 예측하는 시간을 가질 것이다. 이 과정은 소량의 갈등에 낮은 위험으로 노출되어 미래의 중대한 갈등에 대해 면역력을 제공하는 백신과 같다.

3. 비가시적 문제의 가시화 우리의 워크숍은 비가시적 개념, 좌절, 욕구, 의견 차이를 분석적이고 객관적인 방식으로 살필 수 있는 문제로 바꿔준다. 이는 골절(묘사하기 어려운 비가시적 문제)에 따른 고통을 느끼는 것과 엑스레이 사진(명확하게 묘사할 수 있는 가시적 문제)을 살피는 것의 차이를 만든다. 추상적인 문제를 구체적인 문제로 바꾸면 팀이 직면한 난관을 생산적으로 돌파하는 일이 훨씬 쉬워진다.

4. 감속 워크숍의 일과는 정신없는 평소 일과보다 느리게 느

꺼진다. 이는 의도적인 것이다. 다만 속도가 느리다고 해서 더 수월한 것은 아니다. 과제는 단순해 보일지 모른다. 그러나 우리의 워크숍을 경험한 많은 사람이 힘들었다고 말한다. 그래도 걱정하지 말라. 우리는 참가자들이 안전하고 보람찬 경험을 하도록 워크숍을 기획했다.

팀에 올바른 마음가짐 심어주기

우리는 지금까지 수천 명을 대상으로 모닥불 타임 워크숍을 진행했다. 그 과정에서 넘치는 의욕부터 노골적인 적대까지 참가자들의 온갖 태도를 접했다. 다음은 빨리 포착해서 대응하지 않으면 문제를 일으킬 수 있는 태도이다.

1. 놀러온 듯한 태도 하루 동안 일하지 않아도 된다고 행복해하는 참가자들에게서 주로 발견되는 태도다. 그들은 워크숍을 느긋하게 휴식을 취할 기회로 본다. 그들의 몸은 워크숍 행사장에 있지만 마음은 콩밭에 가 있다. 그래도 그럴 만한 사정이 있을 것이라고 생각해줘야 한다. 어쩌면 그들은 중대한 이정표에 도달하기 위해 얼마 전까지 정말로 힘든 시간을 보냈을지도 모른다. 다만, 공감은 하되 워크숍의 중요성을 각인시켜야 한다. 워크숍은 노는 자리가 아니다. 어쩌면 일상적인 업무보다 더 어려운 진지한 작업을 하는 자리다.

그래도 참가자들이 진지하게 임하지 않으면 휴식 시간에 따로 불러서 얼마나 의욕이 있는지 확인하라. 워크숍에 충실히 임하는 데 필요한 것이 무엇인지 물어보라.

2. 틈만 나면 빠지려는 태도 휴식 시간이 끝날 때마다 늦게 돌아오고, 들키지 않을 거라 생각할 때마다 휴대폰을 들여다보고, '정말 금방 끝낼 수 있는 정말 중요한' 통화라며 잠시만 나가게 해달라는 참가자들이 보이는 태도다. 이런 참가자가 여럿 있는 경우, 워크숍에 진지하게 임하도록 사전 교육하는 것에 더해 휴식 시간을 길게 줄 수도 있다. 그래야 일에 지나치게 몰입하는 참가자들이 성가신 문자메시지나 이메일 또는 보이스 메일에 답할 수 있다. 또는 이런 태도를 보이는 사람들을 따로 불러서 무엇에 정신이 팔렸는지 물어보고, 워크숍의 중요성과 혜택을 상기시킬 수도 있다.

3. 과도하게 비판적인 태도 참가자들이 이해할 수 없는 워크숍의 모든 측면에 의문을 제기할 만큼 열성적으로 참여하는 것은 좋다. 그러나 워크숍 과정에서 나오는 특정한 생각이나 감정에 의문을 제기하는 수준을 넘어서 과도하게 비판적인 태도를 보이는 참가자들이 있다. 그들은 워크숍의 전제 자체에 반발하면서 진행을 방해한다. 또 사소한 세부 사항을 걸고넘어지면서 시간을 낭비한다. 이런 태도를 드러내는 사람이 있으면 휴식 시간에 따로 불러서 왜 워크숍에 적대적인

지 물어보라. 그들이 짜증을 토로하도록 허용하라. 가능하다면 그들의 타당한 반박을 존중해 진행 방식을 조금 바꾸겠다고 제안하라. "이렇게 하면 열심히 참여하실 건가요?"라고 물어서 절충안을 찾아라.

한 번은 일부 활동 시간에 자리를 비우고 다른 활동 시간에는 과도하게 비판적인 태도로 일관하는 참가자를 만난 적이 있다. 여러 스타트업에 속한 40명이 한자리에 모인 대규모 워크숍이었다. 그는 워크숍 직전에 생긴 갑작스러운 변동 사항 때문에 우리의 권고와 달리 공동 창업자들 없이 혼자 참석했다. 문제는 그가 자주 분위기를 흐린다는 것이었다. 그는 "전여기서 배울 게 없지만 혹시 조언이 필요한 사람이 있으면 기꺼이 해드릴게요"라는 식으로 말했다. 급기야 휴식 시간에 우리를 찾아오더니 이런저런 이유를 늘어놓으며 끝까지 참석하고 싶지 않다는 말까지 했다.

우리는 그의 말을 다 들은 후 중간에 떠나는 게 시간을 낭비하지 않는 길이라는 데 동의했다. 그 편이 다른 참가자들에게도 더 나았다. 겉으로 보면 그의 피드백은 유용한 것 같았다. 어쩌면 우리가 참가 요건을 더 명확하게 제시하고, 준비를 더 잘 시켰어야 했는지도 몰랐다. 그러나 나중에 알고 보니 그의 부정적인 태도는 사실 우리의 워크숍과 아무 관계가 없었다. 그는 근래에 팀원들로부터 통렬한 피드백을 받았고, 주초에는 공동 창업자 중 1명이 거칠고 격렬한 말다툼 후에 회사를 그만둔 상태였다.

이 이야기의 교훈은 사람들이 어떤 시련을 겪고 있는지 알수 없는 경우가 있다는 것이다. 그들이 워크숍에서 보이는 모습은 그저 시련을 극복하는 방식일지도 모른다. 그러니 가능하면 그럴 만한 사정이 있을 것이라고 생각하라. 무능한 진행자라고 자신을 탓하지 말라. 또 다른 교훈도 있다. 진행자로서 당신의 책임은 전체 참가자가 좋은 경험을 하도록 만드는 것이다. 고전하는 참가자에게 공감하는 것은 좋지만 다른 모든 참가자를 희생시키지 말아야 한다.

이제 본격적으로 모닥불 타임을 기획하는 데 필요한 기본적인 지침을 얻었다. 당신이 진행을 맡을 것이라면 진행자 지침서(부록 2)를 참고하라. 거기에는 4주 전부터 일찍 준비해야 할 일들을 담은 자세한 체크리스트가 있다.

4개의 구간을 보다 깊이 파고들기 전에 직접 기획한 모닥불 타임을 진행하는 실제 팀의 사례를 살펴보자.

모닥불 타임의
실제 프로세스

실제로 워크숍이 열리고 있는 행사장 안으로 여러분을 초대한다. 이제 여러분은 매우 전형적인 스타트업 팀이 가장 힘든 난관에 대응하기 위해 우리의 프로세스를 밟아나가는 모습을 볼 수 있다. 그 과정에서 커다란 장애물에 부딪힌 이 팀이 모닥불 타임을 통해 중요한 깨달음을 얻고 앞으로 나아가는 양상을 확인하게 될 것이다. 익명성을 기하기 위해 이름 및 신원 관련 사항은 변경했다. 그러나 기본적인 내용은 실제로 워크숍에 참가한 스타트업의 이야기다.

워크숍에 참가한 모든 팀이 여기서 사례로 든 팀과 같은 수준의 기능장애를 겪는 것은 아니다. 대부분 그런 문제가 걷잡을 수 없을 정도로 심해지기 전에 워크숍을 진행한다. 이 사례를 따로 소개하는 이유는 우리의 워크숍이 모든 팀에 유용하다는 것을 보여주기 위해서다. 최악의 고비까지 몰린 팀이라 해도 말이다.

이 워크숍의 진행자는 제이컵Jacob이다. 그는 뒤에서 설명할 지침을 통해 워크숍 진행 방법을 배웠다. 또 이전에 여러 번 워크숍을 진행한 적이 있어 실전 경험도 있다. 그렇더라도 그의 제다이 마스터Jedi Master(영화〈스타워즈〉의 등장인물. 여기서는 특정 분야의 전문가를 지칭-옮긴이)같은 기술에 위축되지는 말라. 당신도 이 책을 통해 그런 경지에 오를 수 있다. 우리는 그 과정을 레고 세트를 맞추듯 쉽게 만들어줄 것이다. 노력과 집중이 필요하지만 단계별 지침을 따르면 결국에는 탄탄한 실력을 갖출 수 있다.

금요일 오전 9시, 5명이 쿠알라룸푸르에 있는 한 고급 주택의 넓은 거실에 앉아 있다. 그중 4명은 애그리테크 스타트업인 피스크Fisk의 임원이다. 피스크는 양어장의 수확량을 극대화하고 낭비를 최소화하기 위한 스마트 기기를 제작한다. 또한 말레이시아의 식량 안보를 개선하겠다는 목표와 더불어 향후 태국, 베트남, 인도네시아, 필리핀 등지로 사업 영역을 확장한다는 목표를 추구하고 있다.

존Jon(CEO)과 미구엘Miguel(CTO)은 함께 피스크를 창업했으며, 현재 20대 후반이다. 그들은 대학 동창으로서 대학 졸업 후 각자 다른 글로벌 기술 기업에서 경력을 시작했다. 저녁과 주

말을 이용해 창업을 준비하던 그들은 초기 투자를 받아 회사를 그만두고 창업에 전념하기로 결정했다.

지난 몇 달 동안 미구엘은 쓸 만한 엔지니어를 채용하는 데 애를 먹었다. 그래서 인력 결손을 벌충하기 위해 말도 안 되는 시간 동안 일했는데도 얼마 전에 출시 기한을 넘기고 말았다. 투자자들은 인내심을 잃었고, 존은 궁지에 몰렸다. 미구엘은 존이 투자자들과 사적으로 이야기할 때 자신을 변호하는 게 아니라 욕할지도 모른다고 생각했다.

한편, 존은 추가 수입을 올리고 실패에 대비하기 위해 몰래 컨설팅 부업을 하고 있었다. 그 사실을 알게 된 미구엘은 너무나 섭섭했다. 쉴 새 없이 일하는 자신과 달리 존은 CEO로서 일에 전념하지도 않는데, 왜 지분을 50 대 50으로 나눠야 하는지 이해할 수 없었다.

테크크런치TechCrunch(기술 산업 관련 뉴스를 다루는 온라인 출판사-옮긴이)가 둘 중 한 명과 인터뷰를 하고 싶다고 요청했을 때, 긴장이 더욱 고조되었다. 존은 빡빡한 기한을 맞추려 애쓰는 미구엘을 동참시키려는 노력조차 하지 않고 자신이 기회를 움켜잡았다. 미구엘은 존이 모든 공을 독차지하고 있으며, 자신은 투명 인간이 되어간다고 느꼈다. 그는 이 모든 일들에 대해 존에게 직접 따진 적이 한 번도 없었다. 그러나 그런 섭섭한 마음이 근래 둘 사이의 모든 소통에 영향을 미치고 있었다.

겨우 억누른 창업자들 사이의 긴장은 워크숍에 참석한 2명의 다른 팀원, 파라Farah(운영 담당 부사장)와 켈리Kelly(영업 및 마케팅 담당 부사장)에게도 스트레스를 주었다. 이 둘은 20대 중반으로 가장 먼저 피스크에 채용된 사람들이었다. 그들이 미구엘과 가진 중간 점검 회의는 그의 불만을 토로하는 자리로 변질되었다. 그들은 어느 한쪽을 편들지 않으려 애썼다. 그럼에도 두 창업자 사이에 벌어진 냉전의 불똥이 자신들에게 튀는 것에 싫증이 난 상태였다.

5번째 참가자는 피스크에서 일하지 않는 제이컵이었다. 40대 중반의 성공적인 기업인으로서 자원봉사 자문으로 일하던 그는 자신이 멘토로 있는 지역 스타트업 액셀러레이터에서 존과 미구엘을 만났다. 그는 몇 달 동안 고전하는 두 사람을 도와준 후 모닥불 타임 워크숍을 제안했다. 제이컵은 구글의 스타트업 액셀러레이터 프로그램에서 모닥불 타임을 직접 경험했으며, 그 과정을 이끈 적도 여러 번 있었다. 그가 피스크 창업팀을 집으로 초대했고, 이제 그곳에 모두가 앉아 있다.

제이컵은 이전에 피스크 창업팀과 나눈 대화를 통해 그들이 18개월 동안 고생을 꽤 했으며, 현재는 총 15명이 일하고 있다는 사실을 알고 있었다. 초기 기술 테스트는 잘 진행되었다. 그러나 직원들의 사기가 낮고 계속 저하되는 중이었다. 사무실에서는 뒷담화와 불평불만이 생산적인 대화를 밀어내고, 여러 명이 퇴사를 고려하고 있었다.

미구엘은 제이컵과 상담하는 자리에서 "제가 CEO를 맡았어야 했어요"라고 작은 목소리로 말한 적이 있었다. 다른 한편, 존은 제이컵에게 미구엘이 부당하고 불합리한 태도를 보인다며 이렇게 불평했다. "저는 기술 전문가가 아니라 MBA 출신이에요. 신입 엔지니어를 뽑거나 엔지니어링 문제를 해결하는 법을 몰라요. 그건 CTO가 해야 할 일이죠. 게다가 투자자들은 제가 무슨 말을 해도 여전히 화를 내기만 해요!"

제이컵은 누구의 말에도 동의하지 않았다. 대신 하루 동안 시간을 내서 워크숍을 갖자고 제안했다. 두 사람은 회의적인 태도를 보였지만, 그래도 제이컵의 판단력을 믿었다. 파라와 켈리는 비참한 상황을 개선할 수 있다면 무엇이든 환영이었다.

제이컵은 전문 진행자가 아닌 기업인이었다. 상담사는 더욱 아니었다. 그래도 그에게는 우리가 제공한 진행자 지침서가 있었다. 그는 하루 종일 워크숍을 진행하면 피스크 창업팀에 절실히 필요한 허심탄회한 대화를 이끌어낼 수 있을 거라고 자신했다.

1타임 : 냉엄한 현실을 직시한다

5명은 테이블 없이 둥글게 배치된 의자에 앉아 있다. 제이컵은 진행자로서 기본 규칙과 1타임의 절차를 간략하게 설명하면서 워크숍을 시작한다. 벌써 긴장감이 고조된다.

제이컵은 이렇게 말한다. "여러분은 지금까지 같이 대단한 일들을 이루었습니다. 하지만 다들 지친 게 눈에 보여요. 모두가 저한테 그만두는 걸 고려하고 있다고 말했죠. 그렇게 극단적인 행동에 나서기 전에 지금까지 여러분이 이룬 모든 성과를 생각해보세요. 잠시 뿌듯함을 느껴보세요. 여러분에게 다시 나아갈 의지가 있다면, 오늘 제가 힘들지만 생산적인 대화가 이루어지도록 도와드리겠습니다. 쉽지 않겠지만 그게 회사를 살리는 길이에요."

참가자들은 다들 제이컵을 신뢰하기 때문에 고개를 끄덕인다. 제이컵은 지난 한 주 동안 그들 각자와 따로 시간을 보냈다. 그래서 그들의 개인적 관점을 파악하고 있다. 참자가들은 그가 팀이 곤경에서 벗어나도록 돕는 과정에서 대화의 세부 내용을 혼자만 알고 있을 것이라고 믿는다.

워크숍의 일과는 지금까지 그들이 피스크에서 얼마나 각자의 역할을 효과적으로 수행했는지 돌아보는 시간으로 시작된다. 제이컵은 휴대폰을 꺼내서(하루 중 유일하게 휴대폰 사용이 허용되는 때) 자기 평가를 실시하도록 요청한다. 이 자기 평가는 전 세계에서 수백 명의 창업자를 대상으로 진행한 연구 결과에 기반한 것으로, 30여 개의 질문을 담고 있다. 참가자들은 질문에 답하는 동안 자신을 솔직한 눈으로 바라보게 된다. 그 중에는 팀에서 해야 할 일에 대한 기준이 지나치게 높다고 생각하는 사람도 있고, 일을 잘하는 게 어떤 것인지 마침내 가시적이고 체계적인 방식으로 이해하게 되어서 안도하는 사람도 있다.

제이컵은 그들에게 자신을 성찰하고 평가할 시간을 준다. 4명의 동료들은 각자 거실 구석으로 간다.

존은 질문에 답하는 과정에서 동요하는 모습을 보인다. 그는 밖으로 나가 잠시 서성거린다. 자신이 많은 부분에서 기준에 미달한다는 사실을 깨달았기 때문이다. 거기에는 "사람들을 북돋는 방식으로 이끈다" "새로운 아이디어나 프로젝트에 한눈을 팔지 않는다" "당사자와 서로의 이견에 대해 터놓고 이야기하는 방식으로 갈등을 해결하려 노력한다" "중대한 난관이나 실패에 낙담하지 않는다" 같은 항목도 있다.

긴 질문의 끝에는 결과를 요약한 내용이 나온다. 존의 얼굴이 고통스럽게 일그러진다. 그는 명백히 동료들로부터 육체적, 정신적으로 동떨어져 있었다. 아니, 아예 없는 존재나 마찬가지였다. 그는 사업에 대한 자신감을 잃는 바람에 CEO로서 해야 할 많은 일을 제대로 하지 못했다는 사실을 깨닫기 시작한다. 어쩌면 그런 자신의 모습이 팀의 사기를 떨어트렸는지도 모른다.

약 10분 동안 자기 평가를 마친 후, 참가자들은 다시 둥글게 모여 앉는다. 그들은 좀처럼 눈을 마주치지 못한다. 각자 자신의 취약성에 대한 인식과 실망, 자기 비난, 방어적 태도가 뒤섞인 감정과 더불어 문제를 바로잡을 수 있다는 희망을 느낀다.

제이컵은 각자 하나(오직 하나)의 영역만 개선할 기회를 가질 것이라고 설명한다. 그들은 이미 인식하고 있지만 개선하기 어려워서 특히 좌절하는 문제를 선택할 수도 있고, 이전에는 한 번도 깨닫지 못했던 문제를 선택할 수도 있다. 그다음 단계는 '동료 코칭peer coaching'이라고 부른다. 모두가 협력자나 경쟁자가 아닌 동료로서 하나가 되기 때문이다. 그들은 서로가 각자 깨달은 바를 돌아보도록 도와줄 것이다. 제이컵은 한 명씩 돌아가며 질문을 던지고, 공감하며 듣고, 해결책을 모색하도록 북돋는다.

존이 자기가 먼저 20분에 걸친 코칭을 받겠다고 자원한다. 제이컵은 첫 번째 질문을 읽는다. "오늘 어떤 부분을 개선하고 싶습니까?"

존이 심호흡을 한 후 말한다. "근래에 CEO로서 부족한 점이 있었다는 걸 깨달았습니다. 그동안 팀원들이 저를 만나서 결정을 받아내기가 어려웠습니다. 이전보다 의욕이 떨어져서 그랬던 것 같습니다."

제이컵이 바로 뒤이어 묻는다. "그 문제를 언급해줘서 고마워요. 다만 확실히 해두고 싶은데, 그 문제에 20분을 쓸 건가요?"

존이 말한다. "네. 저한테는 중요한 문제예요. 정직하지 않은 건 싫거든요. 저는 여전히 우리의 사명이 지닌 가치를 믿습니다. 하지만 우리가 스스로 정한 기한에 짓눌린 기분이 들어요. 좋은 엔지니어를 뽑는 일도 너무 힘듭니다. 미구엘, 난 네가 최선을 다하고 있다는 걸 알아. 하지만 사업을 말레이시아에서 한 게 실수 아닐까? 어쩌면 싱가포르에서 시작했어야 하지 않을까?"

제이컵이 경로를 유지하기 위해 다시 끼어든다. "잠깐만요. 아직 해결책을 찾고 있는 건 아니에요. 우선 당신의 목표를 이해해야 해요. 당신이 팀원들을 대상으로 노력하고자 하는 점은 무엇인가요? 한 문장으로 답해주세요."

존은 잠시 생각한 후 "우리의 사명에 대한 강한 믿음을 팀원들에게 보여주는 방법을 알고 싶어요"라고 말한다. 이 답변에 만족한 제이컵은 두 번째 질문을 읽는다. "지금까지 어떤 노력을 했나요?"

이 질문을 받고 존이 횡설수설하기 시작한다. 그는 전체 회의를 더 잘 준비하려 노력했고, 인원이 훨씬 적었던 초기에 자신이 팀원들을 격려하던 월요일 아침 스탠드업 회의를 재개하려 노력했다고 말한다. 또한 근래에 자신의 격려가 기강과 신뢰성에 대한 설교로 변질되어서 미안하다며 사과한다. 그러다가 갑자기 불만 많은 투자자 중 한 명인 프랜시스Francis에게 전화로 두어 번 심한 질책을 들었고, 그때 너무 속상했다고 언급한다.

미구엘은 존의 마지막 말에 짜증이 난 표정으로 "프랜시스에게 반박할 생각은 안 해봤어?"라고 묻는다. 제이컵이 다시 끼어든다. 미구엘의 질문은 허용 범위를 벗어난 것이다. 해결책으로 바로 건너뛰려 했기 때문이다. 미구엘은 미안하다며 "그럼 다시 질문할게요. 존, 프랜시스와 통화할 때 어떤 이야기를 했어?"라고 말한다.

존은 이렇게 설명한다. "출시가 지지부진한 세부적인 이유에 대해서 질책을 들었어. 난 항상 방어적인 태도를 취했던 것 같아. 미구엘, 난 네가 일에 치인다는 건 알아. 그래서 한 번도 너를 끌어들인 적이 없어. 기술적인 문제는 네가 훨씬 잘 설명하리라는 것을 알지만 말이야."

제이컵은 세 번째 질문을 읽는다. "열린 자세로 제안을 받겠습니까?" 다들 이 질문이 이상하다고 생각한다. 당연히 누구라도 "그렇다"고 대답할 것이기 때문이다. 존은 어색한 분위기를 조금 누그러트리려는 듯 살짝 웃으며 "네!"라고 대답한다. 뒤이어 제이컵은 존에게 뒤로 돌아앉아서 지금부터 시작될 논의를 마치 이 자리에 없는 사람처럼 들어달라고 요청한다. 노트는 할 수 있지만 대화에 끼어들 수는 없다. 매우 부자연스럽게 느껴지는 방식이지만, 존은 대화에 끼어들지 못할 때 훨씬 많은 걸 흡수할 수 있다는 사실을 깨닫는다.

미구엘은 존이 투자자들에게 시달리면서도 팀을 보호했다는 사실을 몰랐다고 말한다. 그리고 자신은 언제든 기술적 측면의 현황 보고와 설명을 제공해 도울 수 있다고 덧붙인다.

켈리는 지금까지 존이 회사의 사명에 대한 믿음을 잃었다고 생각했을 뿐, 그가 얼마나 심한 압박을 받는지는 전혀 몰랐다며 이렇게 말한다. "CEO는 다른 모든 사람에게 부담을 주기만 하지 자신은 큰 부담을 지지 않는다고 생각하는 사람이 많은 것 같아요. 존이 여전히 우리의 비전에 열의를 품고 있으며, 우리가 해낼 수 있다고 믿는다는 사실을 확실하게 밝히면 사기를 높이는 데 큰 도움이 될 거예요."

파라는 이렇게 덧붙인다. "켈리 말에 동의해요. 저도 존이 우리의 사명과 우리가 도우려는 양식업자들을 별로 신경 쓰지 않는 줄 알았어요. 단지 돈만 보고 이 사업을 한다고 생각했어요. 아까 존이 열정적인 모습으로 말하는 걸 보고 정말 놀랐어요. 저는 존이 팀원들을 북돋우던 스탠드업 회의의 열기가 식은 다음 회사에 들어온 모양이에요."

이후로도 몇 마디 말이 더 오간다. 존은 계속 자세를 고쳐앉는다. 반응을 할 수 없는 게 갈수록 불편한 듯하다. 마침내 제이컵은 존에게 뒤로 돌아서 대화에 참여하라고 말한다. 그러곤 마지막 질문을 던진다. "지금까지 제시된 아이디어 중에서 향후 30일 동안 실천할 만큼 흥미로운 것은 무엇인가요?"

동료 코칭을 위한 질문들

목표 GOAL	20분 동안 어떤 문제를 다루고 싶습니까? 왜 그것이 중요한가요?
현실 REALITY	지금까지 어떤 방법을 시도했나요? 앞으로 어떤 방법을 쓸 생각인가요?
선택지 OPTIONS	(뒤로 돌아앉은 상태에서) 팀의 제안을 받고 싶습니까?
의지 WILL	지금까지 제시된 아이디어 중에서 향후 30일 동안 실천할 만큼 흥미로운 것은 무엇인가요?

1980년대에 존 휘트모어John Whitmore, 그레이엄 알렉산더Graham Alexander, 앨런 파인Alan Fine이 개발한 그로우GROW 코칭 모형에서 차용했다.

존은 앞으로는 자신이 직면하는 압력에 대해 솔직하게 털어놓겠다고 말한다. 그는 스트레스와 불안을 억누르는 것이 형편없는 전략임을 깨달았다. 어차피 자신의 태도에서 그런 기분이 명백하게 드러나며, 다들 실제보다 나쁘게 가정하기 때문이었다. 이어서 미구엘에게 앞으로는 공동 창업자로서 연합 전선을 펼칠 수 있도록 투자자와의 통화에 참여시키겠다고 말한다.

이윽고 존에게 할당된 20분이 끝난다. 켈리, 파라, 미구엘은 순서대로 자신에게 할당된 시간에 나온 피드백 중 가장 흥미로운 항목에 대해 의견을 말한다. 그렇게 동료 코칭 시간은 순식간에 지나간다.

끝으로 제이컵은 15분 휴식 시간을 알린다. 모두가 안도의 한숨을 내쉰다. 1타임은 그들 각자에게 치열한 시간이었으며, 때로는 어색하고 힘든 순간도 있었다. 그럼에도 그들은 앞으로 나아갈 길을 분명히 알게 될 거라는 희망을 얻었다.

2타임: 숨겨진 역학을 인식한다

휴식 시간이 끝나고 11시 20분이 된다. 제이컵은 존, 미구엘, 켈리, 파라가 1타임에서 겪었던 일을 여전히 속으로 되새기고 있음을 감지한다. 그는 시간이 지나면 아픔이 덜해질 거라고 안심시킨다. 그동안 2타임을 시작해야 한다.

제이컵은 유저 가이드에 대해 설명한다. 이는 갈등 요인을 예상하고 해소하는 데 활용할 수 있는 강력한 도구다. 각 팀원은 여러 장의 질문지에 답해야 한다. 그 목적은 다른 팀원들과 보다 효과적으로 일하기 위한 것이다. 답변을 완료한 질문지는 새롭고 낯선 기기를 위한 유저 가이드 같은 기능을 한다. 이런 지침서가 없으면 기기가 제대로 작동하지 않을 때 짜증 나기 쉽다. 반면 지침서가 있으면 아주 어려워 보이는 문제도 금세 해결할 수 있다.

4명은 호기심과 약간의 불안을 안고 질문지를 훑어본다. 그 사이에 제이컵은 지침서의 세 부분에 대해 설명한다. 섹션 1은 개인적 동기에 관한 것으로서 왜 이 회사에 들어왔는지, 어떤 측면에 흥미를 느꼈는지, 어떤 것을 많이 또는 조금 중시하거나 아예 신경 쓰지 않는지 등을 묻는다.

섹션 2는 업무 스타일에 관한 것으로서 어떤 강점으로 팀에 기여하는지, 어떤 부분에서 도움이 필요한지, 피드백을 제공하는 최선의 방식은 무엇인지, 선호하는 갈등 해소 방식은 무엇인지, 가장 좋아하는(그리고 가장 좋아하지 않는) 의사소통 방식은 무엇인지 등을 묻는다.

제이컵은 섹션 3이 가장 어려운 부분이라고 경고한다. 더 깊고 어두운 곳까지 파고들어서 어떤 기대를 품고 있는지 확인하기 때문이다. 그래서 자기가 맡은 역할에서 자신에 대해 어떤 기대를 하는지, 회사가 성공하는 데 어떤 기여를 하고 있는지 또는 어떤 기여를 할 계획인지, 각 팀원에 대해 어떤 기대를 하는지, 다른 팀원이 자신에게 어떤 기대를 한다고 생각하는지 등을 묻는다. 그다음에는 다른 팀원과 비교할 때 자신이 얼마나 회사에 기여한다고 생각하는지 확인한다. 우리는 이를 '개인 간 형평성interpersonal equity'이라 부른다. 개인 간 형평성 은 갈등의 주된 요인인 경우가 많다. 이와 관련된 질문은 "팀원 의 기여와 비교할 때 당신의 기여에 대한 만족도는 10점 기준 으로 몇 점입니까?" "팀원이 받는 도움과 비교할 때 당신이 받 는 도움에 얼마나 만족하십니까?" "전반적으로 이런 구도가 공

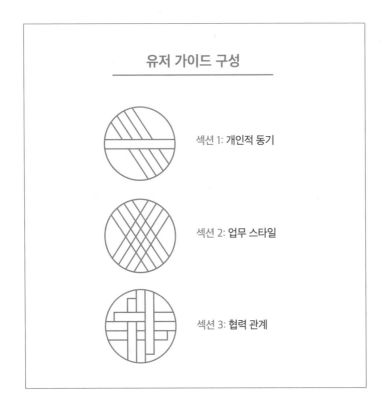

유저 가이드 구성

섹션 1: 개인적 동기

섹션 2: 업무 스타일

섹션 3: 협력 관계

정하다고 생각하십니까?" 등이다. 마지막 질문은 미래에 대한 것으로서 우리가 붕괴 시나리오라 부르는 가상의 위기에 대해 묻는다. 가령 "인간관계 때문에 회사가 12개월 안에 망한다고 가정하면, 가장 가능성 높은 3가지 요인은 무엇일까요?" "그런 위험을 최소화하기 위해 지금 할 수 있는 일은 무엇일까요?" 등이다.

제이컵은 자신이 팀원들에게 지금까지 겪어본 적 없는 수준의 개방성과 취약성 노출을 요구한다는 것을 잘 안다고 덧붙인다. 그래도 이 체계적인 기회를 활용해 팀의 문제를 해결하라고 촉구한다.

"불편한 질문을 피하거나 답변을 꾸며내고 싶은 마음이 들 겁니다. 하지만 용기 있게, 솔직하게 답변하면 큰 보상을 얻을 수 있어요. 이건 존중심과 열린 자세로 서로의 말을 진정으로 경청하는 드문 기회입니다. 그러니 유저 가이드를 작성할 때는 분명한 게 친절한 것이고, 불분명한 게 불친절한Clear is kind, unclear is unkind 것임을 명심하세요."*

제이컵은 4명에게 구석으로 가서 질문지를 작성하라고 말한다. 그러곤 1시간이면 길다고 생각하겠지만 나중에는 시간을 더 주길 바랄 거라고 덧붙인다. 이 질문지에 답변하는 일은 즉

---

* 이 말의 기원은 확인하기 어렵다. 다만 브레네 브라운이 《마음 가면Daring Greatly: How the Courage to Be Vulnerable Transforms the Way We Live, Love, Parent, and Lead》(Avery, 2015)을 통해 근래에 다시 유행시켰다.

흥적 반응이 아니라 사려 깊은 성찰을 요구한다. 분명한 정답과 오답이 있는 일반적인 시험이 아니기 때문이다.

간혹 조용한 한숨 소리만 들릴 뿐 거실은 침묵에 잠긴다. 미구엘과 파라는 어려운 질문에 대한 답변을 고민하는 동안 따로 일어서서 스트레칭을 한다. 눈 깜박할 사이에 12시 30분이 된다. 제이컵은 다들 작성을 멈추고 카운터에서 음식을 접시에 담은 다음, 유저 가이드를 들고 다이닝 테이블에 모이라고 말한다.

그들이 식사를 하는 동안 제이컵이 말한다. "섹션 1부터 시작합시다. 우리는 왜 다들 이 회사에 모였을까요? 유저 가이드는 각각 지적 도전, 사명에 대한 열정, 개인적 편익을 나타내는 '머리' '가슴' '지갑'의 순위를 정할 것을 요구합니다. 지갑에는 금전적 보상뿐 아니라 평판, 미래의 기회, 자랑권, 새로운 멋진 인맥 같은 신분상의 혜택을 포함합니다. 그런 걸 바란다고 해서 부끄러움을 느낄 필요는 없습니다."

켈리는 자신이 먼저 하겠다고 자원한다. "제가 매긴 순위는 가슴, 머리, 지갑이에요. 저는 양어장 종사자들을 정말로 돕고 싶어요. 제가 근면한 농민 집안에서 자랐거든요. 부모님은 열심히 일해서 저의 대학 학자금을 모았죠. 그래서 저는 부모님 같은 사람들의 삶을 개선하는 데 관심이 많아요."

다음 차례로 나선 파라는 자신이 고른 순위는 머리, 지갑, 가슴이라고 말한다. 그는 회사의 기술로 양어장을 현대화하는 어려운 문제에 도전하는 데 흥미를 느낀다. 그것이 그에게 일할 의욕을 불어넣는다. 두 번째 동기는 동생들의 학자금을 대주고 부모를 부양하기 위해 돈을 벌어야 하는 필요성이다.

뒤이어 미구엘은 금전적, 신분적 측면 때문에 지갑을 제일 앞에 두고 가슴을 그다음에 둔 이유를 이야기한다. "저의 꿈은 연쇄 창업자가 되는 것입니다. 피스크에서 일하는 건 거기에 필요한 명성을 쌓는 아주 좋은 기회라고 생각해요. 잘난 척하는 것처럼 보이기는 싫지만 사람들한테 정말 멋진 사명을 추구하는 회사의 CTO라고 말하는 게 좋아요. 우리가 구축하는 가치와 우리가 이루어가는 발전이 자랑스러워요."

끝으로 존은 가슴과 지갑 중에 무엇을 최우선으로 고를지 고민했다고 말한다. "저는 한편으로 양어장 종사자 가족들의 삶을 개선하는 일을 매우 소중히 여겨요. 다른 한편으로는 피스크의 사업이 앞으로 5년 동안 잘되어서 식구가 늘어나는 저의 가족을 부양할 수 있다면 정말 좋겠어요. 제게는 어린 아이가 있고, 또 다른 아이가 태어날 거예요. 그래서 어떻게 먹여살려야 할지 걱정이에요."

제이컵은 뒤이어 다음 질문을 던진다. "서로 간에 생각이 다른 부분은 무엇입니까? 그 차이로 인해 어떤 갈등이 생길 거라고 생각하나요?"

이번에는 미구엘이 가장 먼저 나선다. 그는 존이 외부 컨설팅 부업을 하는 이유는 피스크가 생존할 수 있을지 걱정되기 때문임을 문득 깨달았다고 말한다. 또한 존이 혼자 테크런치 인터뷰를 했을 때 왜 그렇게 화가 났는지도 깨달았다고 실토한다. 그 이유는 창업자로서 자신의 프로필을 구축할 기회를 잃었기 때문이다. 하지만 존은 '신분' 측면의 이득을 고려하지 않았고, 단지 그 인터뷰를 제품 출시에 도움이 되는 방편으로 여겼을 뿐이다. 네 사람은 자신의 동기에 대해 진작 터놓고 이야기했다면 아주 많은 문제를 예방할 수 있었다는 사실을 깨닫기 시작한다.

점심시간을 겸한 세션은 빠르게 이어진다. 네 사람은 선호하는 협력 방식 및 갈등 해소 방식에 대한 질문에 답변한다. 뒤이어 협력 관계 자체를 다루는 세 번째 섹션이 이어진다. 제이컵은 해당 섹션의 첫 번째 질문을 읽는다. "각 팀원에 대해 어떤 기대를 갖고 있습니까?"

미구엘은 자리에서 불안하게 자세를 고쳐앉다가 존을 향해 몸을 돌린다. "저는 솔직함을 원한다고 썼어요." 다들 미구엘이 무슨 말을 하는지 안다. 그는 존이 외부 컨설팅 부업을 숨긴 것에 대해 말하고 있다. "이 일에 전념하기로 합의했을 때 저는 안정된 일자리를 그만두었어요. 존이 부업을 한다고 말하지 않은 건, 제가 피스크의 상황에 대한 솔직한 대화를 감당하지 못할 거라고 생각했기 때문인 것 같아요. 그런 문제를 좀 더 솔직하게 이야기했으면 좋겠어요." 미구엘은 눈에 띄게 초조해하는 모습이었지만 평정심을 유지하려고 노력한다.

존이 대답하기 전에 제이컵이 끼어든다. "미구엘, 아주 힘든 이야기를 해주었어요. 고마워요." 뒤이어 존에게 손짓한다. 존은 미구엘이 걱정한 것과 달리 분노를 터트리지 않는다. 오히려 이렇게 말한다. "고마워, 미구엘. 저는 유저 가이드에 일에 계속 집중하고, 저의 생각을 여러분 모두에게 더 잘 알리겠다고 썼어요. 저도 여러분의 생각에 동의해요. 우리는 같은 목표를 가졌으니까요."

뒤이어 켈리가 두 창업자에게 바라는 바를 말한다. "미구엘, 당신이 존에 대한 분노를 저한테 토로할 때 감정적으로 정말 많은 부담을 느껴요. 항상 당신의 말을 들어주지만 정신적으로 기운이 빠집니다. 팀을 위해 제가 해야 할 중요한 일들을 하기가 어려워요. 그러니 다른 사람을 끌어들이지 말고 갈등에 대처하는 방법을 찾았으면 좋겠어요." 다른 팀원들은 켈리가 대단히 직설적으로 불만을 털어놓는 것을 보고 놀란다.

오후 1시 50분. 유저 가이드에 대한 논의가 끝난다. 제이컵은 10분 동안 쉬자고 말한다. 4명 모두 기운이 다 빠진 듯한 모습으로 음식 접시를 치우고, 밖에 나가 스트레칭을 하거나 화장실에 간다. 2타임은 힘들었다. 하지만 앞으로 더 깊은 대화를 나눌 수 있는 토대가 마련되었다.

3타임: 가면을 벗는다

오후 2시. 4명은 거실에 다시 모인다. 커튼을 쳐서 햇빛을 막고 있기 때문에 거실이 어둡다. 바닥에 놓인 노트북 4대의 화면에서만 불빛이 나온다. 노트북 주위로는 방석이 둥글게 놓여 있다. 네 방향을 가리키는 노트북 화면에는 모닥불 영상이 띄워져 있다. 모닥불이 타오르고 때로 가지가 부러지는 익숙한 소리도 들린다. 제이컵은 4명에게 디지털 모닥불 주위에 앉으라고 손짓한다.

존, 미구엘, 켈리, 파라는 이 새로운 설정이 무엇을 위한 것인지 모른다. 그들은 여전히 제이컵을 신뢰한다. 하지만 이건 약간 이상하게 느껴진다. 그럼에도 그들은 각자 편안한 자리에 앉아서 춤추는 불길을 바라본다. 뒤이어 제이컵은 농담으로 긴장된 분위기를 푼다. 그는 "날이 추워져서 불을 피웠어요"하며 화면 앞에서 두 손을 빠르게 비빈다. 웃음소리가 들린다. 뒤이어 제이컵은 "'가식 고백 모임'에 오신 것을 환영합니다!"라고 선언한다. 그러곤 이 시간이 자신의 치부를 가장 많이 드러내는 듯한 시간이 될 거라고 미리 경고한다. 그 말에 4명은 오히려 강한 흥미를 느낀다.

"왜 이 워크숍을 '모닥불 타임'이라고 부르는지 궁금하지 않나요? 매일 여러분은 엄청난 압박을 받습니다. 그중에는 여러분이 자초한 부분도 있죠. 어쨌든 압박은 끝이 없을 것처럼 느껴집니다. 어떤 의미에서 여러분은 끊임없이 타오르는 불길 속에 있는 것과 같습니다. 오늘 이 자리는 그 불길에서 빠져나와 주위에 모여 앉는 기회를 제공합니다. 팀원 모두 불길을 살피고, 성찰하고, 다시 인간적인 소통을 나누고, 어떤 변화를 이루고 싶은지 결정하는 기회 말입니다. 지금까지 우리는 여러분의 회사가 일으킨 불길 속으로 깊이 들어가 대개 겉으로 드러나지 않는 몇 가지 문제에 대응했습니다. 지금부터는 여러분의 여정에서 고통스러울 수도 있는 특정한 부분에 초점을 맞출 겁니다."

제이컵은 뒤이어 자신감의 함정(5장 참고)에 대해 설명한다. "거의 모든 스타트업의 여정은 상승과 하락을 포함합니다. 자신감과 자기 회의, 흥분과 불안이 뒤섞이죠. 차질은 불가피하며, 쉽게 낙담으로 이어집니다. 이 롤러코스터에 탄 여러분은

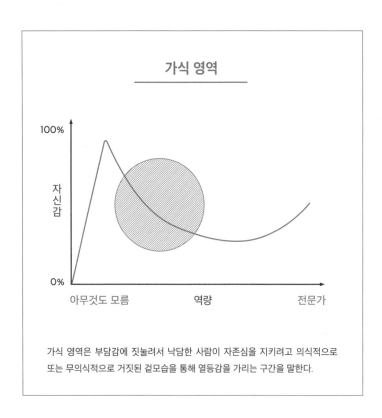

가식 영역

가식 영역은 부담감에 짓눌러서 낙담한 사람이 자존심을 지키려고 의식적으로 또는 무의식적으로 거짓된 겉모습을 통해 열등감을 가리는 구간을 말한다.

심리학자들이 제기한 2가지 사실을 명심해야 합니다.

첫째, 대개 여정 초반부에 가장 많은 자신감이 생깁니다. 사업을 더 구축할수록, 더 많은 기술을 개발할수록 역설적으로 자신감을 잃게 될 확률이 높습니다. 일을 더 잘하는 만큼 최고의 수준이 어떤 것인지 더 잘 알게 되고, 자신이 거기서 얼마나 멀리 떨어져 있는지 더 분명히 깨닫기 때문입니다. 그래도 그런 열등감이 최고의 목표를 향해 계속 분투하고 노력하게끔 만듭니다. 이를 불가피한 실패의 징조로 받아들이지 마세요. 포기하지 마세요. 만만하게 느껴질 정도로 기준을 낮추지 마세요. 여러분이 느끼는 자기 회의는 실패의 징조가 아니라 성장의 징조입니다. 그러니 계속 나아가세요!"

제이컵은 4명이 이 말의 의미를 되새기도록 잠시 말을 멈춘다. "둘째, 부담감에 짓눌려서 낙담하기 시작하면 소위 가식 영역bullshit zone으로 빠져들기 쉽습니다. 그러면 자존심을 지키려고 의식적으로 또는 무의식적으로 거짓된 겉모습을 통해 열등감을 가리죠. 자신을 지키려고 이야기를 꾸며내는 것은 스타트업에서 흔한 일입니다. 이 세계는 자랑 문화를 조장하니까요. 스타트업에 뛰어든 거의 모든 사람은 완벽주의 성향을 지닙니다. 탁월한 수준에 올라서서 다른 사람들에게 인정받고 싶어 하죠."

제이컵은 뒤이어 5장에서 설명한 자기 방어 수단의 3가지 유형을 설명한다.

1. 가짜 낙관론 모든 일이 잘되고 있다고 팀원과 투자자들을

안심시킨다.

2. 가짜 강인함 지난 성과를 거만하게 내세우는 한편 취약성의 징후를 과소평가한다.

3. 가짜 초연함 문제에 직면했을 때 주목받지 않으려고 흔히 침묵이나 이탈로 차분하고 무관심한 척한다.

제이컵은 뒤이어 과제를 제시한다. "이제 지금까지 지나온 피스크의 여정에서 가장 고통스러웠던 부분을 몇 분 동안 돌

가식 고백 모임을 위한 성찰 내용

내가 다른 사람들에게 내보이는 가식:

그 요인이 되는 진정한 열등감의 대상:

그 두려움 또는 열등감을 처음 느끼게 만든 경험:

이 발을 저어요. 그게 바로 저예요."

파라는 뒤이어 자신의 가장 깊은 불안을 털어놓는다. "어리석은 말처럼 들리겠지만 제가 우등생이었던 이유는 부모님이 말도 안 되게 높은 기준을 들이댔기 때문이에요. 그래서 모든 사람이 제게 기대하는 것에 아주 예민해졌어요. 그들을 실망시키지 않을까 항상 걱정했죠." 잠시 후 그는 이렇게 덧붙인다. "제가 공학을 전공한 이유는 부모님에게 떠밀렸기 때문이에요. 사실은 사람에게 초점을 맞춘 일을 하고 싶었어요. 심리학 같은 거요. 그래서 저는 우리 회사의 운영을 맡은 게 좋아요. 공학 학위를 낭비하지 않으면서도 사람들과 밀접하게 협력하는 일이니까요."

존과 파라의 이야기에 고무된 미구엘과 켈리도 차례대로 숨겨진 열등감을 드러낸다. 그들의 이야기가 모두 끝난 후 거실은 모닥불 타는 소리 외에는 다시 침묵에 잠긴다.

모두가 복잡한 심정을 느끼며 주위를 둘러본다. 깊고 진지한 이야기를 나눈 터라 분위기가 무겁다. 이제 팀원들은 자신이 들은 이야기에 대한 책임을 져야 한다. 동시에 가벼워진 분위기도 감돈다. 처음으로 서로를 동료 이상의 존재로 바라보게 되었기 때문이다. 그들은 이 힘들고 피곤하지만 보람 있는 여정을 함께한다는 것의 의미를 깨달았다.

시간은 오후 3시다. 팀원들은 마지막 구간을 앞두고 기쁜 마음으로 15분 휴식을 갖는다.

4타임: 암묵적 문제를 해결한다

오후 3시 15분. 팀원들은 시간이 너무나 빨리 지나간 것에 놀라며 워크숍을 재개할 준비를 갖춘다. 제이컵은 4타임의 목적에 대해 설명한다. 4타임은 지금까지 알게 된 내용을 팀의 진전에 도움이 되는 확고한 행동으로 옮기기 위해 설계되었다. 그는 항력과 속도의 함정(2장 참고)이라는 개념을 소개한 다음, 이렇게 선언한다. "지금은 앞으로 더 빨리 나아갈 수 있도록 속도를 늦춰야 할 때입니다. 이 시점에 올바른 결정을 내려야 나중에 항력을 줄일 수 있어요. 다시 가속페달을 밟기 전에 팀 운영 방식을 공기역학적으로 다듬어봅시다."

제이컵은 팀 항력 체크리스트Team Drag Checklist를 건네주며 내용을 설명한다. 이 리스트에는 스타트업이 흔히 겪는 부정합, 의사소통 오류, 갈등의 20가지 요인이 나열되어 있다. 그중 대표적인 사례는 다음과 같다.

- **지분 분할** 가까운 동료 사이라서 지분을 동등하게 나누는 쉬운 선택을 했는가? 그렇다면 향후 기여도에 큰 차이가 나고, 성과 수준이 달라지면 어떻게 할 것인가? 사업 전환으로 일부 공동 창업자의 기술이 덜 중요해지면 어떻게 될까?

- **시간 할애** 몇 시간이나 일할 것인가? 모두가 파트타임이나 풀타임 또는 하루 종일 일하기를 기대하는가? (많은 스

타트업이 그러듯이) 파트타임 근무로 시작했다면 나중에 누가, 언제 풀타임으로 일할 것인지 정했는가? 근무시간 규정을 벗어나는 경우에 어떻게 대응할 것인가?

- **뒷담화** 팀 내에 뒷담화가 퍼지면 어떻게 할 것인가? 한 팀원이 다른 팀원을 욕하는 말을 들었다면 어떻게 해야 하는가? 뒷담화가 무해한 수준에서 유해한 수준으로 바뀌는 기준은 무엇인가?
- **정신 건강** 팀원이 정신적 문제에 시달릴 때 어떻게 할 것인가? 특히 팀원이 잠시 일을 쉬어야 할 때 어느 정도나 지원할 준비가 되어 있는가?
- **개인적 정체** 공동 창업자 중 1명 이상이 사업 성장에 발맞춰 빠르게 기술을 습득하지 못하는 경우, 그들 없이 나아가는 공정한 방식은 무엇인가?
- **사업 실패** 어느 시점이 되면 사업이 실패했다고 판단할 것인가? 파산 또는 'X개월 동안 사용자 수 Y'나 'X년까지 Y달러 매출' 같은 성공 과제 중에서 어떤 척도를 활용할 것인가? 일부 팀원들은 계속 노력하고 싶어 하지만 다른 팀원들은 이미 마음이 떠났다면 어떻게 할 것인가?

제이컵은 팀원들에게 말한다. "뻔히 다 아는데도 거론하지 않는 문제를 이야기해주세요. 거의 모두가 인지하거나 예상하지만 언급을 회피하는 명백한 문제는 무엇인가요? 체크리스트 중에 시급해 보이고, 나중에 문제를 일으킬 것 같은 3가지 항목을 선택하세요. 선택지를 줄일 수 없다면 오늘 언급되지 않은 문제에 초점을 맞추세요." 그러곤 10분 동안 팀원들이 숙고하며 체크리스트에 표시할 시간을 준다.

10분 후, 제이컵은 진행을 재개한다. "팀이 하는 모든 중요한 논의에서는 대개 4가지 다른 유형의 대화가 오갑니다. 그중 하나는 회의 시간에 나누는 실제 대화입니다. 하지만 사전에 이루어지는 사적 대화도 있습니다. 우군들끼리 미리 생각을 맞추는 거죠. 마찬가지로 회의가 끝난 후에도 우군들은 회의 내용을 평가합니다. 끝으로 모든 참가자의 머릿속에서 이루어지는 조용한 대화가 있습니다. 그 누구와도, 심지어 우군과도 나누기에 안전하지 않다고 느끼는 은밀한 생각들이죠. 하지만 이곳에서는 그 모든 대화를 팀원 전부와 나눌 겁니다."

제이컵은 모두에게 항력의 3가지 주요 요인이 무엇이라고 생각하는지 말해달라고 요청한다. 그리고 자신의 체크리스트에 집계한다. 그런 다음 상위 3대 요인에 대해 80분 동안 논의한다.

가장 많은 표를 받은 항목은 사업 실패다. 미구엘이 먼저 발표를 시작한다. "제게는 이 항목이 가장 강하게 와닿습니다. 제가 포기하고 싶어서 그런 건 절대 아닙니다. 단지 모두가 고대하는 결승선을 정해두고, 거기에 이르는 데 모든 기운을 쏟으면 큰 도움이 될 거라고 생각합니다. 그게 없으면 끝도 없이 고생해야 할 것 같아요." 그러곤 존에게 몸을 돌리며 묻는다. "우리가 피스크를 처음 만들 때 무엇이 그만두어야 한다는 신호가 될 거라고 생각했어?"

존은 "그 당시에는 언제쯤 하던 일을 그만두고 사업에 풀타임으로 매달릴지 파악하는 데 더 집중했었지. 포기한다는 생각은 한 번도 한 적이 없어"라고 대답한다.

미구엘은 적대적이지 않은 태도로 존을 안심시킨다. "처음 사업을 시작하는 사람들은 그런 경우가 아주 흔할 거라고 생각해요. 저는 '좀비 모드'가 되어버린 스타트업들에 대한 글을 읽은 적이 있어요. 죽은 건 아니지만 그렇다고 살아 있는 것도 아닌 상태인 거죠. 성장이 멈추었기 때문에 그런 일이 일어난 겁니다. 저는 우리가 그런 지경이 된다면 계속 시간을 낭비하고 싶지 않을 것 같아요. 단지 우리가 사업을 망쳤거나 불운했다는 걸 인정하기 두려워서 회피하기는 싫어요."

켈리가 바로 말을 이어나간다. "이사회는 우리의 활성 사용자 수와 매출에 초점을 맞추지 않을까요? 두 척도에서 3개월 연속으로 수치가 하락한다면, 그들이 그냥 사업을 접어버릴 거예요. 우리가 포기 여부를 결정할 필요도 없게요."

미구엘이 켈리의 말에 대꾸한다. "아마 이사회는 그럴 거예요. 3개월은 오히려 너무 길게 느껴져요. 한 달이라도 정체되면 사업을 전환하거나 정리하는 문제를 진지하고 솔직하게 논의해야 한다고 생각해요." 약간의 공방 후에 두 사람은 미구엘이 정한 새로운 기준에 합의한다.

그들이 다룬 다른 2가지 요인에 대해서도 생산적인 논의가 비슷하게 오간다. 제이컵은 오후 5시에 마지막 10분 휴식 시간을 알린다. 지금까지 4명은 아주 많은 내용을 적었고, 그 어느 때보다 더 단합되었다고 느낀다.

끝이자 새로운 시작

마지막 휴식이 끝나고, 4명은 다시 거실에 모인다. 이제 제이컵이 워크숍을 마무리할 시간이다. 그는 지금까지 4개 구간에서 다룬 내용을 간략하게 정리한다. 또한 월요일에 업무에 복귀했을 때 긍정적인 모멘텀을 이어나가기 위한 제안과 자원을 공유한다. "이 워크숍이 바쁜 일과에서 벗어난 휴식 같다고 느꼈을지 모르지만, 오늘 여러분은 아주 많은 노력을 기울였습니다. 이것이 피스크의 전열을 재정비하는 자리로 인식되기를 바랍니다."

제이컵은 마지막으로 몇 분 동안 자신이나 팀 또는 일에 대해 새롭게 얻은 통찰은 무엇인지, 오늘 가장 감사하게 여기는 것은 무엇인지 생각해보라고 요청한다. 그들은 차례대로 생각한 바를 이야기한다. 모두 대단히 긍정적인 내용이다. 뒤이어 그들은 짐을 챙기고, 제이컵에게 감사 인사를 하고, 각자의 집으로 돌아가기 전에 회식을 하러 간다.

앞으로 피스크 창업팀은 모닥불 다임이 제공한 많은 요소를 몇 달, 몇 년에 걸쳐 일상 업무에 받아들일 것이다. 그들은 최소한 1년에 한 번 자신들 그리고 간부들을 대상으로 리더십 평가를 실시할 것이다. 또한 유저 가이드를 쉽게 접근할 수 있는 공유 폴더에 보관하고, 필요에 따라 갱신하며, 신규 인력이 들어올 때마다 추가할 것이다. 그리고 분기에 한 번씩 전사 워크숍을 할 때 실제 모닥불 주위에서 시간을 보내며 자신들의 난관과 열등감에 대해 터놓고 이야기할 것이다.

그들은 이제 보다 긴밀하고 단결된 팀으로서 성장성과 수익성의 길로 나아갈 것이다.

1타임:
냉엄한 현실을 직시한다

8장은 워크숍의 각 단계를 자세히 살펴보는 4개의 장 중 첫 번째 장이다.

1타임에서는 연구 결과에 기반한 평가 도구를 활용한다. 해당 연구는 전 세계에 걸쳐 수백 개 스타트업을 대상으로 실시한 것이다. 이 도구는 팀원들이 개인적 기술에 대해 성찰하고 숨겨진 강점과 간극을 드러내는 데 도움을 준다. 1타임에서 모든 참가자는 체계적인 자기 평가를 실시하고, 다른 리더들의 데이터와 비교해 자신의 성과를 측정한다. 또한 동료 코칭을 통해서 난관에 대해 논의하고, 팀의 지혜를 활용해 임무의 가장 어려운 측면에 대처한다.

이 장에서는 체계적인 성찰의 유용성, 우리의 평가 도구를 뒷받침한 연구, 1타임을 효과적으로 수행하기 위해 진행자와 참가자가 미리 해야 할 일들을 살펴볼 것이다. 그리고 끝으로 우리가 '1타임의 리듬'이라고 부르는 단계별 진행 방법을 설명할 것이다.

우리는 모두 무엇이 우리를 성공으로 이끄는지에 대한 가정을 토대로 일한다. 하지만 그 이론의 어디에 결함이 있는지 알지 못하는 경우가 많다. 마이크로매니저micromanager는 자신이 마이크로매니저인 줄 모른다. 오히려 자신이 꼼꼼하고, 신중하고, 부지런하다고 생각한다. 강압적인 상사들은 두려움이 성과를 만든다고 믿는다. 그러나 그들은 그것이 최고 인재의 애사심에 미치는 부정적 영향을 보지 못한다. 그 밖에도 비슷한 사례가 많다. 체계적인 자기 성찰과 코칭은 성공에 대한 우리의 이론을 평가할 기회를 준다. 또한 인식의 간극을 넘어서서 다른 사람들에게는 명백하게 보이는 문제를 파악하도록 도와준다. 이처럼 '나는 모르지만 다른 사람은 다 아는' 문제의 영역을 때로 '입냄새 영역'이라고 부른다.

외과 수술의 역사를 생각해보라. 19세기 중반에 수술은 환자와 의사, 무대 중앙의 수술대 그리고 관중석이 있는 극장식 수술실에서 진행되었다. 관중은 장갑도, 마스크도, 위생 가운도 착용하지 않았다. 현대적 관점에서 보면 정신 나간 짓이다. 심지어 의사도 장갑이나 마스크를 착용하지 않았으며, 평복을 입고 수술했다. 또한 수술용 바늘을 옷깃에 꽂아두었다가 한

번 쓰고 난 후 피를 닦고 다시 꽂았다. 바닥에 떨어진 붕대도 대개 수술대에 다시 올렸다. 외과의들은 심지어 옷에 묻은 핏자국을 경력의 증거로서 자랑스레 여겼다. 그러니 수술 후 생존율이 낮을 수밖에 없었다. 너무나 낮은 생존율 때문에 병원들은 흔히 사전에 수술비를 내라고 강요했다.[99]

당시에는 질병 전염의 원인과 관련해 독기설miasma theory, 毒氣說이라는 크게 잘못된 가설이 통용되었다. 외과의들은 썩어가는 신체 부위와 수술실 바닥의 액체에서 나오는 유독한 '나쁜 공기' 때문에 감염이 이루어진다고 믿었다. 그래서 보다 정교한 수술칼 같은 새로운 도구를 개발하고, 수술 사이사이 수술실을 더 오래 환기시키는 등 계속 혁신을 시도했다. 그럼에도 사망률은 여전히 절망적인 수준이었다.

외과의들이 놓친 부분을 간파한 사람은 의사가 아닌 프랑스 화학자 루이 파스퇴르Louis Pasteur였다. 발효에 관한 그의 실험은 획기적인 세균감염설로 이어졌다. 이후 그는 상처 부위로 침투한 미세한 유기체 때문에 감염이 이루어진다는 사실을 수년 동안 외과의들에게 설명했다. 세균감염설이 마침내 수술 관행에 반영되면서 마스크, 장갑, 전신 가운, 소독한 수술 장비가 규칙에 추가되었다. 물론 수술 후 생존율도 크게 높아졌다.

21세기에 사는 우리에게는 당연한 일이지만, 당시에 이런 전환은 성공적인 수술을 위한 전체 의료계의 이론을 혁신했다. 이 사례가 말해주듯이 때로는 우리가 보지 못하는 것, 어쩌면 스스로는 볼 수 없는 것이 성공을 추구하는 데 가장 많은 지장을 초래한다.

1타임의 체계적인 성찰 과정은 19세기 외과의들이 그랬던 것처럼 성공에 관한 이론을 재평가하는 데 도움을 준다.

연구 결과에 기반한 평가 도구

우리는 한 연구 결과를 토대로 1타임의 절차를 수립했다. 해당 연구는 구글 포 스타트업의 '유능한 창업자 프로젝트'(자세한 내용은 부록 1을 참고)를 공동 개발하는 과정에서 실시한 것이었다. 거의 1,000명에 달하는 스타트업 창업자와 리더들이 연구 대상이었다. 우리는 투자자, 공동 창업자, 부하 직원에게 33개 리더십 역량에 걸쳐 그들을 평가해달라고 요청했다. 참가자 중 60퍼센트는 CEO나 CTO였으며, 다른 모든 직능도 포함되었다. 우리는 25만 개 넘는 데이터 포인트를 수집해 전 세계의 스타트업 리더들을 매우 깊고 폭넓게 평가할 수 있었다.

유능한 창업자 프로젝트는 해당 데이터를 파고들어서 가장 유능한 창업자와 가장 무능한 창업자를 현미경으로 분석했다. 다음은 우리가 그 결과에서 도출한 7가지 핵심 전략으로, 우리의 워크숍에서 활용하는 피드백 구조의 토대를 이룬다.

1. 직원을 자원봉사자처럼 대한다 최고의 직원은 자원봉사자와 같다. 그들은 힘들지만 의미 있는 사명을 위해 열정적으로

일한다. 그들에게는 여러 선택지가 있다. 유능한 사람은 어디서 일할지 선택할 수 있으며, 흔히 하는 말처럼 사람들은 회사가 아니라 상사로부터 떠나는 것이다. 직원들의 심리를 이해함으로써 인재를 독점하라.

2. 방해 요소로부터 팀을 보호한다 창업자들은 대개 새로운 아이디어에 쉽게 한눈을 파는 것처럼 보인다. 그러나 최고의 창업자는 명확한 초점을 만든다. 분명한 목표와 우선순위를 정해 팀을 위한 모멘텀을 구축하라. 이는 성과와 사기를 촉진한다.

3. 불필요한 마이크로매니지먼트를 최소화한다 데이터에 따르면 마이크로매니지먼트는 특정한 상황에서 도움이 될 때도 있다. 그러나 유능한 리더는 자신의 능력과 사업을 키우기 위해 일을 위임하려고 노력한다. 마이크로매니지먼트는 특히 CEO에게 치명적 결함이 될 수 있다.

4. 이견을 장려한다 팀은 성격 차이가 아니라 의견 차이로 다툴 수 있어야 한다. 팀원들은 의견을 밝힐 기회를 매우 중시한다. 반면 창업자들은 일관되게 그 가치를 과소평가한다. 초기부터 자주 개방적인 토론을 촉진하라.

5. 개인 간 형평성을 유지한다 기대에 어긋나는 것은 스타트업에서 갈등을 초래하는 주된 요인이다. 유능한 팀은 서로에게

무엇을 기대하는지 개방적으로 논의하고 기록하며, 개인 간 형평성을 지속적으로 평가한다. 즉, 각자 자신에 대한 기대가 공정하다고 느끼는지 확인한다.

6. 전문성을 확보한다 리더가 각 직무에 대해 충분히 알아야 적임자를 채용하고 팀을 개발하는 데 도움을 줄 수 있다. 유능한 창업자의 93퍼센트는 역량을 토대로 팀을 관리하는 데 필요한 전문성(가령 코딩, 영업, 재무 분야)을 갖추고 있다.

7. 낙담을 이겨낸다 대개 시간이 지나면 자신감이 커질 것이라고 기대한다. 그러나 유능한 창업자는 무능한 창업자보다 자신감이 훨씬 적다. 도움이 될 지원 시스템을 구축하고, 회의懷疑를 극복하기 위해 도움을 요청하는 법을 익혀라.

자신을 엄격하게 바라보기

우리는 유능한 창업자 프로젝트를 통해 확인한 결과를 질문 기반 자기 성찰 도구에 반영했다. 누구나 워크숍 동안 우리의 웹사이트에서 이 도구에 접근할 수 있다. 이 도구는 모든 맥락에서 언제든 활용 가능하다. 다만 집중적인 워크숍 과정을 거칠 때 가장 많은 혜택을 얻을 수 있을 것이다.

각 참가자가 30개 질문에 답하고 나면 요약 보고서가 나온다. 거기에는 유능한 리더의 7가지 전략을 통해 스스로 평가한 리더십 역량 관련 전반적인 평점이 나온다. 이어서 7가지 전략을 기준으로 분류된 각 질문에 대한 피드백을 제시한다.

참가자들은 최종적으로 3가지 유형의 데이터를 얻는다.

1. 전반적인 평가 자신이 어떤 전략에 의식적으로 투자하는지 그리고 어떤 전략에서 우월한지 알 수 있다. 또한 인식이나 노력 또는 능력 부족으로 인해 간과한 부문도 파악할 수 있다.

2. 다른 창업자/리더의 데이터와 비교 스스로 평가한 내용을 다른 수천 명의 리더가 같은 도구를 통해 스스로 평가한 내용과 비교할 수 있다. 리더들은 대개 특이한 여건에 속하기 때문에 그에 맞춘 전략이 필요한 경우가 많다. 그럼에도 우리는 이런 비교가 유용하다고 생각한다. 이를 7가지 전략의 난이도를 파악하는 지표로 삼아라. 즉, 이전 참가자들에 대한 우리의 데이터베이스와 비교할 때 개인적으로 어떤 전략은 실행하기가 더 쉽거나 어려울 수 있다.

3. 숨겨진 강점 및 약점 리더들이 스스로 잘한다고(또는 잘못한다고) 오판하는 전략이 무엇인지 알 수 있다. 보고서는 공동 창업자, 부하 직원, 상사, 투자자로부터 피드백을 받은 기존의 연구 결과에 기반해 통계적으로 인식 간극이 생기기 쉬운 영역을 제시한다. 이는 우리가 때로 자신의 능력을 오판

한다는 사실을 상기시킨다.

자기 평가 도구는 참가자들이 보다 깊이 성찰하고, 팀의 도움을 받아 대처해야 할 중요한 문제를 드러낸다. 일부 팀이 선택하는 대안은 360도 피드백 도구다. 이 도구는 참가자의 동료, 상사, 부하 직원들로부터 사전에 받은 피드백을 활용한다. 그래서 훨씬 많은 준비 시간이 필요하지만 대신 더 많은 통찰을 얻을 수 있다. 리더는 다른 사람들이 자신의 리더십 스타일을 어떻게 보는지 알려주는 냉엄한 진실에 직면하게 된다. 우리의 360도 피드백 도구를 활용하기 위한 세부적인 내용은 부록 C에서 찾아볼 수 있다.

1타임: 냉엄한 현실을 직시한다

오전 9시 시작	진행자가 대략적인 일과와 기본 규칙을 전달해 진행 방식을 알려준다.
오전 9시 15분 자기 평가	진행자는 평가 문항 이면의 구조를 설명해 팀원이 개인적 기술을 평가할 준비를 시킨다.
오전 9시 45분 동료 코칭	각 팀원은 20분씩 자신이 원하는 분야에 초점을 맞추어 다른 팀원의 피드백을 받는다. 이는 자기 평가 요약 내용에 대한 생각과 반응을 정리할 기회다.
오전 11시 5분 15분 휴식	축하한다! 이제 1타임을 마쳤다.

1타임의 리듬

우리는 자기 평가 이후 진행되는 단계별 절차를 '리듬'이라 부른다. 진행자가 참고할 전체 구간의 리듬은 부록 2에 나온다. 위의 표는 1타임의 각 단계별 지침이다.

시작: 일과 준비

테이블이나 다른 방해물 없이 모두가 원형으로 의자에 앉는 방식을 권한다. 반드시 그래야 하는 것은 아니다. 다만 우리가 확인한 바로는 모두가 서로를 볼 수 있는 이 방식이 개방적이고 솔직한 대화를 나눌 수 있는 분위기를 만든다.

진행자와 팀 리더는 팀원 모두가 이 자리에 모인 이유를 간략하게 설명해야 한다. 이때 팀의 배경 스토리를 상기시키는 것이 유용하다. 가령 같은 팀으로 일한 지 몇 달 또는 몇 년이 되었다거나, 현재 어려움을 겪고 있는지, 아니면 단지 더 높은 수준으로 나아가고 싶은지 등을 언급하면 된다.

진행자는 먼저 1장에서 소개한 연구 결과를 언급하면서 인간관계 문제가 스타트업의 성공을 위협하는 가장 큰 위험 요인임을 지적해야 한다. 그런 다음 팀이 잘 돌아갈 때 어떤 일이 가능한지 간략하게 설명한다. 가령 더 나은 결정을 내린다거나, 더 빨리 나아간다거나, 더 많은 의욕과 에너지를 느끼는 변화를 이룰 수 있다. 이는 팀원들에게 참가 이유를 설득하는 데 도움이 된다. 그들은 왜 여기 모였는지, 왜 이 의제를 골랐는지, 왜 지금 이런 걸 하는지 의문을 품기 마련이다.

이어서 진행자는 워크숍의 효과를 극대화하는 데 필요한 기본 규칙을 설명한다. 우리는 최소한 4가지 기본 규칙을 요구한다.[*]

1. 전자 기기 사용 금지 노트북, 휴대폰, 태블릿은 휴식 시간 외에는 모두 따로 모아놓거나, 무음 모드로 바꾸거나, 멀리 두어야 한다. 그리고 모두가 옛날처럼 종이와 펜을 써야 한다. 나중에 팀이 공유하는 문서를 보거나 거기에 내용을 적는 시간이 있을 것이다. 하지만 이는 예외적인 경우다.

2. 가식 금지 이 워크숍의 핵심 원칙 중 하나는 지극히 솔직해야 한다는 것이다. 지금은 홍보 모드를 취할 때가 아니다. 평상시에 기본적으로 드러내던 낙관적인 태도는 잠시 접어둬야 한다. 진정한 대화를 나눌 때다.

3. 자랑 금지 이 자리에서 직위와 경력은 무의미하다. 전체 팀은 동등한 위치에서 문제와 씨름한다. 적어도 오늘만큼은 누가 명문대 출신인지, 누가 지분이 가장 많은지, 누가 MBA 출신인지 또는 누가 특정한 기능을 개발했는지는 중요하지 않다.

---

* 어떤 팀은 여기에 자신들만의 특정한 규칙을 추가하기도 한다.

4. 누설 금지 이 워크숍은 은밀하고 사적인 자리다. 모두가 워크숍에서 나눈 대화를 철저히 비밀에 부치겠다고 약속해야 한다. 이런 이유로 우리는 투자자들을 참석시키지 않도록 요청한다.

일부 참가자는 뒤에 어떤 프로그램이 있는지 알고 싶어 할 것이다. 그래도 뛰어난 진행자는 나머지 구간에 대한 이야기를 하지 않는다. 다만 각 구간의 취지와 대략적인 휴식 시간은 알려줄 수 있다. 이 시점에서는 모두가 1타임에 전적으로 집중해야 한다. 진행자는 절차나 기본 규칙에 대한 질문을 받은 후 피드백 섹션으로 곧장 나아가야 한다.

자기 평가: 준비, 완료, 성찰

진행자는 자기 평가서를 작성하기 전에 5분 동안 그것이 어떻게 구성되어 있는지(앞서 언급한 내용 참고) 설명하고, 개선이 필요한 부분과 관련해 어떻게 답변해야 하는지(조금 있다가 설명할 것이다) 조언해야 한다. 그런 다음 25분 동안 모두가 조용히 자기 평가서를 작성한 후 온라인 도구로 제시한 내용을 읽고, 이해하고, 노트해야 한다.

자기 평가서의 결론에 정리된 내용은 유능한 창업자의 7가지 전략에 대한 설명을 포함한다. 이러한 전략은 참가자들이 앞서 답변한 질문과 궤를 같이한다. 요약 섹션은 참가자의 점수와 함께 데이터상으로 중간 수준에 위치한 리더들의 기준

점수를 제시한다.

진행자에게 커다란 난제 중 하나는 참가자들이 요약 보고서를 분석하도록 돕는 것이다. 이 작업을 통해 참가자들이 미처 개발하지 못한 중요한 기술이 드러나기도 한다. 그래서 방어적 태도나 다른 부정적 감정을 촉발할 수 있다. 이런 반응을 무시해서는 안 된다. 감정도 데이터이기 때문이다. 감정은 우리가 가장 중시하는 것, 회사에 대한 희망과 불안, 미래에 대한 걱정, 자기 가치에 대한 의문을 이해하게끔 해준다.

또한 '기본적 귀인 오류fundamental attribution error'를 피하려고 노력해야 한다. 모든 부정적 행동은 (기질, 성격적 특성, 노동 윤리 같은) 내부적 요인 때문일 수도 있고, (스트레스를 많이 받는 상황이나 수면 부족 또는 불운 같은) 외부적 요인 때문일 수도 있다. 심리학자들은 사람들이 자신의 결함에 대해서는 외부적 요인을 탓하고, 다른 사람들의 결함에 대해서는 내부적 요인을 탓하는 경향이 있음을 확인했다. 가령 다른 사람은 머리가 나빠서 시험에 떨어졌지만 자신은 문제가 너무 어려워서(또는 교사가 무능해서) 시험에 떨어졌다고 생각한다. 이것이 기본적 귀인 오류다. 따라서 자기 평가로 드러난 약점이 외부적 요인 때문이라고 싸잡아 일반화하는 시각을 의심해야 한다.

참가자들은 다시 둥글게 모여 앉기 전에 결과를 이해하고 정리하는 시간을 가진다. 그 과정에서 그들은 3가지 방식으로 간극에 대응하기 위한 계획을 세울 수 있다.

1. 무시 때로 우리가 제시하는 일부 전략을 무시할 만한 타당한 이유가 있을 수 있다. 가령 어떤 창업자는 예측하지 못한 시장 상황 때문에 고통스러운 비용 절감을 단행하는 중이어서 요약 섹션의 일부 측면을 무시하기로 결정했다.

2. 시작 단지 뛰어난 리더십이 어떤 양상을 띠는지 몰랐기 때문에 간극이 생겼을 수도 있다. 이를 바로잡기 위한 노력을 시작하기 전에 현재 상황에서 얼마나 많은 전략이 유효한지, 한정된 시간 내에 어느 전략을 우선해야 할지 고려하는 것이 중요하다.

3. 전환 습관적 행동을 바꾸는 일은 당연히 어렵다. 그래도 자기 평가는 지금까지 리더십 스타일 바꾸기를 거부한 리더들에게 경종을 울릴 수 있다. 리더가 개인적, 직업적 성장으로 나아가는 확고한 행동을 새롭게 익히기 위해 도움을 구하게끔 할 수 있다.

동료 코칭: 1가지 영역에 대한 코칭받기

자기 평가 요약 내용을 분석하는 시간을 가진 후, 진행자는 동료 코칭 단계로 안내한다. 코칭 그룹의 이상적인 인원수는 4명이다. (다만 5명이 3명보다는 낫다.) 6명 이상인 경우 팀을 나눠라. 각 팀원은 자신이 드러낸 하나의 간극에 대해 20분 동안 코칭을 받는다. 피스크 사례에서 본 대로 대응하기 특히 어려운 문제를 선택할 수도 있고, 이전에는 몰랐던 새로운 간극을 선택할 수도 있다. 어느 쪽이든 팀원들은 차례대로 질문하고, 경청하고, 해결책을 모색한다.

진행자는 코칭을 받는 참가자('대상자')에게 한 번에 하나씩 4가지 질문을 순서대로 던진다.

1. **"앞으로 20분 동안 어떤 문제를 해결하고 싶은가요? 그리고 그 문제가 왜 중요한가요?"** 이 질문의 목표는 문제가 무엇인지 파악하고 모든 중요한 세부 사항을 놓치지 않는 것이다. 때로 대상자가 제시하는 문제가 지나치게 폭넓거나 모호한 경우 추가적인 설명이 필요하다. 가령, 한 창업자는 팀에 동기를 부여하고 싶어 했다. 팀원들은 그의 말을 듣고 약간의 추가 설명을 요청했다. 그 결과 얼마 전에 반드시 성공시켜야 하는 고객 대상 프레젠테이션을 망친 후, 창업자 자신이 의욕 저하를 겪고 있다는 사실이 명확해졌다. 그래서 그는 대신 그 문제를 해결하는 쪽을 선택했다. 대상자가 성급하게 해결책으로 건너뛰지 못하도록 막는 것이 중요하다. 이 질문에 답변하는 데 3분을 할애하라.

2. **"지금까지 어떤 노력을 했으며, 앞으로 어떤 노력을 할 생각입니까?"** 이 질문은 참가자에게 발언할 기회를 준다. 팀원들은 내용을 명확하게 파악하기 위한 질문만 해야 한다. 질문의 목표는 특정한 아이디어가 성공하거나 실패한 이유를 비롯해 해

결책에 대한 대상자의 관점을 이해하는 것이다. 대상자가 이미 고려한 것들을 모두가 더 많이 이해할수록 다음 단계를 더 생산적으로 진행할 수 있다. 다시 말하지만, 팀원들은 해결책을 제시하지 말고 질문만 해야 한다. (질문 형태의 해결책도 안 된다.) 이 질문에 답변하는 데 5분을 할애하라.

3. **"팀원들의 제안을 받겠습니까?"** 여기에 동의하면 대상자는 뒤로 돌아앉아서 조용히 있어야 한다. 그동안 팀원들은 대상자가 자리에 없는 것처럼 대하며 해결책을 모색한다. 대상자는 노트를 할 수 있지만 끼어들지 말아야 한다. 그 이유는 2가지다. 우선, 대상자가 모든 아이디어에 대해 말이나 표정으로 보이는 반응 때문에 팀원들이 부담을 느껴서는 안 된다. 또한 대상자는 모든 제안을 받아들여야 할 의무가 있다고 느끼지 말아야 한다. 팀원들이 추구해야 할 목표는 가능한 한 많은 제안을 만들어내는 것이다. 1가지 아이디어에 너무 많은 시간을 소모하지 말아야 한다. 제안은 해야 할 일이나 대상자가 가질 만한 의문 또는 문제를 재구성하는 신선한 관점 등의 형태를 띨 수 있다. 가령 의욕 저하 때문에 고전하는 창업자에게는 "의욕을 잃는 건 자연스러운 주기의 일부일 뿐입니다. 다음 프레젠테이션을 성공시키면 분위기가 많이 달라질 겁니다. 어쩌면 너무 연연하지 않는 게 방법일지도 몰라요"라고 말할 수 있다. 해결책을 모색하는 데 10분을 할애하라.

4. "팀원들이 제안한 아이디어 중에서 앞으로 30일 동안 실행에 옮길 만한 것은 무엇입니까?" 대상자는 다시 돌아앉아서 팀원들과 함께하는 상태로 이 마지막 질문에 답변한다. 이 순간은 대상자가 명확하지 않았던 일부 요점을 분명하게 밝히기에 좋은 때다. 팀원들은 대상자가 선택하는 아이디어가 2~3개로 좁혀지고, 내용이 명확하며, 앞으로 한 달 동안 실행 가능한지 확인해야 한다. "더 열심히 노력하겠습니다"라고 말하는 것은 분명한 진전이 아니다. "매주 1시간씩 팀의 비전과 진척도를 점검하겠습니다"라는 식의 말이 적절하다. 이 부분은 각 팀원 당 2분 내에 신속하게 마무리하고 다음 팀원으로 넘어간다.

20분 동안 관심의 초점이 되는 것은 길게 느껴질 수 있다. 그러나 대다수 참가자는 그 시간이 금방 지나갔다고 말한다. 오히려 동료 코칭 시간이 계속 이어졌으면 좋겠다고 말하는 경우가 많다. 거기서 얻는 통찰이 대단히 유용하기 때문이다.

각 팀원이 차례대로 코칭을 받고 나면 1타임이 끝난다. 모두 15분 동안 머리를 식힌 후 다시 돌아와 2타임에 임한다.

2타임:
숨겨진 역학을 인식한다

2타임은 숨겨진 역학에 대한 통찰을 제공한다. 즉, 팀원들의 의욕과 업무 관련 선호, 기대를 확인할 수 있는 기회다. 그들이 작성하는 유저 가이드는 현재와 미래의 갈등에 대처하는 도구로 유용하다. 2타임을 마치면 팀원들은 회사에 대해 공통된 바람을 갖고 피드백 스타일, 갈등 영역, 잠재적 붕괴 시나리오에 대한 이해도 공유하게 될 것이다.

이 장에서는 유저 가이드를 뒷받침하는 생각들을 간략히 설명해보겠다. 그런 다음 2타임의 일정을 시간별로 제시하고, 진행자가 팀을 이끄는 데 필요한 지침을 제공할 것이다.

우리가 유저 가이드를 만든 이유는 새 스마트폰이나 노트북에 따라오는 사용 설명서와 비슷한 것을 팀원들에게 제공하기 위해서다. 사람에게도 효과적으로 협력하고 기능에 문제가 생겼을 때 해결하는 방법에 대한 기본적인 지침서가 필요하지 않을까? 그래서 우리는 팀원들이 서로를 이해하고, 서로에게서 최선을 이끌어내는 방법을 배우고, 잠재적 갈등 요인을 최대한 줄이고, 불가피하게 발생하는 갈등을 보다 건강하게 해소하는 방법을 찾기 위한 질문들을 궁리했다.

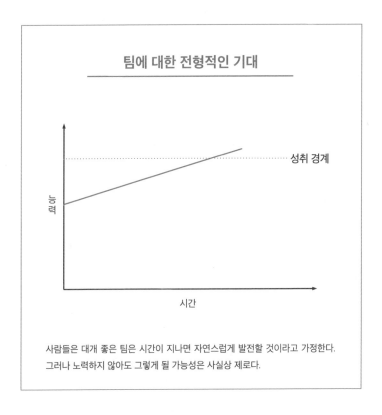

팀에 대한 전형적인 기대

성취 경계

능력

시간

사람들은 대개 좋은 팀은 시간이 지나면 자연스럽게 발전할 것이라고 가정한다.
그러나 노력하지 않아도 그렇게 될 가능성은 사실상 제로다.

스타트업의 전체 여정이 순조롭게 지나갈 가능성은 사실상 제로다. 그런데도 사람들은 대개 좋은 팀은 앞의 그림처럼 시간이 지나면 자연스럽게 발전할 것이라고 가정한다.

현실적으로 팀의 성과가 나아지는 전형적인 양상은 훨씬 덜 단선적이다. 우리는 프린스턴대학에서 수학한 사회심리학자 브루스 터크먼Bruce Tuckman의 획기적인 연구를 통해 이 사실을 확인했다. 형성기Forming, 격동기Storming, 규범기Norming, 성과기 Performing라는 팀 개발의 4단계를 처음 제시한 그의 연구는 수십 년이 지난 지금도 여전히 중요한 의미를 지닌다.

형성기는 팀원들이 처음 서로를 알게 되고, 역할과 책임 그리고 팀의 장단기 목표를 정하는 시기다. 이 시기의 특징은 대개 선의로 형성되는 긍정적인 분위기다. 팀원들은 서로의 유별난 점을 참아주고, 업무에 대한 개인적 접근법을 용인한다.

그러나 얼마 지나지 않아 팀원들이 자신의 의견을 표출하거나, 합의점을 찾는 데 애를 먹거나, 서로의 업무 스타일이 잘 맞지 않는다는 걸 알게 되면서 약간의 갈등과 긴장이 발생할 가능성이 높다. 이 시기가 격동기다. 이 시기에 많은 팀은 같이 성공을 이룰 수 있을지 의심하기 시작한다. 일부는 심지어 일찌감치 포기해버리기도 한다.

격동기를 지나 계속 나아가는 팀은 규범기에 진입한다. 이때부터 팀원들은 서로의 강점과 약점 그리고 업무 스타일의 차이를 이해하기 시작한다. 팀원들이 행동, 의사소통, 의사 결정에 대한 규범과 기준에 합의할 수 있다면, 성과기에 잠재력을 최

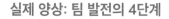

실제 양상: 팀 발전의 4단계

(터크먼[1965]의 연구 결과에서 차용)

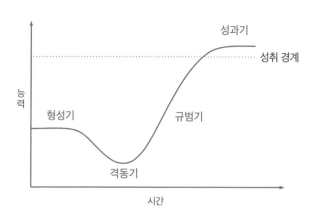

팀은 대체로 격동기를 거친다. 이 시기에는 팀원들이 자신의 의견을 표출하거나, 합의점을 찾는 데 애를 먹거나, 서로의 업무 스타일이 잘 맞지 않는다는 걸 알게 되면서 약간의 갈등과 긴장이 발생한다.

대한 발휘할 수 있다. 다만 새 팀원이 들어오거나, 새로운 경쟁 업체의 등장 또는 중대한 전략적 방향 전환 같은 외부 효과 때문에 격동기로 다시 밀려날 때마다 이 주기가 반복된다.[100]

유저 가이드는 팀이 격동기에서 최대한 적은 시간을 보내고 규범기를 향해 더 빨리 나아가도록 하기 위해 설계되었다. 유저 가이드가 효과적인 이유(그리고 스타트업 팀들이 워크숍 이후 오랫동안 가장 도움이 된다고 생각하는 이유)는 반복적이고 지속적인 갈등으로 이어지는 가장 흔한 요인에 대처할 수 있게끔 해주기 때문이다. 우리는 이런 갈등의 양상을 '격동 주기storm cycle'라고 부른다.

스타트업의 격동 주기

우리가 확인한 바에 따르면 개인적 갈등과 지속적 긴장으로 팀이 흔들릴 때, 팀원들은 신뢰 부족이 숨은 원인이라고 가정하는 경우가 많다. 그래서 신뢰를 개선하는 데 돈과 시간을 투자한다. 가령 업무 시간 후에 재미있는 이벤트를 기획하거나, 신뢰 구축 훈련을 하거나, 단순하게는 팀원들이 서로의 힘을 더 빌리도록 촉구한다. 이런 전략은 몇 주 동안 지속되는 일시적 효과를 제공할 수 있다. 그러나 보다 깊은 진단을 요구하는 이면의 문제를 해결하지 못하는 경우가 많다. 이런 고충을 겪는 스타트업은 터크먼이 말한 격동기를 지나고 있는 것이다.

우리는 리더들이 회사에서 일어나는 문제를 파악하는 데 도움이 되도록 진단용 흐름도를 만들었다. 이 흐름도에서 아래쪽으로 갈수록 역학은 덜 명확해지고, 솔직한 답변을 이끌어내기가 어려워진다. 그래도 마지막 항목까지 답변을 받아내는 데 성공하면 좀 더 효과적으로 해결책을 설계할 수 있으며, 신뢰 구축을 위한 이벤트보다 더 좋은 결과를 얻을 수 있다. 작성을

격동기의 전형적인 문제

깊이 숨겨진 문제를 진단하라	**껄끄러운 상호작용**	팀원들과 같이 일하는 것을 좋아합니까? 호전성이나 수동적 공격성 또는 대화 회피가 일을 어렵게 만듭니까?
	신뢰할 수 없는 결과물	서로가 신속하게 양질의 업무를 할 것이라고 신뢰할 수 있습니까? 자원의 한계를 감안해 어떻게 절충할지 확실하게 정했습니까?
	파편화된 협력	축구팀이나 육상 계주팀 또는 테니스 선수단처럼 서로에게 의존합니까? 개별적 업무를 우선시하는 결정을 내릴 때 자기 지향성이 너무 강하게 작용합니까? 팀에서 용인하고 건강한 것으로 포장하는 구조적 갈등이 있습니까?
	불균등한 헌신	팀원들이 (각자 맡기로 한 역할에 따라 조정된) 같은 수준의 열성과 집중력을 갖고 일합니까? 이 일을 통해 개인적으로 얻고자 하는 것이 무엇인지 알고 있습니까?
	모호한 방향 전환	무엇을 달성하고자 하는지 분명하게 확인했습니까? 언제 방향 전환을 시도하고, 언제까지 버틸지 분명하게 확인했습니까?

(오른쪽 세로 문구: 깊이 숨겨진 문제부터 먼저 대처하라)

완료한 유저 가이드는 이런 진단에 지극히 가치 있는 도구로 유용하다.

격동 주기에 발생하는 이 5가지 유형의 문제를 진단하기 쉬운 것부터 어려운 것까지 순서대로 자세히 살펴보자.

껄끄러운 상호작용이 가장 위에 있는 이유는 모든 팀원뿐 아니라 대개 외부자들에게도 드러날 가능성이 높기 때문이다. 호전성이나 수동적 공격성 또는 회피성 행동이 눈에 띄면 즉시 바로잡으려고 서두르지 말라. 우리가 확인한 바에 따르면, 팀원들이 성격 차이에 따른 갈등에 대해 불평할 때는 그 이면에 신뢰성 문제가 있는 경우도 많다.

신뢰할 수 없는 결과물은 만성적 불신을 초래할 수 있다. 다른 팀원들이 신속하게 양질의 업무를 해주기를 모두가 바라기 때문이다. 동료가 계속 큰소리만 치고 성과를 내지 못하거나, 기한을 지키겠다고 해놓곤 어기면 누구나 짜증이 나기 마련이다. 이것이 문제라면 아래로 더 내려가서 파편화된 협력이 원인인지 확인하라.

파편화된 협력은 팀이 어떤 협력 모형을 추구하는지 오인한 데서 기인할 수 있다. 협력 모형에는 3가지 기본적인 선택지가 있다.

1. 상호 의존형 축구팀 모형이라고도 부르는 이 유형은 팀원들이 서로에게 의존할 것을 기대한다. 한 플레이어가 하는 일이 다른 플레이어의 일로 직접 이어진다. 업무 사슬의 약한 고리는 전체 팀에 피해를 입힌다. 소프트웨어 개발팀이 이런 식으로 돌아간다. 그들은 코드 기반을 구축하는 각 단계에서 서로에게 많은 조언과 피드백을 제시한다.

2. 연쇄형 육상 계주팀 모형이라고도 부르는 이 유형은 개별 플레이어가 자신이 맡은 기술 부문에서 탁월한 성과를 내는 데 집중할 것을 기대한다. 또한 그 결과물을 다음 단계로 깔끔하게 넘기는 일이 중요하다. 반면 축구팀 모형처럼 팀원들이 서로를 보완해줄 기회는 적다. 이 조립 라인식 모형은 영업팀과 마케팅팀 사이에서 자주 볼 수 있다. 영업팀은 꾸준히 양질의 영업 대상을 제공받아야 일을 할 수 있다. 마케팅팀은 광고, 판촉용 우편물, 이메일 마케팅, 소셜 미디어를 활용해 영업 대상을 확보한다. 그러면 뒤이어 영업팀이 후속 작업에 들어간다.

3. 모임형 테니스 선수단 모형이라고도 부르는 이 유형은 가장 상호 의존성이 낮다. 테니스 선수단은 같이 훈련하고 대회에 참가한다. 하지만 모든 경기는 개인전이며, 각 플레이어는 자신의 기록에만 집중해야 할 동기를 지닌다. 많은 사업팀은 모임형이 대다수 상황에 잘 맞지 않는다는 사실을 모른 채 부지불식간에 이 모형을 채택한다.

아직 정하지 않았다면 팀원들에게 축구팀, 육상 계주팀, 테니스 선수단 중에서 무엇처럼 팀을 운영하려 하는지 물어보라. 일부 팀원은 다른 팀원들이 선호하는 모형에 맞추기 위해 협력 방식을 바꾸어야 할지도 모른다. 또한 팀원들이 용인하거나 심지어 건강한 것으로 포장하는 구조적 갈등이 있는지 확인하

라. (개인적 갈등과 구조적 갈등의 차이가 무엇인지 다시 확인하고 싶다면 4장으로 돌아가라.) 협력이 건강하지 못한 방식으로 파편화되어 있다고 여겨지면, 아래로 더 내려가서 그 원인을 파헤쳐라.

불균등한 헌신은 팀원들이 명백히 같은 수준의 열성과 집중력을 갖고 일하지 않을 때 감지된다. 이는 부당하다는 인식으로 이어진다. 이 문제에 대처하지 않으면 협력 관계가 무너질 수 있다. 다만 특정한 역할을 맡은 사람이 시기에 따라 더 많거나 더 적은 업무 부하를 받는 것은 자연스러운 일이다. 이처럼 업무량이 자연스럽게 증감한다는 점을 상기시켜서 동등한 노력에 대한 팀원들의 기대를 조정해야 한다. 불균등한 헌신이 진정한 문제라고 생각한다면 아래로 더 내려가라. 전략 전환이 혼란스럽거나 팀원들을 동참시키지 못한 것이 원인일지도 모른다.

모호한 방향 전환은 일부 팀원이 계속 회사에 남을지 고민하게 만드는 사명이나 전략의 변화를 말한다. 그들은 방향 전환에 동참하고 싶지 않거나, 자신이 효과적으로 기여할 준비가 되어 있지 않다고 생각할 수 있다. 또는 방향 전환이 혼란을 초래한 이유는 팀원들에게 충분히 명확하게 설명하지 않았거나, 애초에 창업자가 머릿속으로 명확하게 정리하지 못했기 때문일지도 모른다.

체크리스트를 먼저 위에서 아래로 점검한 다음, 상황을 파악한 후에는 아래에서부터 문제를 해결할 것을 권한다. 가령 위에 있는 질문들에 답변하고 나면, 격동의 가장 큰 요인이 명확하게 제시하지 않은 근래의 방향 전환임을 확인하게 될 수도 있다. 이 경우 모호한 방향 전환 문제부터 먼저 해결하고, 위로 올라가면서 헌신도의 차이나 껄끄러운 상호작용 같은 다른 문제를 해결하는 것이 최선이다. 이렇게 모호한 방향 전환 문제를 해결하면 많은 문제가 저절로 풀릴지도 모른다. 진정한 문제를 찾아 깊이 파고들어라. 그런 다음 가장 깊은 곳에 있는 문제부터 대처하라.

2타임의 리듬

아래 표는 2타임의 대략적인 일정과 진행자를 위한 지침이다.

2타임: 숨겨진 역학을 인식한다

오전 11시 20분 **유저 가이드 개괄**	진행자는 유저 가이드의 이면에 깔린 논리와 각 섹션 그리고 이 과제에 접근하는 데 필요한 올바른 마음가짐을 알려준다.
오전 11시 30분 **개별 작성**	팀원들은 1시간 동안 유저 가이드를 작성한다.

오후 12시 30분 **팀 토론**	팀원들은 긴 점심시간 동안 각 섹션에 대한 자신의 답변 내용을 공유한다.
오후 1시 50분 **10분간 휴식**	잘했다! 자리를 정리하고 잠깐 휴식을 취하라.

앞서 팀원들은 자신이 가진 리더십 측면의 강점과 약점을 성찰했다. 또한 개선이 필요한 영역에 대해 팀원들의 도움을 받았다. 현재 분위기는 성찰적이거나, 긍정적이거나, 행동을 취하려는 의욕이 넘치거나, 복합적일 것이다. 진행자는 정확히 오전 11시 20분에 2타임을 시작해야 한다. 낭비할 시간이 없기 때문이다. 시작이 늦어지면 나머지 일과에 지장이 생긴다.

유저 가이드 개괄: 해방적 구조 설정하기

팀원들은 다시 원형으로 모여 앉아야 한다. (의자만 놓고 테이블은 없앤다.) 진행자는 우리의 웹사이트에서 내려받았거나, 부록 D에서 복사한 유저 가이드를 나눠준다. 작성은 노트북이나 휴대폰이 아니라 펜으로 해야 한다. 이 방식은 주의 분산을 최소화할 뿐만 아니라 적어도 세션 후 편안하게 공유하기 전까지는 매우 사적이고 민감한 내용을 디지털 잉크로 남기지 않도록 해준다.

진행자의 첫 임무는 유저 가이드가 해방적 구조liberating structure를 지닌다는 사실을 설명하는 것이다. 해방적 구조는 일상적인 대화에서는 자연스럽게 나오지 않는 주제를 탐구하는 데 도움을 준다. 개인적 감정을 드러내는 것은 어려운 일일 수 있다. 그래도 이 단계는 팀 내 갈등 요소를 부각시키기 위해 반드시 필요하다. '해방적 구조'라는 말은 의도적으로 상반된 개념을 결합시킨 것이다. 즉, '해방적'은 자유, 자율성, 유연성을 시사하는 반면 '구조'는 규칙, 질서, 경계를 암시한다.

당신이 경계가 없는 아주 넓은 공터 한복판에 서 있다고 상상해보라. 이 경우 어디서 안전한 구역이 끝나고 위험한 구역이 시작되는지 알기 어렵다. 반면 구역의 경계를 나타내는 벽이 세워져 있으면, 어디가 안전선인지 정확하게 알 수 있다. 그래서 벽이 있는 곳까지 살펴보고, 심지어 그 너머를 내다보고 싶은 마음이 더 생길 것이다. 유저 가이드의 구조는 그것이 자유롭게 살펴볼 수 있는 안전한 영역임을 알려준다.

화합이나 대립을 억지로 연출하는 게 목표가 아님을 강조하는 것이 중요하다. 가짜 화합은 팀원들 간의 신뢰와 단결을 강화하는 데 도움이 되지 않는다. 다른 한편으로, 대립은 방어적이거나 비협조적인 태도 또는 공격적인 언사처럼 관계를 해치는 반응을 촉발할 수 있다. 또한 대립은 일부 팀원에게 유리하게 작용할 수 있다. 어떤 문화에서는 대립이 '묵은 감정을 털어내는' 유용한 방식이라고 본다. 반면 다른 문화에서는 싸우려드는 것이 미성숙하거나 자제력이 위험할 정도로 부족하다는 방증이라고 인식할 수 있다. 나중에 깊이 후회할 말을 하게 될 수도 있기 때문이다.

유저 가이드의 3가지 섹션은 대개 무슨 내용인지 바로 알 수 있다. 그래도 진행자는 먼저 각 섹션의 내용을 설명해 질문에 친숙해지도록 만들고, 답변을 작성하는 데 얼마나 많은 시간을 들여야 하는지 감을 잡게끔 해야 한다. 다음은 각 섹션에 대해 알려줄 만한 요점들이다.

섹션 1: 개인적 동기 동기는 각 팀원이 회사 업무, 의사 결정, 다른 팀원과의 교류에 얼마나 많은 에너지를 쏟는지에 영향을 미친다. 상충하는 동기는 쉽게 갈등을 초래한다. 우리는 참가자들에게 머리, 가슴, 지갑이라는 단순한 어림법을 통해 성찰하도록 요청한다. 즉, 회사에 들어온 이유가 지적 도전 (머리) 때문인지, 의미 있는 영향(가슴)을 미치기 위해서인지, 금전적 또는 사회적 자본(지갑)을 구축하기 위해서인지 묻는다. (자세한 내용은 유저 가이드에서 확인할 수 있다.)

섹션 2: 업무 스타일 각 팀원에게는 일을 하는 고유의 방식이 있다. 각각의 선호 방식과 그 이면의 이유를 더 잘 이해할수록 효과적으로 협력하기가 쉬워진다. 이 섹션의 질문은 각 팀원의 장단점, 서로에게서 최선(및 최악)의 성과를 이끌어 내는 요인, 피드백을 제공하고 갈등을 해결하는 가장 효과적인 방식이 무엇인지 밝혀줄 것이다.

섹션 3: 협력 관계 서로에 대한 불분명한 기대와 부당하다는 인식은 모든 스타트업 팀에서 갈등을 초래하는 양대 요인이다. 이 섹션은 팀원들이 서로에게서 기대하는 것이 무엇인지, 지금까지의 협력 관계가 얼마나 공정하다고 느끼는지,

최악의 시나리오에 어떻게 대비할 것인지 확인하는 데 도움을 준다. 이처럼 마음속 깊이 묻어둔 분노를 드러내도록 요구하기 때문에 가장 어려운 섹션이기도 하다.

이 섹션에 이르면, 진행자는 성찰과 작성을 위한 침묵의 시간을 선언해야 한다. 또한 팀원들이 따로 흩어지는 동안, 제대로 답변을 작성하려면 1분도 낭비하지 말아야 한다고 알려줘야 한다. 실제로 팀원들은 시간이 더 있었으면 좋겠다고 생각할 것이다.

성찰 및 작성 시간과 관련해 자주 묻는 질문

작성 시간에 질문이 나올 수 있다. 그중 자주 제기되는 몇 가지 질문을 아래에 소개한다.

유저 가이드라는 이름이 붙은 이유가 뭔가요? 우리는 제품이 아니잖아요! 물론 여러분은 제품이 아니다. 다만 이 비유는 목표를 파악하는 데 도움을 준다. 즉, 동료들이 서로의 동기, 업무 스타일, 기대, 공정성에 대한 인식, 잠재적 난관을 이해하는 일을 더 쉽게 해준다. 이런 것들을 분명하게 확인해두면 서로 절충하고, 신뢰를 쌓고, 보다 효과적으로 일하는 게 더 쉬워진다. 우리의 목표는 서로를 조종하거나 말 그대로 이용하는 것이 아니라 개방적인 의사소통, 공감, 협업을 촉진하는 것이다.

공개하고 싶지 않은 개인적인 내용도 털어놓아야 하나요? 아니다. 어떤 것도 억지로 공개할 필요는 없다. 우리는 이런 활동이 두렵게 느껴질 수 있으며, 어느 때보다 더 많은 걸 드러내는 위험을 자발적으로 감수할 때에만 효과적이라는 사실을 알고 있다. 그래도 서로 정보와 감정을 나누는 데 참여할 것을 적극 권장한다. 서로의 동기, 업무 스타일, 기대를 밝히면 팀 전체에 유용한 공통의 이해가 형성된다. 최대한 솔직하고 취약한 모습을 과감하게 보여줌으로써 형성된 다른 팀원들과의 유대는 앞으로의 업무 경험을 크게 개선할 것이다.

팀원들에게 저와 어떻게 일해야 하는지 말하는 게 불편합니다. 제가 팀원들의 업무 스타일에 맞춰야 하는 것 아닌가요? 불편하다고 느끼는 건 이해할 수 있다. 하지만 일부 팀원만 다른 팀원의 필요와 선호를 배려해야 한다면 협업과 의사소통에 지장이 생길 것이다. 동료들이 당신에 대해 더 많이 알수록, 당신이 생산적이고 성공적으로 일할 수 있는 방식으로 더 잘 협력하게 된다. 유저 가이드는 오해와 피할 수 있는 갈등을 줄이고 모두의 경험을 개선하도록 설계되어 있다. 다만 누구도 다른 팀원들과 관계 맺는 방식을 억지로 바꿀 필요는 없다.

시간이 흘러서 나중에 답변 내용이 바뀌면 어떻게 하나요? 유저 가이드는 지금 당신이 품은 생각과 감정을 담은 스냅사진과 같다. 일부 답변은 역할이 진화하고, 업무 경험과 리더경험이 더 쌓이고, 회사 규모가 커지거나 사업 방향을 전환하면서 바뀔 가능성이 높다. 심지어 워크숍 때 팀원들에게서 들은 피드백을 토대로 바뀔 수도 있다. 그래도 괜찮다. 향후에 답변 내용을 얼마든지 수정할 수 있다.

답변을 다 작성했는데 시간이 남아요. 뭘 해야 하나요? 다시 뒤로 돌아가 제일 위에서부터 세부 사항과 통찰을 추가할 곳이 있는지 살펴보라. 좀 더 관대하고 팀을 중시하는 관점을 취하라. 답변에 더 많은 내용을 넣을수록 더 많이 얻게 될 것이다. 때로는 몇 분 동안 유저 가이드를 내려놓고 창밖을 내다보며 가장 어려운 질문에 대해 생각하면 도움이 된다. 행동을 선호하는 사람에게는 성찰이 어려울 수 있지만, 그래도 노력할 가치는 있다.

팀 토론: 단결심이 형성되는 시간

(10분 전 또는 5분 전 고지 후) 12시 30분에 답변 작성이 끝나면, 진행자는 점심시간을 알린다. 그러면 팀원들은 몇 분 동안 스트레칭을 하거나, 화장실에 가거나, 주문한 음식을 가져온다. 뒤이어 진행자는 식사를 하면서 한 번에 한 섹션씩 유저 가이드에 적은 내용에 대해 토론할 것이라고 설명한다. 모두가 자신의 답변을 공유하고, 다른 사람의 답변과 관련된 토론에 참여해야 한다.

토론을 진행하는 동안 진행자의 주된 역할은 시간을 확인하고, 주요 내용을 필기하고, 모두가 자신의 생각을 나눌 기회를 얻도록 대화의 흐름을 관리하는 것이다. 진행자는 최대한 적게 말하고, 대화가 정체되거나 대처해야 할 문제 또는 이견이 있을 때에만 개입하는 것이 이상적이다. 다만 (피스크 사례에서 본 대로) 드문 일이지만 긴장된 분위기를 풀기 위해 토론에 참여해야 할 수도 있다. 이때 서로를 존중하면서 생산적으로 토론이 이루어지도록 노력하는 한편, 모든 이견을 풀어내는 데 도움이 되는 질문을 하는 것도 좋다.

대부분의 경우 팀 토론은 업무 환경에서 경험한 다른 어떤 일보다 더 팀을 단결시킬 것이다. 유저 가이드의 해방적 구조는 팀원들이 다른 자리에서는 회피할 민감한 주제에 대해 이야기하도록 유도한다. 팀원들이 차례로 다른 관점을 제시하는 가운데 번뜩이는 통찰을 얻을 수도 있다. 가령 '그래서 사용자 경험에 그렇게 집착했던 거구나!' '언제 회사가 인수되거나 상장될지 계속 이야기한 이유가 저거였어!' '기한을 맞출 수 있는지 확인할 때마다 화를 낸 이유가 그거였어!'라고 깨달을 수 있다.

대개의 경우 팀원들은 처음에 생각했던 것보다 서로의 공통점이 더 많다는 사실을 알게 된다. 즉, 동료와 자신의 가치관이나 관심사 또는 업무 스타일이 같다는 것을 깨닫는다. 이는 단결심을 고취하고 팀을 하나로 묶는 데 도움이 된다.

(일반적인 입무 회의와 달리) 팀 토론이 특히 강력한 효과를 발휘하는 이유는 누구도 대화를 지배할 수 없고, 모두가 모든 질문에 답변해야 하므로 의도적으로 침묵할 수 없기 때문이다.

팀 토론은 평등한 분위기를 조성한다. 그래서 내성적이거나, 자신의 생각을 잘 드러내지 않으려는 사람들에게는 변화의 계기로 작용할 수 있다.

2타임은 1시 50분에 끝난다. 팀원들은 자리를 치우면서도 팀 토론을 계속했으면 좋겠다고 느낄지 모른다. 이 경우, 진행자는 어떤 의미에서 팀 토론은 워크숍이 끝난 후에도 오래도록 계속될 것이라고 안심시킬 수 있다. 유저 가이드는 미래의 수많은 논의에 필요한 재료를 제공한다. 어떤 팀은 모든 팀원의 유저 가이드를 스캔해서 공유 드라이브에 올려놓기도 한다. 그러면 나중에 쉽게 확인할 수 있다. 가령 한 창업자는 팀원들에게 피드백을 줄 때 유저 가이드를 참고한다. 각 팀원이 어떤 방식을 선호하는지 알면 한결 편안하게 피드백을 줄 수 있기 때문이다. (12장에서 워크숍 이후에도 이 도구를 활용하는 추가적인 방법을 알려줄 것이다.)

10분의 휴식 시간이 끝나면 흔히 워크숍에서 가장 많은 변화를 일으키는 3타임을 시작할 시간이다.

3타임:
가면을 벗는다

이제 팀원들은 하루 중 가장 꾸밈없고 거침없는 시간으로 접어든다. 3타임은 팀원들이 스스로 자기 회의, 불안, 열등감을 성찰할 기회를 준다. 이 구간의 주요 활동은 '가식 고백 모임'이다. 이때 팀원들은 자신이 세상에 내세우는 허울과 자기 정당화를 위한 절반의 진실을 들여다본다. 이런 것들은 마음속 깊은 곳에 자리 잡은 자기 회의와 열등감을 감추기 위한 겉치레인 경우가 많다. 가식 고백 모임은 우리가 접한 다른 어떤 활동보다 더 신뢰와 단결심을 잘 구축한다.

이번 장은 우리가 가식 고백 모임을 만들게 된 과정과 그것이 효과적인 이유를 보여준다. 또한 개인적 취약성을 드러내는 우리의 이야기도 담고 있다. 우리는 워크숍을 진행할 때 이 이야기를 들려준다. 우리가 요구하는 것과 같은 수준의 고백을 기꺼이 할 수 있다는 의지를 보여주기 위해서다. 끝으로, 진행자를 위한 필수 지시 사항과 더불어 '3타임의 리듬'을 제시할 것이다.

가식 고백 모임의 기원

우리는 스타트업 생태계를 지배하는 자랑 문화에 대한 해독제로서 가식 고백 모임을 만들었다. 많은 창업자는 자신의 원대한 구상, 자격 요건, 회사의 초기 진전에 대해 지극한 자신감을 보여야 한다는 압박을 느낀다. 하지만 (5장에서 확인한 대로) 사적으로는 완벽주의에서 비롯된 자신감 부족에 시달리는 경우가 많다. 다른 모든 사람은 무슨 일을 해야 하는지 정확하게 알고 있는 것처럼 보이기 때문이다.

가식 고백 모임은 혼자만 그런 게 아니며, 이 일에 뛰어든 모든 사람이 같은 열등감이나 불안감 또는 자기 회의를 느낀다고 안심시킨다. 또한 팀원들에게 심리적 냉수욕을 제공해 가면 증후군이 만연했음을 일깨운다.

우리는 집단심리치료법의 효력에 관한 연구 결과에서 영감을 얻었다.* 대다수 사람은 집단요법이 제2차 세계대전 직후 군

---

* 분명히 해두자면, 가식 고백 모임을 정식 치료 요법과 혼동해서는 안 되며, 정신과 의사의 전문적인 도움을 대체하는 대안으로 활용해서도 안 된다.

대에서 시작되었다는 사실을 모른다. 당시 미국과 영국에는 외상 후 스트레스 장애(PTSD) 증상을 보이는 수많은 퇴역 군인을 일대일로 상담해줄 정신과 의사가 너무 적었다. 그래서 불가피한 절충안으로 집단요법을 시작했고, 이는 곧 매우 효과적인 방식인 것으로 밝혀졌다. 비슷한 트라우마를 가진 퇴역 군인을 한데 모으는 방식은 서로를 이해하고 도우려는 분위기를 조성했다.[101] 이제 우리는 적어도 일부 상황에서는 집단요법이 개인적 요법보다 더 효과적이라는 사실을 알고 있다.[102]

우리는 집단요법의 3가지 요소를 가식 고백 모임에 도입했다.[103]

첫 번째 요소는 '보편성'이다. 이는 참가자들이 자신만 느낀다고 생각하는 부정적 감정을 실은 동료들도 폭넓게 경험한다는 사실을 깨닫게 만드는 것이다. 자기 회의 및 열등감과 씨름하는 일은 힘들다. 고립감은 그 어려움을 가중시킨다. 이런 힘든 감정이 모두에게 일반적으로 생긴다는 사실을 보여줄 때, 팀원들은 대체로 누구나 그럴 수 있음을 확인하고 안도한다. 우리는 가식 고백 모임 후에 "저만 그런 줄 알았어요"라는 식의 반응을 흔히 접한다.

두 번째 요소는 정신과 의사들이 말하는 '색인 사건index event'이다. 우리는 참가자들의 불안이나 열등감 이면에 놓인 사건을 밝히게끔 한다. 그러기 위해 흔히 아동기나 청소년기까지 거슬러 올리가 기억 속에 도드라진 사건이나 경험의 패턴을 떠올려보라고 요청한다. 즉, 과거와 현재를 연결하는 것이다. 또한 다른 참가자들에게서 비슷한 이야기를 듣게 만든다. 그러면 해소되지 않은 감정을 탐구하고, 불쾌한 기억에 따른 고통을 줄일 수 있다. 이는 앞으로 닥칠 난관에 끈기 있게 대처할 수 있도록 도움을 줄 것이다.

마지막 요소는 '카타르시스catharsis'다. 가식 고백 모임은 카타르시스의 순간을 경험하게 해준다. 안전한 자리에서 마음속 깊이 감춰둔 개인적 이야기를 들려주고 열등감을 드러내는 것은 억눌렀던 부정적 감정을 배출시킨다. 이런 배출은 대단한 카타르시스를 안겨준다. 그래서 가식 고백 모임을 끝낸 후 놀라울 정도의 후련함이나 내면의 안정을 느끼는 사람이 많다.

취약성은 자랑이다: 아름다운 허점 효과

3타임은 놀라운 수준의 취약성과 자기 노출self-disclosure을 요구하는 것처럼 보일 수 있다. 실제로도 그렇다. 다만 그것은 최종적으로 얻는 대가가 동료들에게 속마음을 열면서 생기는 초기의 불편함을 정당화해주기 때문이다.

많은 사람이 자기 노출을 나약함이나 방종의 징표로 여긴다. 그러나 알고 보면 어떤 사람들은 부정적인 노출로 여기는 것을 다른 사람들은 아주 다르게 인식하는 경우가 많다. 사회심리학자들은 '아름다운 허점 효과beautiful mess effect'라는 역설로 이를 설명한다.[104] 그들은 여러 사회적 실험을 통해 취약성을 드러내는 사람은 자신이 약하고, 부적절하고, 결함 있는 것처럼 보일까 봐, 즉 허점을 보일까 봐 걱정한다는 사실을 확인했다. 하지만 이런 자기 노출을 대하는 다른 이들은 그 사람에 대해 존중할 만하고, 용기 있고, 강하다고 말할 가능성이 높다. 여러 연구 결과는 사람들이 자신의 자기 노출보다 다른 사람의 자기 노출을 15퍼센트 더 긍정적으로 평가한다는 사실을 보여준다.

연구자들은 이런 불일치가 심리적 거리 때문이라고 설명한다. 우리는 자신의 취약성을 한층 분명하게 열심히 바라본다. 우리 자신으로부터 떨어져 있지 않기 때문이다. 그래서 모든 결함과 실수를 인지하고 비판한다. 반면 다른 사람이 자기 노출을 통해 취약성을 드러내는 모습을 볼 때는 다르다. 우리는 상대와 거리를 두고 있기 때문에 좀 더 객관적인 관점을 취하며, 좋은 측면과 나쁜 측면을 모두 인식할 수 있다.

하버드 경영대학원과 와튼 스쿨의 연구자들은 기업 환경에서도 비슷한 현상을 발견했다. 사람들은 도움을 요청할 때 무능하게 보일까 봐 두려워한다. 하지만 다른 이들은 그런 사람을 더 유능하다고 인식한다. 실제로 조언을 구하는 사람은 동일하게 어려운 과제를 수행할 때 혼자 알아서 하는 사람보다 16퍼센트나 더 유능하다는 평가를 받는다.[105]

세계적인 취약성 전문가 브레네 브라운Brené Brown에 따르면 전통적인 젠더 역할은 이 역학에 기여한다. 전통적인 남성성과 여성성은 모두 취약한 모습을 드러내는 걸 부끄럽게 여긴다. 다만 수치심을 촉발하는 요인이 다르다. 전통적인 남성성을 과시하려는 사람은 나약하거나 무능하게 보이는 일을 피하려는 경향이 있다. 다른 한편, 여성성에 대한 전통적인 규범은 완벽주의를 포함한다. 그래서 여성은 "모든 일을 하되 잘 해낼 수 있어야" 하며 "땀 흘리는 모습을 보여서는 안 된다"는 신화를 만든다.[106]

취약성을 약점이 아니라 자랑으로 인식하면 수치심을 촉발하는 요인을 제거하고 다른 사람들과 좀 더 건강하고 진솔한 관계를 맺을 수 있다. 또한 취약성을 수용하면 경험을 통해 배우고 개인적 성장을 이룰 수 있다. 아울러 서로를 좀 더 지지하고 포용하며, 회복력 있는 팀을 육성할 수 있다.

가식 영역

자신감 과잉과 부족에 대해 배운 5장의 내용을 떠올려보라. 새로운 프로젝트나 활동에 임할 때는 대개 자신감이 절정에 이른다. 그러다가 더 많은 것을 배우고 기술을 연마함에 따라 자신감이 줄어든다. 쌓여가는 경험은 현재 자신이 진정으로 탁월한 수준에서 얼마나 멀리 떨어져 있는지 알려준다. 이런 인식은 계속 노력하고, 열심히 일하고, 최선을 다하도록 우리를 밀어붙인다. 문제는 스타트업 업계에 자랑 문화의 압박이 흔하다는 것이다. 그래서 많은 사람은 열등감이 촉발한 자기 방어 수단에 매달린다. 이때 그들은 가식 영역에 들어서서 협력자,

투자자, 고객, 친구, 가족에게 근본적으로 정직하지 않은 이야기를 반복한다.

가식 영역 훈련에서 우리는 참가자들에게 자신이 어떤 방식으로 가식적인 모습을 보이는지 성찰하도록 요청한다. 잠재의식 차원에서 자기 방어 수단의 3가지 유형, 즉 가짜 낙관론, 가짜 강인함, 가짜 초연함 중 하나에 기대고 있지는 않은가?

(5장의 내용을 짧게 다시 설명하자면, 가짜 낙관론은 일이 잘 풀리는 척 허세를 부리는 것을 말한다. 새로운 난관에 맞춰진 초점을 다른 곳으로 옮기는 것이 그 목적이다. 이 경우 팀과 투자자들은 모든 것이 잘되고 있다고 믿게 된다. 가짜 강인함은 과거의 성공을 내세우거나 자신의 전문성을 뽐내는 한편, 오만하게 행동하고 모든 약점을 숨기는 것을 말한다. 가짜 초연함은 표정을 숨겨서 침착하고 독립적으로 보이려 애쓰는 동시에 침묵을 활용해 주목받지 않으려 하는 것을 말한다.)

우리는 참가자들에게 이런 자기 방어 수단을 직시하도록 요청한다. 그것은 묘사하기 어려운 감정을 명확하게 표현하는 데 유용하다. 앞 장에서 언급한 대로 이는 해방적 구조를 만든다. 즉, 이전에는 인식하지 못했거나 오해하던 행동을 더 잘 이해하고 묘사할 수 있다. 완전한 자기 인식에 이르는 것은 (불가능하지 않다면) 평생에 걸친 여정이다. 그럼에도 가식 고백 모임에 참가하는 일은 그 길에 오르는 핵심적인 단계가 될 수 있다.

가식 고백 모임에서 들려주는 우리의 이야기

우리는 가식 고백 모임을 진행할 때 먼저 자발적으로 모범을 보인다. 그러면 다른 참가자들도 동참하는 분위기가 만들어진다. 내밀한 이야기를 털어놓아도 괜찮다는 것을 보여주기 때문이다. 또한 팀원들의 거친 비판이나 재단이 아니라 지지를 받는다는 것도 알게 된다.

우리는 앞서 말한 바를 실천하기 위해 각자의 개인적 이야기를 여기에 수록하고자 한다. 다만 지금까지 여러 번 가식 고백 모임에 참가했기 때문에 약간 다듬어진 버전을 들려줄 것이다. 처음 참가하는 사람이 들려주는 이야기는 자연히 더 거칠고 덜 명확하기 마련이다. 우리의 이야기가 인종차별이나 부모의 죽음을 겪은 독자에게는 트라우마나 심한 불안을 촉발할 수 있음을 미리 밝혀둔다.

마틴의 이야기

나의 가식은 지적 능력을 내세우는 것이다. 그 근저에는 나의 인종적 배경과 관련된 열등감이 있다.

나는 필리핀에서 태어나고 자랐다. 필리핀은 거의 400년 동안 스페인, 일본, 미국의 식민 지배를 받았다. 가난과 부패가 만연했지만 그래도 활기가 넘치는 나라다. 나는 미국을 모든 영역에서 우월성의 기준으로 여기며 자랐다. 미국으로 이민을 떠나 조금이라도 성공한 모든 필리핀 사람은 우리 동네에서 영웅이자 모범으로 칭송받았다. 그래서 나는 어린 시절부터 그렇게 되겠다고 마음먹었다.

하지만 2009년 대학원생으로 미국에 왔을 때 은근한 열등감이 나를 강하게 억눌렀다. 내가 아는 모든 사람 중 백인 남성들과 같이 있을 때면 무의식적으로 가장 불편하게 느껴졌다. 그들은 언변이 뛰어났고, 자신감이 넘쳤다. 그들의 영어 구사 능력은 감탄스러웠다. 나는 여러 언어를 쓰는 환경에서 자랐다. 집과 학교, 직장에서 영어와 두어 개의 필리핀어 방언에 몇 가지 외국어를 섞어서 쓰는 법을 배웠다. 대화를 나눌 때 하나의 언어만 계속 쓰기가 어려웠다. 그래서 영어로 적절한 단어와 문장 구조를 떠올리지 못해 애를 먹는 경우가 많았다. 속으로는 강한 필리핀 억양도 창피하게 여겼다. 영어로 말할 때 느리고, 투박하고, 우둔하게 들릴 것 같았다. 이런 열등감의 결과로 새로운 동료들과 진솔하고 편안하게 우정을 쌓을 수 없었다. 심지어 30대 초반이 되어서도 전 세계에서 많은 청중을 앞에 두고 강연할 때 백인 남성이 있는지부터 급히 살폈다. 청중 가운데 백인 남성이 있으면 경계심이 생기는 게 몸으로 느껴졌다.

나는 경력 초기에 미국인 동료들과 같은 목표를 추구하고, 같은 노력을 기울인다 해도 내가 부족할 것이라 믿었다. 그래서 나 자신을 동정하는 대신 한눈팔시 않고 누구보다 열심히 노력했다. 누가 주말이 짧다고 불평하거나 주 4일제 근무로 바뀌기를 바랄 때마다 그러면 좋겠지만 나와는 무관하다고 생각했다.

대학원을 졸업하고 한참이 지난 후에도 나는 지식과 연구 내용이 인상적이라거나, 아이디어가 날카롭고 독창적이라는 말을 들을 때마다 큰 기쁨을 느꼈다. 이처럼 두각을 드러내기 위해 지적 우월성을 뽐내는 것이 내가 쓰는 가면의 큰 부분이다.

요즘은 나의 개인적 역사와 배경을 회피하지 않고 수긍하는 법을 배웠다. 가령 2020년 한 흑인 동료로부터 내가 자신에게 미세 차별microaggression을 가한다는 정중한 지적을 받았다. 나는 전혀 모르는 일이었다. 내면의 목소리는 "나도 외부자예요! 당신과 같다고요!"라고 외치고 싶어 했다. 하지만 며칠 후 내가 더 이상 막 이민 와서 어찌할 바를 모르던 20대 청년이 아니라는 사실을 깨달았다. 이제 나는 어느 정도의 권한과 특권을 누리고 있었다. 동시에 다른 사람들을 북돋아야 할 도덕적 의무도 지고 있었다. 동료가 용기 내서 문제를 제기하고 유용한 피드백을 제공해준 것이 너무나 고마웠다.

나는 지금까지 조시를 포함해 다정한 마음씨를 가진 수많은 백인 동료와 끈끈한 사적, 공적 관계를 맺어왔다. 그들은 내가 나 자신과 그들에 대해 품었던 인식이 왜곡되었음을 깨닫게 했다. 아무리 자신감 넘쳐 보인다 해도 우리는 모두 은밀한 열등감을 품고 있다. 사회적 특권은 실재하며, 무시해서는 안 된다. 그럼에도 우리는 겉으로 보기보다 많은 공통점을 갖고 있다.

　나의 가식은 감정적 거리감을 내세우는 것이다. 트라우마와 불안에 시달린 나의 숨겨진 과거를 사람들이 알게 되면 무능하게 여길까 봐 너무나 두렵기 때문이다.

　나는 2015년 그다지 기술적 배경이 없는 상태로 구글에 입사했다. 나의 전공은 생물학과 심리학이었다. 대학 졸업 후에는 몇 년 동안 환경 분야에 종사했다. 야생 체험 가이드로 일하기도 했고, 여러 환경 단체에서 다양한 직책을 맡았다. 그러다가 대학 동창이 만들어서 막 시리즈 A 투자 유치를 마친 스타트업에서 일하려고 즉흥적으로 샌프란시스코로 이사했다. 모험을 마다하지 않는 성격이었기에 어떤 일이 생기는지 보고 싶었다. 하지만 거기서 근무한 지 6개월 후부터 상황이 나빠지기 시작했다. 대학 동창은 내게 구글의 초급 직원 일자리를 알아봐주었다.

　구글에 들어와서는 쭉 기술 부문에 종사한 동료들과 일했다. 그중에는 업계 경력이 20년 이상인 사람도 있었다. 위축된 나는 그걸 감추려고 절대 질문하지 않았다. 멍청하게 보일까 봐 두려웠기 때문이다. 대신 최대한 빨리 따라잡기 위해 긴 시간을 일했다. 그러나 혼자 해보려던 나의 시도는 오히려 기술적 전문성을 갖춘 멘토를 찾지 못하게 만들었다. 그랬다면 훨씬 빨리 업무를 습득할 수 있었을 텐데 말이다.

　나는 구글처럼 스트레스가 많은 직장에서 일하기 전부터 이미 공황장애와 불안에 취약한 기질을 갖고 있었다. 내가 20대

중반일 때 아버지가 비극적인 사고로 돌아가셨다. 그 자리에 나도 있었다. 나중에 심리상담사가 진단한 바에 따르면, 그 고통스러운 기억은 내게 외상 후 스트레스 장애를 남겼다.

나는 그런 심리적 부담을 안고 있을 뿐 아니라, 낯설고 경쟁이 심한 환경에서 성공해야 한다는 압박까지 받았다. 유일한 극복 전략은 더 열심히 일하는 것이었다. 나는 모든 회의에서 가장 잘 준비된 사람으로 인정받는 데 집착했다. 심지어 말쑥하게 보이려고 10년 만에 처음으로 면도까지 했다!

그러던 어느 날, 한 번도 같이 일한 적 없는 팀한테 새로운 자료를 소개하는 회의에 참석하게 되었다. 제대로 준비하지 못했다는 생각에 스트레스가 몰려왔다. 그러자 갑자기 창문 없는 작은 회의실 벽이 내게로 밀려오기 시작했다. 심한 공황 발작이 닥치려는 참이었다. 결국 나는 발표 중간에 어색하게 양해를 구하고 화장실로 갔다. 거기서 공황 발작이 끝날 때까지 견뎌야 했다. 겪어보지 않은 사람들에게 공황 발작이 얼마나 끔찍한지 설명하기는 어렵다. 기이한 생각이 떠오르고, 땀이 나고, 심장이 뛰고, 호흡이 가빠진다. 마치 세상이 곧 끝날 것 같은 느낌이 마음속을 가득 채운다. 그나마 이전에 몇 번 겪은 적이 있기 때문에 심한 증상도 몇 분이면 지나간다는 사실을 알고 있었다. 나는 공황 발작이 끝난 후 회의 참가자들에게 문자 메시지로 몸이 안 좋다는 핑계를 대며 사과했다. 솔직하게 말하기가 너무 창피했다.

이후로 보다 균형 잡힌 삶을 살고, 보다 진정성 있는 모습을 보이기로 마음먹었다. 그래서 명상 및 건강 수련회에 참석하고 자기 계발서를 읽는 등 개인적 성장을 이룰 기회를 끊임없이 추구해왔다. 또한 다른 사람들에게 도움을 줄 수 있는 일을 하려고 노력한다. 마틴과 같이 이 책을 쓴 것도 그런 일 중 하나다. 나의 내면에는 여전히 가면 증후군의 흔적이 남아 있다. 또한 나 자신을 바꾸려는 이 모든 노력에도 불구하고 여전히 솔직한 모습을 보이기보다 방어적인 겉치레를 하는 경향이 있다. 우리 모두가 그렇듯이 나 역시 아직 가야 할 길이 먼 것 같다.

가식 고백 모임의 힘

이 이야기들을 읽고 나니 우리에 대한 인식이 변했는가? 이제는 우리가 단순한 저자가 아니라 실제 사람처럼 보이는가? 우리에 대한 신뢰도가 바뀌었는가? 우리가 팀 동료라면 우리에게 얼마나 편안하게 당신의 이야기를 들려줄 수 있겠는가? 팀이 힘든 시기를 지날 때 우리가 당신을 뒷받침해줄 것이라는 생각이 드는가?

이 질문들에 대한 답변은 3타임이 지닌 잠재적 힘을 보여줄 것이다. 그 힘이 작용하면 팀 역학에 극적이고 지속적인 효과를 미칠 수 있다. 우리는 동료를 바라보는 시선이 완전히 바뀌었다는 말을 자주 듣는다. 가면을 벗는 일은 서로를 좀 더 분명

모닥불 타임의 감정적 여정

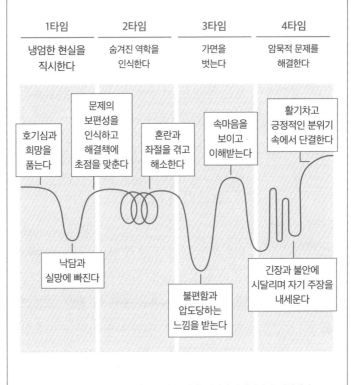

1타임	2타임	3타임	4타임
냉엄한 현실을 직시한다	숨겨진 역학을 인식한다	가면을 벗는다	암묵적 문제를 해결한다

호기심과 희망을 품는다

문제의 보편성을 인식하고 해결책에 초점을 맞춘다

혼란과 좌절을 겪고 해소한다

속마음을 보이고 이해받는다

활기차고 긍정적인 분위기 속에서 단결한다

낙담과 실망에 빠진다

불편함과 압도당하는 느낌을 받는다

긴장과 불안에 시달리며 자기 주장을 내세운다

3타임으로 뛰어드는 일은 무섭게 보일 수 있다. 하지만 장담하건대, 정상에서 보는 풍경은 엄청날 것이다. 그러니 용기를 갖고, 손잡이를 꽉 잡고, 롤러코스터를 즐겨보라!

하고 솔직하게 바라보도록 해준다.

지금까지 우리는 하루 동안 폭넓은 감정을 촉발할 수 있도록 워크숍의 내용을 다듬었다. 워크숍에 대한 반응은 참가자마다 다르다. 다만 거의 롤러코스터를 탄 것 같은 감정적 여정을 거치는 경우가 가장 흔하다.

3타임으로 뛰어드는 일은 무섭게 보일 수 있다. 하지만 장담하건대, 정상에서 보는 풍경은 엄청날 것이다. 그러니 용기를 갖고, 손잡이를 꽉 잡고, 롤러코스터를 즐겨보라!

3타임의 리듬

이 타임은 다른 타임보다 상당히 긴 준비 시간을 필요로 한다. 물리적 공간을 준비하고, 활동을 위한 분위기를 조성하며, 안전 지침을 마련해야 하기 때문이다. 또한 더 많은 융통성도 필요하다. 어떤 이야기가 나올지, 팀원들이 어떻게 반응할지 예측할 수 없기 때문이다. 진행자는 육감을 활용해 즉흥적으로 방향을 전환해야 한다. 즉, 악보를 보고 연주하는 클래식 피아노 연주자가 아니라 즉흥 연주를 하는 재즈 피아노 연주자에 더 가까워야 한다.

다음은 각 섹션의 개요와 세부 내용이다.

3타임: 가면을 벗는다

오후 2시 이전 **공간 준비**	진행자는 방을 어둡게 만들고 바닥에 원형으로 방석을 배치한다. 중앙에는 모닥불 영상을 보여 주는 4대의 노트북을 네 방향으로 놓는다.
오후 2시 **착석**	진행자는 자기 노출 훈련의 목적과 구조 그리고 안전 지침에 대해 설명한다. 그런 다음 먼저 개인적 이야기를 들려주면서 분위기를 조성한다. 팀원들은 조용히 자신의 불안과 열등감 그리고 그것을 가리기 위해 활용한 자기 방어 수단을 성찰한다.
오후 2시 20분 **가식 고백 모임**	각 팀원은 자신이 성찰한 내용을 이야기한다. 다른 팀원들은 재단하거나 조언하지 않고 듣기만 한다. 지금은 인간적인 차원에서 진정으로 소통하는 시간이다.
오후 2시 50분 **정리**	모두가 이야기를 마친 후 10분 동안 긴장을 풀고, 깨달은 바를 나누고, 솔직한 고백에 감사하는 마음을 표현한다.
오후 3시 15분 **휴식**	축하한다! 당신은 방금 오늘 일과에서 가장 어려운 부분을 마쳤다. 이제 스트레칭을 하고 마지막 구간을 위해 기운을 충전할 때다.

공간 준비: 대화를 바꾸기 위해 환경을 바꾼다

팀이 도착하기 전에 진행자가 특별히 신경 써서 3타임을 위한 공간을 준비할 것을 권장한다. 환경을 활용해 어떻게 참가자들에게 이전과는 다른 종류의 대화를 나눌 것이라고 알려줄지 생각하라. 선택 사항이기는 해도 이상적인 환경은 다음과 같다.

- 두꺼운 커튼으로 실내를 어둡게 만든다.
- 충분히 환기하고 편안한 온도를 맞춘다.
- 큰 방석이나 빈백을 둥글게 배치한다.
- 중앙에 여러 대의 노트북을 놓고 모닥불 영상을 반복 재생한다. 이때 소리도 같이 나와야 한다. 야외에서 하는 경우 실제로 모닥불을 피우면 더 좋다.

환경은 실로 중요하다. 팀원들에게 이전에 하지 않던 일을 하도록 요청해야 하기 때문이다. 올바른 분위기는 마음가짐을 바꾸는 데 도움을 준다. 인테리어 디자이너들은 이처럼 색상, 조명, 향기, 소리, 공간 배치를 통해 감정을 자아내는 걸 '신경미학neuroaesthetics'이라고 부른다. 앞서 말한 대로 행사장의 분위기를 조성하면 팀원들이 보다 깊이 소통하는 인상적인 순간을 만드는 데 크게 유용하다.

착석: 솔직한 고백을 위한 준비

피스크 사례에서 본 대로 진행자는 팀원들을 앉힌 후, 가장 꾸밈없고 취약한 느낌을 받을 준비를 시켜야 한다. 이어서 다음과 같은 주요 단계를 거친다.

- 팀원들을 환영하며 어떤 일을 하려고 모였는지 설명한다. 자신감의 함정(5장 참고)과 가식 영역(앞부분 참고)의 핵심 개념을 소개한다.
- 성찰 과제를 제시하고 채워야 할 빈칸이 있는 양식을 나눠준다.

가식 고백 모임을 위한 성찰 내용

내가 다른 사람들에게 내보이는 가식:

- -

그 요인이 되는 진정한 열등감의 대상:

- -

그 두려움 또는 열등감을 처음 느끼게 만든 경험:

- -

- 자기 방어 수단(가짜 낙관론, 가짜 강인함, 가짜 초연함)을 '다른 사람들에게 내보이는 가식'의 맥락에서 설명한다. 아래 그림은 각 유형을 단적으로 보여준다.

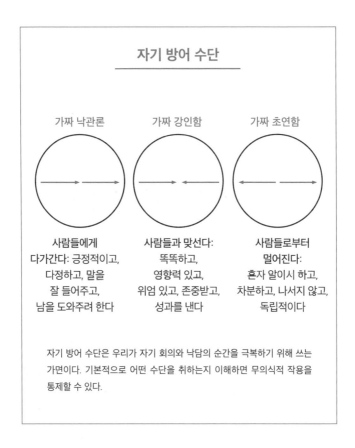

자기 방어 수단

가짜 낙관론	가짜 강인함	가짜 초연함
사람들에게 다가간다: 긍정적이고, 다정하고, 말을 잘 들어주고, 남을 도와주려 한다	사람들과 맞선다: 똑똑하고, 영향력 있고, 위엄 있고, 존중받고, 성과를 낸다	사람들로부터 멀어진다: 혼자 알이시 하고, 차분하고, 나서지 않고, 독립적이다

자기 방어 수단은 우리가 자기 회의와 낙담의 순간을 극복하기 위해 쓰는 가면이다. 기본적으로 어떤 수단을 취하는지 이해하면 무의식적 작용을 통제할 수 있다.

- 기본 규칙을 설명한다. 가식 고백 모임은 토론하는 자리가 아니며, 열등감을 극복하도록 조언하는 자리도 아니다.

7장에서 설명했듯 여기서는 4가지 기본 규칙이 있다. '재단 금지' '조언 금지' '방해 금지' 그리고 서로의 프라이버시를 보호하기 위한 '비밀 유지'가 그것이다. 이 자리에서 나온 말은 나중에 서로 언급해서도 안 된다. 말한 당사자가 그 자리에 있고, 그와 관련한 대화를 명확하게 요청하지 않는다면 말이다. 또한 가식을 고백하는 사람에게 보일 수 있는 유일한 반응은 인정과 격려다.

• 당신의 이야기를 들려준다. 이 순간은 진행자도 참가자가 되어야 한다. 진행자가 자신의 열등감을 털어놓는 것은 가식 고백 모임의 목표를 분명하게 밝혀준다. 더욱 중요한 점은 진행자가 앞장서서 하는 이야기가 그에 호응하는 자기 노출을 촉발한다는 것이다. 또한 참가자들은 진행자의 이야기에서 자신과 비슷한 모습을 보고 좀 더 깊은 성찰로 나아갈 수 있다.

• 참가자들이 어떤 이야기를 할지 생각할 시간을 준다. 더 긴 시간이 필요한 경우도 있지만 대개 몇 분이면 충분하다.

이 모든 예비 단계에서 진행자는 차분하고 담담한 어조를 유지해야 한다. 자신의 화법에 맞춰서 자연스럽게 이야기하라. 참가자들에게 진행자가 사이비 교주처럼 보여서는 안 된다. 가식 고백 모임은 그냥 동료들이 모여서 이야기하는 자리다. 다만 평상시보다 더 개방적인 태도로 취약성을 드러낸다는 점이 다를 뿐이다. 적절한 때에 약간의 유머를 섞는 것도 도움이 된다.

뛰어난 진행자는 과도한 압박을 가하지 않고도 참여를 독려할 수 있다. 참가자들은 저마다 다른 수준의 의욕을 보일 것이다. 어떤 참가자는 기꺼이 마음을 여는 반면, 다른 참가자는 심하게 어색해하거나 불신하는 태도를 보일 것이다. 대다수 참가자는 지금까지 은밀하게 품었던 불안과 열등감을 털어놓는 일을 다소 불편하게 느낀다. 그래도 대개는 불편함보다 훨씬 큰 혜택을 얻을 수 있다는 사실을 인식시키는 것이 중요하다. 그럼에도 불구하고 뛰어난 진행자는 '투쟁-도피 반응fight-or-flight response'을 일으킬 만큼 어떤 참가자에게도 강한 압박을 가하지 않는다. 누구도 속마음을 털어놓도록 강요받아서는 안 된다.

진행자에 이어 누가 먼저 이야기할지 정해두면 좋다. 특히 앞 구간에서 참가자들이 그다지 적극적으로 나서지 않은 경우 더욱 그렇다. 다른 참가자들이 편하게 뒤따를 수 있을 만큼 첫 발표자가 충분히 존중을 받는 게 이상적이다. 대개 그런 사람은 최고참이 아니다. 참가자들에게 먼저 발표할 사람을 미리 정해두었다고 말할지, 아니면 자연스럽게 보이도록 당사자가 그냥 자원하게 할지 선택할 수 있다.

가식 고백 모임: 주의 사항

사전 준비를 순조롭게 마쳤다면, 참가자들이 실제로 개인적 이야기를 들려주는 동안 진행자가 할 일은 많지 않다. 그저 시간을 확인하면서 독백이 너무 길게 늘어지지 않도록 부드럽게 통제하기만 하면 된다. 각 참가자의 이야기가 끝나면 용기 있게 참여해줘서 고맙다는 말을 하는 것이 중요하다. 대부분의 경우 논평이나 후속 질문을 할 필요는 없다.

모든 참가자가 결정적인 변화의 계기를 얻는 일은 드물다는 점을 명심하라. 우리의 경험에 따르면, 참가자 중 약 3분의 1만이 진정으로 깊이 파고들어서 중대한 사실을 드러낸다. 다른 3분의 1은 진지하게 참여하지만 자기 인식의 깊이가 부족해서 감정적 파장을 일으키는 이야기를 들려주지 않는다. (또는 숨겨진 불안이나 열등감 혹은 개인적 문제 없이 살아가는 특권을 누렸을 수도 있다.) 나머지 3분의 1은 비밀을 털어놓는 데 애를 먹는다. 그래서 마지못해 최소한의 노력만 기울이거나 침묵을 지킨다. 이런 반응들을 재단하지 말라. 모두가 자기 발견의 여정에서 각각 다른 지점을 지나고 있다. 거의 참여하지 않거나 아예 이야기하기를 거부하는 참가자도 이 경험을 통해 나중에 내면을 성찰하게 될지 모른다. 이는 그들과 팀에 혜택을 안겨줄 수 있다.

부정적 반응이 감지되는 경우 진행자는 참가자들이 스스로 억제하도록 도울 수 있다. 가령 "몇몇 분은 짜증이 난 것처럼 보이네요"라거나 "많이 불편해하는 것 같네요"라고 말할 수 있다. 이유를 묻거나 추궁할 필요는 없다. 그냥 분위기를 공개적으로 인정하는 것만 해도 크게 도움이 된다.

발표자가 심하게 힘들어하면 언제든 휴식 시간을 주어도 된다. 스트레칭이나 심호흡을 하거나 잠깐 산책을 하라고 권하라. 워크숍 도중에 다양한 감정을 경험하는 것은 흔한 일이라고 안심시켜라. 다른 참가자들은 예정에 없는 휴식 시간 동안 계속 생각하거나 일지를 작성할 수 있다.

한두 명의 참가자가 끝까지 발표를 거부하는 어색한 순간이 찾아오면, 진행자는 존중하는 태도로 마지막 권유를 한 후 다음 순서로 넘어가야 한다. "잠시 다른 분들이 이야기하고 싶은 게 있는지 보죠. 다만 누구도 강요당하는 느낌을 받아서는 안 됩니다"라는 식으로 말하라.

이보다 드물게는 문제의 소지가 있어 진행자가 특별하게 대처해야 하는 상황이 생길 수도 있다.

- **발표자가 유머를 남발하는가?** 한두 번의 농담은 개인적인 문제나 과거의 힘들었던 경험을 묘사할 때 긴장을 풀어준다. 하지만 이야기가 스탠드업 코미디처럼 흘러간다면 방어기제로서 유머에 지나치게 의존하는 것일 수 있다. 이럴 때는 자연스럽게 끼어들어서 "그 경험이 어떤 영향을 미쳤나요?" 같은 질문으로 이야기를 본궤도로 되돌려준다.

- **발표자가 괴로워하는 모습을 보이는가?** 손발을 떨거나 얼굴 근육을 움찔거리는 것은 손바닥에 땀이 차거나 동공이 커지는 것처럼 포착하기 어려운 신호인 동시에, 특히 격렬한 감정에 휩싸였음을 말해준다. 이런 반응이 평소 성격과 맞지 않다면 발표자가 자신의 생각을 분명하게 표현하려고 자신을 지나치게 몰아붙이는 것일 수 있다. 이 경우 진행자가 부드럽게 끼어들어서 잠깐 멈추게 하고 음료를 건네는 것이 좋다. 발표는 다른 사람이 한 후에 계속하면 된다.

- **발표자가 과도한 합리화를 시도하는가?** 어떤 참가자는 열등 감의 근원을 밝히는 데 20퍼센트의 시간을 들인 후 거기 서 얻은 교훈을 설명하거나, 지금은 다 괜찮다고 주장하거 나, 자신의 경험을 토대로 조언하는 데 나머지 80퍼센트의 시간을 쓴다. 이는 내면의 삶으로 더 깊이 파고드는 데 애 를 먹고 있다는 신호다. 이 경우 진행자가 바로 뛰어들어 서 개입할 필요는 없다. 다만 이야기를 본궤도로 되돌리도 록 유도하는 것이 좋다. 가령 "좋은 교훈을 나눠주어서 고 마워요. 프로젝트를 진행하거나, 투자자와 만나거나, 팀원 과 협력할 때 당신이 느낀 불안과 열등감에 대해 더 이야 기해줄 수 있어요?"라는 식으로 말할 수 있다.
- **발표자가 자해나 자살 충동, 우울증 또는 다른 중대한 문제에 대해 이야기하는가?** 우리는 심리상담사나 정신과 전문의가 아 니다. 대다수 진행자도 마찬가지다. 자살 충동이나 다른 심각한 자해의 신호를 보이는 참가자가 있다면, 반드시 도 움을 받도록 하는 것이 중요하다. (다른 참가자들에게 위험 을 초래하지 않는다면) 그를 다른 곳으로 데려가서 적절한 전문가에게 도움을 요청하라.* 발표자가 정신과 치료와 관 련된 낙인 때문에 거부해도, 모든 팀원이 도움을 받고 나

---

* 도움이 필요한 참가자를 맡길 수 있는 믿을 만한 전문가를 반드시 대기시켜야 한다. 참가자가 당장 자해나 자살을 시도할 위험이 있다고 판단되는 경우, 즉시 적절한 응 급 서비스를 요청한다. 자해 위험 고지 의무와 관련해 해당 지역이나 직업의 법률 또 는 지침을 확인하라.

아지기를 바란다는 점을 최대한 설득하라. 그런 다음 일과를 마칠 때 일대일로 후속 면담을 진행하라.

3타임을 마치며

원하는 참가자들이 모두 발표를 마친 후, 3타임의 마지막 10분은 정리에 할애한다. 진행자가 마무리 연설을 준비하는 등 정리 시간을 굳이 과도하게 기획할 필요는 없다. 이 시간의 목표는 적어도 일부 참가자로부터 자연스러운 반응을 이끌어내는 것이다. 진행자가 던질 수 있는 질문으로는 다음과 같은 것들이 있다.

- 어떤 내용이 인상적이었나요?
- 자신의 불안과 열등감을 털어놓는 기분이 어땠나요?
- 동료들의 고백을 듣는 기분이 어땠나요?
- 동료들이 어제와 다르게 보이나요?

시간이 짧기 때문에 의견을 간단하게 발표하도록 유도해야 한다. 대다수 사람은 워크숍을 마치기 전에는 이 활동의 의미를 온전히 이해하지 못한다. 그래도 충분한 비율의 팀원이 참여했다면 서로를 바라보는 시선이 꽤 달라질 것이다. 더욱 공감하고 이해하는 태도를 갖고 업무에 복귀하도록 바뀌었기 때문이다.

15분 휴식을 앞두고 진행자는 마지막 구간의 성격을 미리 알려줄 수 있다. 4타임은 성찰보다는 행동에 초점을 맞춰서 실질적 효과를 내는 시간이다. 이제 가면을 벗었으니 마찰과 갈등의 구체적 요인을 인정하고 거기에 대응할 뿐만 아니라, 실제로 그러한 요인을 제거하는 일이 훨씬 쉬워질 것이다.

4타임:
암묵적 문제를 해결한다

이 마지막 구간은 스타트업 팀들이 흔히 직면하는 20가지 갈등 요인에 대응하고, 함께 노력해 그러한 요인을 제거하도록 요청한다. 이 목록은 우리가 전 세계의 창업자와 팀을 돕는 과정에서 만든 것이다. 그들은 동일한 요인에 따른 갈등이 계속 불거진다는 사실을 확인했다. 이 까다로운 문제들에 정면으로 대응하는 일은 모든 팀을 강하게 만들어줄 것이다. 4타임은 앞선 구간에서 기울인 노력을 토대로 삼는다. 그 결과로 얻은 인식과 심리적 안전감은 익히 알면서도 방치하던 문제를 인정하고 해결할 수 있게끔 해준다.

이 장은 4타임이 증진하는 중요한 기술을 이해하는 데 도움을 줄 것이다. 그것은 모든 팀원이 다른 의견을 갖고 있음에도 존중받는다고 느끼는 방식으로 중대한 문제를 파악하고 해결하는 기술이다.

우리의 스타트업 워크숍에서 한 회의적인 창업자는 이렇게 말했다. "그냥 팀원들에게 성공하는 팀의 일원이라는 느낌만 주는 것으로 충분합니다. 그러면 모든 인간관계 문제가 저절로 해결되거든요." 그는 팀을 위한 올바른 토대를 마련하는 데 시간을 투자하길 거부했다. 대신 "매출이 모든 문제를 해결한다"는 실리콘밸리의 상투적 구호를 언급했다. 이 말에는 어느 정도 진실이 담겨 있다. 하지만 기능장애에 빠진 문화를 방치하는 핑계로 활용하면 위험할 수 있다.

경영학자 필 로젠츠바이크Phil Rosenzweig는 '후광 효과hale effect'와 관련된 논문에서, 사람들이 회사에 대한 일반적 인상을 토대로 구체적인 추정을 하는 심리를 이렇게 묘사했다. "어떤 회사가 매출이 늘어나고, 이익률이 높아지고, 주가가 급등하면, 사람들은 대개 전략이 영리하고, 리더가 선견지명이 있으며, 직원들이 의욕적이고, 고객 지향적 태도가 뛰어나며, 문화가 활기찰 것이라고 추정한다. 반면 같은 회사가 매출과 이윤이 줄어서 하락세로 접어들면 전략이 잘못되었고, 직원들이 안일하며, 고객을 무시하고, 문화가 고루하다고 재단한다."[107]

성공의 정점에서 후광 효과에 시달리는 것은 위험하다. 안일한 태도와 힘든 문제를 회피하는 것으로 이어지기 때문이다. 앞서 언급한 오랜 격언은 이렇게 바꾸어야 한다. "매출은 모든 문제를 숨긴다." 후광 효과는 깊은 갈등을 고질적인 문제로 바꾼다. 모두가 알고 있지만 굳이 말하려 하지 않는 문제 말이다. 이런 갈등은 하락기에 접어든 스타트업에 치명적일 수 있다.

앞선 3개의 활동은 4타임에서 진정한 보상을 제공한다. 팀원들은 지금까지 치열한 일정을 소화했다. 그 덕분에 다른 팀원 그리고 자기 팀의 역학을 새로운 관점에서 보게 되었을 가능성이 높다. 그들은 자기 노출을 감행하고, 평소에는 말하지 않는 문제를 언급함으로써 그 어느 때보다 취약성을 많이 드러냈다. 특히 강렬한 감정을 촉발하는 3타임을 마친 후에는 약간 진이 빠진 것 같다고 느끼는 게 당연하다. 하지만 이는 의도된 것이다. 각 구간은 까다로운 문제와 부정합 요인을 다루는 데 필요한 심리적 안전감을 쌓아가도록 설계했다.

워크숍이 마지막 구간으로 접어드는 가운데, 이제는 팀이 앞으로 나아갈 수 있도록 난관을 파고들어야 할 시간이다. 향후 어떤 방식으로 결정을 내릴 것인지, 자본을 어떻게 모으고 쓸 것인지, 필요한 기술이나 의지를 갖지 못한 팀원은 어떻게 할 것인지 등 오늘 해결해야 할 문제가 너무 많을 게 거의 확실하다. 4타임의 핵심은 모든 문제를 즉시 해결하는 것이 아니라, 오랫동안 유지할 수 있는 새로운 솔루션 모형을 만드는 것이다.

이 최종 구간은 깊이 파고들어서 강력하게 마무리하고자 하는 노력을 기울일 가치가 있다. 중요하고 근본적인 문제들에 대한 획기적인 합의로 이어질 수 있기 때문이다.

암묵적 문제 명시하기

우리는 2장에서 속도의 함정을 탐구했다. 스타트업은 서둘러 제품을 개발하고, 얼리 어답터에게 판매하고, 투자자로부터 자금을 모아야 한다는 강한 압박을 받는다. 그래서 마찬가지로 중요한 장기적인 사안을 뒤로 미룬다. 많은 스타트업 리더가 시급한 문제에만 줄곧 초점을 맞추며 시야를 좁힌다. 다른 한편, 나중에 중대한 항력을 초래하고 잠재력을 제한할 절차와 문화에 관해 성급한 결정을 내린다. 이 문제들은 뒤로 오래 미룰수록 팀을 약화시키고 무너트릴 가능성이 높다.

우리는 팀이 평소처럼 회피나 지연 전술을 쓰는 일 없이 해당 문제를 인식하고, 명시하고, 논의하도록 4타임을 설계했다. 하버드대학의 교수 로널드 하이페츠Ronald Heifetz와 마티 린스키Marty Linsky에 따르면, 핵심은 용기 있는 대화를 나누는 데 용기가 덜 필요한 환경을 만드는 것이다.[108] 암묵적 문제에 대응하는 것을 정상적이고 흔한 관행으로 만들 수 있다면, 그에 관해 발언할 때 느끼는 불안과 불편이 줄어들 것이다. 앞선 구간을 진행하는 동안 새롭게 깊어진 팀원들 사이의 관계가 이러한 전환에 큰 도움을 준다.

하이페츠와 린스키는 중요한 팀 회의에서 대체로 4가지 종류의 대화가 이루어진다고 지적한다. 첫 번째는 모두가 들을 수 있도록 회의실에서 이루어지는 대화다. 두 번째는 사전에 사적으로 이루어지는 대화다. 이때 팀원들은 긴밀하게 협력하는 한두 명에게 솔직한 입장을 알리고, 회의실에서 그걸 얼마나 투명하게 드러낼지 결정한다. 세 번째는 회의 후에 이루어지는 대화다. 이때도 소규모 연합에 속한 팀원들은 사적으로 회의 내용에 대해 논의한다. 네 번째는 각 팀원의 머릿속에서 이루어지는 대화다. 이는 나머지 종류의 대화와 동시에 진행되며, 걸러지지 않은 사적인 생각과 감정을 말한다. 하이페츠와 린스키는 두 번째, 세 번째, 네 번째 대화를 첫 번째 대화와 통합하는 것이 핵심이라고 주장한다. 그래야 흔히 혼자만 품고 있는 생각을 모두가 듣고 논의할 수 있다.

좀 더 솔직한 대화를 촉진하는 좋은 방법은 행동 중심 목표를 제외하고 회의 시간을 정해두는 것이다. 이는 좋은 회의는 언제나 명확한 결정과 각 행동 단계에 대한 할당으로 끝나야 한다는 통념에 어긋난다. 그렇게 하지 못하면 시간 낭비로 간주된다. 그러나 2장에서 소개한 벤치사이의 공동 창업자이자 CEO 리란 벨렌존은 이러한 통념이 틀렸음을 입증한다. 그는 때로 어떤 문제도 해결하려고 시도하지 않는 회의를 연다. 회의의 목적은 그저 특정한 주제에 대해 솔직하고 검열되지 않은 생각과 관점을 수집하는 것이다. 그리고 며칠 후 열리는 후속 회의에서는 이 다양한 관점을 활용해 행동 계획을 수립한다. 벨렌존은 "문제가 있다는 데 팀원들이 동의하면 나머지는 쉽다"고 말한다.[109]

클래스 2 논쟁을 추구하라

우리는 3장에서 1970년대에 제록스의 팔로알토 연구소를 이끌었던 밥 테일러를 만났다. 당시 그들이 이룬 많은 혁신은 애플을 비롯한 다른 기업들의 초대박 상품으로 이어졌다.[*] 테일러의 팀이 성공한 부분적인 이유는 그가 소위 클래스 1 논쟁과 클래스 2 논쟁의 차이를 강조하면서 긍정적인 논쟁 문화를 강제했기 때문이다. 클래스 1 논쟁은 양쪽이 서로의 관점을 진정으로 이해하지 못한 상태에서 이루어진다. 그 결과 허수아비 논법에 기대는 경우가 많다. 즉, 상대의 주장을 과장되고 쉽게 반박할 수 있는 버전으로 왜곡한다. 반면 클래스 2 논쟁을 하려면 양쪽이 서로의 입장이 지닌 가장 강력한 측면을 공부해야 한다. 또한 상대의 관점을 정확하게 설명할 수 있기 전까지는 반박을 시도하지 말아야 한다. 그래서 시간이 더 걸리며, 허수아비 논법이 아니라 '철인' 논법을 필요로 한다.

4타임에서 잠재적 부정합 및 갈등 요인에 대응할 때, 클래스 1 유형의 논쟁으로 빠지고 싶은 유혹이 강하더라도 반드시 클래스

---

[*] 팔로알토 연구소는 후광 효과에 휘둘리지 않는 조직의 좋은 사례다. 일반적 관점에서 보면 팔로알토 연구소는 믿을 수 없는 혁신을 활용하는 데 실패했다. 그들이 이룬 혁신 중 대다수는 애플, 어도비, 픽사, 스리콤을 비롯해 제록스의 사업 규모를 뛰어넘는 기업들에 유출되었다. 그러나 테일러 같은 리더는 긍정적인 논쟁 문화를 조성한다. 이는 사업화 실패 때문에 그와 동료들이 마땅한 공로를 인정받지 못한다 해도 배울 만한 점이다.

2 논쟁을 추구하라. 모든 팀원이 느끼는 심리적 안전감이 클수록 반론을 듣는 데서 얻는 혜택이 많아진다. 다음은 몇 가지 유용한 전술이다.

- 전자 기기나 다른 방해 요소 없이 대화에 초점을 맞춰라. 잡담하지 말라. 발언 도중에 끼어들지 말고, 다른 사람들도 끼어들지 못하도록 하라.
- 상반되는 관점을 제대로 이해하는 데 필요한 만큼 많이 질문하라.
- 상대의 말에 반응해(예: "네, 이해했어요.") 주의를 기울이고 있음을 보여주고, 상대의 말을 정리해(예: "제가 듣기로는 ~ 하다는 말이네요. 맞나요?") 이해했음을 보여줘라.
- 고개를 끄덕이는 것 같은 비언어적 신호를 활용해 상대의 말을 이해했음을 보여줘라. 부정적 반응을 표정으로 드러내지 않도록 주의하라.
- 자리에 없는 사람을 포함해 누구에 대한 개인적 공격도 용인하지 말라.
- 해결책을 제안하려고 너무 서두르지 말라.
- 남 탓을 피하라.
- 팀원들에게 당신의 관점에 도전하고, 어떤 의견이라도 주저 없이 제시하라고 권하라.
- 당신의 의견에 대한 모든 의문을 받아들이고, 당신의 주장을 반박할 수 있는 증거를 기꺼이 확인하겠다고 밝혀라.

4타임의 리듬

다음은 마지막 시간의 간략한 일정이다.

4타임: 암묵적 문제를 해결한다

오후 3시 15분 **과제 제시**	진행자는 4타임의 목표를 설명한 후, 서로를 존중하는 생산적인 클래스 2 논쟁을 위한 전술을 팀원들이 읽고 고려하도록 권한다.
오후 3시 25분 **팀 항력 체크리스트 검토**	팀원들은 스타트업이 흔히 직면하는 부정합, 의사소통 오류, 갈등의 20가지 주요 요인을 검토한다. 그런 다음 즉각 대처해야 할 3가지 '암묵적 문제'를 투표로 선정한다.
오후 3시 40분 **본격 토론**	팀원들은 클래스 2 논쟁 지침에 따라 시급히 대처해야 할 3가지 요인 또는 80분 동안 다룰 수 있는 최대한 많은 요인에 대해 토론한다.
오후 5시 10분 **휴식**	오늘의 마지막 휴식으로, 결승선을 향해 달려가기 전에 잠시 머리를 식힌다.
오후 5시 10분 **마무리**	길고 힘든 하루를 보낸 팀원들은 다시 원형으로 둘러앉아 어떤 통찰이 두드러졌는지 간략하게 공유하고, 함께 이룬 진전을 정리한다.
오후 5시 30분 **종료**	이것으로 모든 일정이 끝났다!

팀원들이 지쳐 있으면

진행자는 팀원들을 테이블 없이 둥글게 배치한 자리에 앉힌다. 팀원들이 지치거나 낙담한 것처럼 보이면, 4타임은 3타임처럼 내면을 성찰하기보다 실용적인 내용을 다룰 것이라고 안심시켜라. 하루를 강력하게 마무리할 수 있도록 깊이 파고들어 보자고 격려하라.

그런 다음 4타임의 목적과 암묵적 문제에 대한 대응의 중요성, 워크숍이라는 자리를 이용하는 것이 모두에게 더 쉬운 이유를 간략히 설명하라. 각 팀원은 클래스 2 토론 전술 리스트(위에서 설명한 내용 참고)를 받는다. 이 목록은 토론이 개인적 공격으로 변질되지 않도록 막아준다.

팀 항력 체크리스트 검토하기

뒤이어 진행자는 2장에서 소개한 팀 항력 체크리스트(www.bonfiremoment.com에서 다운로드할 수 있다)를 나눠준 후, 해당 항목은 속도의 함정 때문에 과소평가하거나 간과하지만 나중에 흔히 심각한 문제를 일으키는 중대한 사안이라고 설명한다. 여기서 팀 항력 체크리스트 20가지를 다시 한번 읽어보자.

사업 개시

1. **사명** 우리의 일은 중요하고 의미 있는 문제를 해결하려고 노력하는가? 그 고귀한 사명을 팀원들에게 명확하게 설명했는가?

2. **기술 및 인맥** 팀원의 기술이나 인맥이 대부분 겹치는가? 폭넓은 잠재 직원 및 잠재 고객을 끌어들이고 광범위한 자금 조달이 가능하도록 충분한 다양성을 갖추었는가?

3. **지분 분할** 가까운 동료 사이라서 지분을 동등하게 나누는 쉬운 선택을 했는가? 그렇다면 향후 기여도에 큰 차이가 나고, 성과 수준이 달라지면 어떻게 할 것인가? 사업 전환으로 일부 공동 창업자의 기술이 덜 중요해지면 어떻게 될까?

4. **근무 방식** 모두가 같은 도시의 같은 물리적 공간에서 일하는 방식 혹은 원격 근무 방식에 대해 어떻게 생각하는가? 팀원들이 얼마나 자주 같은 물리적 장소에 모이기를 기대하는가? 예외를 허용할 때 얼마나 유연한 기준을 적용할 것인가?

5. **대외적 대표자** 언론 인터뷰나 콘퍼런스에 공동 창업자 중 1명만 참석해 회사를 대표해야 할 때 누가 회사의 얼굴 역할을 할 것인가? 항상 같은 사람을 내세울 것인가? 어떻게 투명

인간 취급을 받는다고 느끼는 사람이 없도록 만들 것인가?

사업 운영

6. 의사 결정 중요한 결정을 내릴 때 데이터에 바탕을 둘 것인가, 아니면 직감에 바탕을 둘 것인가? 또는 이 둘을 조합할 것인가? 양질의 데이터가 없는 경우, 누구의 직감에 기댈 것인가?

7. 자금 조달 어떤 투자자를 끌어들일 것인가? 가족이나 친구로부터 자금을 조달하는 데 따른 장단점을 명확하게 알고 있는가? 어떤 투자자의 투자를 거절할 것인가? 상황이 절박해지면 이 지침을 바꿀 것인가?

8. 지출 고급 사무실처럼 매출과 관련 없는 비용을 얼마나 지출할 것인가? 특정 비용은 인재를 끌어들이거나 고객의 신뢰를 얻는 데 도움이 된다는 점에 동의하는가? 아니면 그런 지출은 자존심을 세우려는 공허한 방식이라고 생각하는가?

9. 자금 소진 자금 소진 위기가 닥쳤을 때 어떻게 대처할 것인가? 친구나 친척에게 도움을 요청하거나, 본인 돈을 넣거나, 월급을 받지 않을 것인가? 개인 사정에 따라 급여 삭감에 예외를 허용할 것인가?

10. 채용 및 해고 문화와 가치관을 채용 결정의 핵심 요소로

삼을 것인가? 자격은 충분하지만 이 기준을 통과하지 못한 사람을 돌려보낼 것인가? 성과가 부진한 사람은 물론 문화를 저해하는 사람도 해고할 것인가? 건설적 피드백에 대응할 수 있는 시간을 얼마나 줄 것인가?

상호작용

11. 시간 할애 몇 시간이나 일할 것인가? 모두가 파트타임이나 풀타임 또는 하루 종일 일하기를 기대하는가? (많은 스타트업이 그러듯이) 파트타임 근무로 시작했다면 나중에 누가, 언제 풀타임으로 일할 것인지 정했는가? 근무시간 규정을 벗어나는 경우 어떻게 대응할 것인가?

12. 갈등 팀에서 발생한 갈등을 어떻게 처리할 것인가? 관계를 해치지 않고 문제를 해결하기 위한 고용 수칙은 무엇인가?

13. 스트레스와 분노 표출 스트레스와 분노를 표출하는 방식 중에서 받아들일 수 있는 것은 무엇인가? 욕설이나 고함, 무례한 행동 또는 재물 손괴를 용인할 것인가? 규범을 강제하기 위해 어떤 일을 할 준비가 되어 있는가?

14. 뒷담화 팀 내에 뒷담화가 퍼지면 어떻게 할 것인가? 한 팀원이 다른 팀원을 욕하는 말을 들었다면 어떻게 해야 하는가? 뒷담화가 무해한 수준에서 유해한 수준으로 바뀌는

기준은 무엇인가?

15. 정신 건강 팀원이 정신적 문제에 시달릴 때 어떻게 할 것인가? 특히 팀원이 잠시 일을 쉬어야 할 때 어느 정도로 지원할 준비가 되어 있는가?

16. 일을 벗어난 우정 근무시간 후 사교 활동에 시간을 들이는 것은 선택 사항인가, 권장 사항인가 아니면 요구 사항인가? (음주, 주말 축구, 오락용 약물 흡입 같은) 특정 활동이 일부 팀원을 어색한 상황에 처하게 한다는 사실을 인식하고 있는가? 이런 활동에 참여하는 것이 이너서클 형성으로 이어지도록 용인할 것인가?

결별

17. 개인적 정체 공동 창업자 중 1명 이상이 사업 성장에 발맞춰 빠르게 기술을 습득하지 못하는 경우, 그들 없이 나아가는 공정한 방식은 무엇인가?

18. 사직 팀원이 팀을 떠나는 공정한 사유는 무엇인가? 가족에 대한 책임이나 재정적 필요 때문에 회사에 남을 수 없는 팀원을 지원할 것인가?

19. 엑시트 계획 향후 이루어질 수 있는 엑시트 계획에 동의

하는가? 의도한 시기보다 일찍 대기업으로부터 인수 제안이 들어오면 매각을 고려할 것인가? 어떤 조건에서 진지한 제안을 거절할 것인가?

20. 사업 실패 어느 시점이 되면 사업이 실패했다고 판단할 것인가? 파산 또는 'X개월 동안 사용자 수 Y명'이나 'X년까지 Y달러 매출' 같은 성공 과제 중에서 어떤 척도를 활용할 것인가? 일부 팀원들은 계속 노력하고 싶어 하지만 다른 팀원들은 이미 마음이 떠났다면 어떻게 할 것인가?

각 팀원은 몇 분 동안 이 체크리스트에서 해결되지 않았거나 탐구하지 않은 3가지 주요 사안을 고른다. 누구나 체크리스트에 포함되지 않은 사안을 제안할 수 있다. 모든 팀에는 나름의 특이한 문제가 있기 때문이다. 투표가 끝나면 진행자가 집계한다. 가장 많은 표를 받은 3가지 항목을 토론 주제로 삼는다.

오후 5시까지 시간이 남으면 네 번째 항목을 다룰 수 있다. 진행자는 이를 사전에 알려야 한다. 반대로 아직 첫 번째나 두 번째 항목을 다루고 있는데 시간이 다 되면(가장 가능성 높은 시나리오), 평일에 회의를 열어서 계속할 수 있다.

본격 토론에 들어가기

이제 팀원들은 시급히 대처해야 할 팀 항력의 3가지 요인 또는 적어도 80분 동안 다룰 수 있는 최대한 많은 요인에 대해 클래스 2 토론 지침에 따라 토론한다. 진행자는 뒤로 물러나서 가능한 한 적게 말하며, 팀원들이 동의하는 모든 구체적인 계획을 기록해야 한다. 팀원들에게 진행자 없이도 힘든 대화를 자율적으로 주재할 수 있다는 사실을 알리는 것이 중요하다. 오늘 이후에는 진행자가 없을 것이기 때문이다.

그럼에도 불구하고 좋은 진행자는 개입 및 조정이 필요한 역학이나 신호가 나오는지 살필 것이다. 여기에는 3가지 범주가 있다.

1. 언어적 신호 한 사람이 대화를 지배하는가? 적대적이거나, 무시하는 말투를 쓰거나, 다른 팀원의 말을 듣지 않고 끼어드는 사람이 있는가? 거의 말을 하지 않는 사람이 있는가? 한 팀원이 아이디어를 제시했는데, 나머지 팀원들이 그걸 인식하지 못하는가?

2. 비언어적 신호 동료들이 이야기할 때 주의를 기울이는 것처럼 보이는가? 불안해하거나, 위축되거나, 지루해하는 사람이 있는가? 이는 자세나 표정 또는 시선 회피 같은 신호를 통해 감지할 수 있다. 낙서를 하거나, 계속 시계를 보거나, 쉼 없이 꼼지락거리거나, 멍하니 허공을 바라보는 사람이 있는가?*

---

* 이런 행동은 의욕이 없음을 나타낸다. 그러나 일부 사람들, 특히 주의력결핍 과다행동장애ADHD를 가진 사람들의 경우 그런 행동이 오히려 주의력을 높이기도 한다.

3. 행동 신호 일부 팀원만 주제를 제시하거나, 논평을 제공하거나, 다른 사람의 발언에 반박하는가? 자연스럽게 중재자 역할을 하면서 천천히 가자고 촉구하거나, 농담으로 긴장을 풀거나, 공통점을 강조하는 사람이 있는가? 팀원들이 회사 전체를 옹호하는가, 아니면 자신의 직무(영업, 엔지니어링 등)만 옹호하는가?

진행자는 건강하지 못한 역학이 생산적인 의사 결정을 방해하는 낌새가 보이면 끼어들어서 자신이 인지한 문제를 알려줄 수 있다. 이 경우, 대개 관찰한 바를 그냥 말하는 것만으로도 팀원들을 올바른 방향으로 유도하기에 충분하다. 다만 짧게 말해야 한다. 상황을 재평가하고 조정하는 것은 팀원들 몫이다.

가령 여러 명이 딴생각을 하고 두어 명만 제대로 토론한다면 "몇 분만 이 주제에 관심이 있는 것 같네요. 주제를 바꿔볼까요?"라고 말할 수 있다. 또는 다른 팀원들이 한 팀원의 발언을 계속 무시한다면 "○○ 씨가 의견을 제시했는데 아무런 반응이 없네요. 왜 그럴죠?" 하며 나설 수 있다. 이런 개입의 목적은 답을 제시하는 게 아니라 어떤 일이 일어나고 있는지, 그리고 어떻게 할 것인지 팀원들이 알아내게끔 하는 데 있다.

하지만 대부분의 경우는 개입이 필요하지 않다. 7장의 피스크 사례에서 살펴본 대로 이 시점이 되면 팀원들은 대개 서로의 의견을 온전히 경청하고 존중한다. 토론이 잘 진행되면 팀원들은 적어도 한두 개의 문제에 대해 분명한 합의에 이를 것이다. 진행자는 그 내용을 기록하고 후속 이메일을 보내서 어떤 행동을 하기로 약속했는지 상기시켜주겠다고 약속해야 한다.

시간이 다 되어가면 진행자는 대화를 끝내도록 요청한다. 팀원들이 다른 날에 토론을 계속하길 원한다면 마지막 내용을 기록해두어야 한다. 다시 모여서 토론을 마무리할 날을 바로 정하는 것이 이상적이다. 80분 만에 3가지 주요 사안에 대처하기는 어렵다. 추가 토론이 필요한 경우가 많다.

모든 일이 잘 진행되면, 팀원들은 상당한 성취감을 느끼며 짧은 최종 휴식을 취한다. 그들은 4타임이 결코 진정으로 끝난 게 아니라는 사실을 깨달을 것이다. 4타임에서 체험한 방식은 앞으로 문제를 해결하고 갈등을 해소하기 위한 모형이 될 것이다.

4타임을 마치며

모두가 마지막으로 둥글게 모인다. 다만 이번에는 앉지 않고 선다. 이는 워크숍이 끝나가고 있으며, 마지막 20분이 금방 지나갈 것임을 뜻한다. 또한 서 있는 것은 마지막 시간을 위해 기운을 내는 데 도움이 된다.

진행자는 팀원들이 이 중요한 활동에 참여하기 위해 보여준 인상적인 노력과 집중력, 용기를 인정해준다. 그다음에는 4개의 모든 구간을 간략하게 복기하면서 중요한 순간을 되짚어보는 시간을 가질 것을 추천한다. 이는 팀원들이 오전 9시부터 얼마나 많은 진전을 이루었는지 깨닫는 데 유용하다. 그러면 방금 지나온 4타임의 일들이 이전의 중요한 순간들을 가리지 않을 것이다.

이제 각자가 마지막으로 성찰을 위한 2개의 질문에 답할 시간이다.

1. 당신 자신이나 팀 또는 일과 관련해 오늘 얻은 가장 큰 통찰은 무엇인가?
2. 오늘 워크숍을 경험한 후 가장 고맙게 여기는 점은 무엇인가?

1분 동안 생각한 후 모두가 돌아가며 발표해야 한다. 마지막 사람이 발표하고 나면 진행자는 워크숍을 수료한 팀원들을 축하해준다. 자기 성찰, 어려운 대화, 취약성을 드러내는 자기 노출, 관계의 심화, 본격적인 문제 해결을 해낸 긴 하루였다. 일부 팀원은 이 모든 것을 온전히 소화하기 위해 며칠이 필요할 수도 있다.

이제 팀원들은 개인이자 동료로서 살아갈 나머지 시간을 맞이할 것이다. 오늘의 워크숍이 몇 주, 몇 달, 몇 년 후에 어떤 보상을 안겨줄까? 그것이 다음 장의 주제다.

모닥불 타임
이후에 할 일

우리는 모닥불 타임의 초기 버전을 기획할 때 단순한 목표에 초점을 맞추었다. 그것은 스타트업이 겪는 가장 어려운 인간관계 문제에 대처하는 1일 워크숍을 만드는 것이었다. 참가자들이 워크숍에서 습득한 교훈을 몇 주, 몇 달, 몇 년 동안 어떻게 계속 적용할지는 크게 고민하지 않았다.

모닥불 타임이 리더로서 자신을 바라보고 팀원들과 소통하는 방식을 근본적으로 바꿔놓았다는 초기 참가자들의 증언은 우리를 겸허하게 만들었다. 또한 상당수 팀들이 워크숍에서 겪은 경험을 이성적인 업무 습관으로 재현하고, 적용하고, 확장하는 나름의 방식을 개발한다는 사실도 놀라웠다.

마지막 장에서는 모닥불 타임이 지닌 효과를 지속시키는 데 도움이 되는 여러 관행을 소개할 것이다. 자신들의 이야기와 제안을 우리에게 제공해준 세계의 창업자, 참가자, 진행자에게 깊이 감사드린다. 지금부터 여러분은 암스테르담, 벵갈루루, 벨파스트, 보고타, 케이프타운, 델리, 자카르타, 라고스, 런던, 필라델피아, 샌프란시스코, 상파울루, 싱가포르, 스톡홀름, 도쿄, 취리히에서 활동하는 이 훌륭한 동반자들의 이야기를 듣게 될 것이다.

경험 많은 진행자로 스칸디나비아에서 우리 프로그램을 확산시키는 데 도움을 준 케이트 그레이Kate Gray는 이런 현명한 이야기를 전해줬다. "모든 좋은 관행이 그렇듯이 일회성 접근법을 피해야 해요. 워크숍에서 배운 것을 다시 활용해야 합니다. 그렇지 않으면 유익하지 않은 행동 패턴이 다시 돌아올 가능성이 높거든요."

우리는 참가자들에게 워크숍에서 얻은 아이디어와 관행을 어떻게 일상적인 삶에 적용했는지 물었다. 그들은 그 부분에서 인상적인 창의성과 의욕을 보여주었다. 그들이 들려준 통찰은 지침서 한 권을 채우기에 충분했다. 다음은 거기서 드러난 8가지 공통점이다.

1. 팀을 재정비하기 위해 모닥불 타임을 재실행한다.
2. 워크숍 도구를 활용해 지속적인 피드백을 이뤄낸다.
3. 유저 가이드를 통해 입사 교육 및 협업을 수월하게 만든다.

4. 방해받지 않고 어려운 주제를 솔직하게 토론하는 시간을 정해둔다.
5. 임원 코치를 둔다.
6. 단순한 실행자가 아니라 리더처럼 생각한다.
7. 갈등을 극복할 수 있는지 여부를 판단하고, 그렇지 못할 경우 용기 있게 결별한다.
8. 다른 팀을 위해 모닥불 타임을 진행한다.

지금부터 몇 가지 흥미로운 변형 사례 및 모범 관행을 살펴보자. 그중에는 실용적인 행동에 초점을 맞춘 것도 있고, 좀 더 깊은 차원에서 마음가짐과 개인적 가치관을 바꾸려는 것도 있다.

팀 재정비를 위한 재실행

우리 워크숍에 참가한 사람들은 팀에 재정비가 필요할 때 모닥불 타임을 다시 실행하는 것이 특히 유용하다고 말했다. 그 시기가 빠르게는 6개월 후인 경우도 있었다. 팀을 언제 재정비해야 하는지는 쉽게 파악할 수 있다. 다만, 주시해야 할 중요한 계기는 다음과 같다.

- **팀원의 합류 및 이탈** 새로운 사람이 핵심 역할을 맡으면 팀 역학의 변화를 예상하는 것이 중요하다. 그들을 효과적으

로 팀에 융합시키려면 이너서클을 없애고 모두가 팀의 일원임을 느끼도록 만들어야 한다. 반대로 핵심 인력이 떠나는 경우, 팀을 재정렬하고 이탈에 따른 기술이나 직무의 간극을 메우는 것이 필요하다.

• **팀원의 직무 변경** 모닥불 타임은 새로운 직무에 대한 기대를 명확하게 전할 수 있는 기회를 제공한다. 또한 모두가 자신의 역할을 이해하고, 업무 및 의사소통의 규범을 재구축하게끔 해준다.

• **사업 방향 전환** 사업 방향 전환이 모호하지 않도록 주의하라(9장 참고). 팀원들은 워크숍에서 이런 변화에 대해 토론하고, 서로의 기대를 재설정하고, 모두가 새로운 방향으로 나아가게 할 수 있다.

• **중대한 갈등 발생** 팀원들은 일상적인 업무 환경에서 벗어남으로써 좀 더 차분하게, 폭넓은 관점에서 갈등에 대처할 수 있다. 모닥불 타임은 생산적인 대화와 문제 해결을 촉진하는 개방적인 공간을 만든다.

• **새로운 성장 단계의 시작** 성공적인 자금 조달과 뒤이은 성장 이후, 원년 팀은 좀 더 커지는 리더 역할에 적응해야 한다. 또한 서로에게 다른 방식으로 의존하고, 사업 확장에 발맞춰 개인적으로 발전해야 한다.

이런 중대한 계기가 발생하면 변화에 따른 즉각적인 과제를 처리하고, 상황이 안정된 후 워크숍을 진행하는 것이 바람직하다. 그 시기는 대략 한 달 후가 적절하다. 모든 팀원이 앞으로 이뤄야 할 변화를 이해하는 시간을 갖고 긴 과제 목록에 압도 당하지 않을 때까지 기다리는 것이 좋다.

워크숍 도구를 활용한
지속적인 피드백 관행화

1타임에서 동료 코칭 세션을 포함해 자기 평가를 위한 구조적인 접근법을 취했던 것을 기억하는가? 상당히 많은 팀이 이 피드백 절차를 정기적인 관행으로 바꾸었다. 그들은 6~12개월마다 리더에 대한 동료와 부하 직원의 솔직한 평가를 수집한다. (1타임의 피드백 도구보다 진전된 세부 사항은 부록 3를 참고하라.)

싱가포르에서 일하는, 구글의 리더이자 모닥불 타임 진행자케리 오셰이Kerry O'Shea는 벵갈루루에 기반한 배달 스타트업을 돕는 과정에서 그 양상을 확인했다. 워크숍이 진행되는 동안해당 스타트업의 CEO와 경영팀은 도전적인 동시에 놀라울 만큼 유용한 피드백을 받았다. 그들은 워크숍 직후, 전체 간부를 대상으로 동일한 피드백 절차를 도입했다. CEO는 해당 도구를 접하기 이전의 문제에 대해 이렇게 말했다. "리더십에 대해 명확한 기준으로 생각할 기틀이 없었습니다. 이 도구는 그렇게 하기 위한 체계를 제공합니다. 현재 우리는 주기적으로 피드백 절차를 밟으며, 거기서 나온 데이터를 활용해 진척도를 점검합니다."

피드백에 대해 데이터 중심 접근법을 취할 때, 문제 제기를 통해 서로에게 조언하는 팀 문화를 조성하는 것도 마찬가지로 중요하다는 사실을 잊지 말라.

케이트 그레이는 스톡홀름에서 여러 스타트업을 한자리에 모아 모닥불 타임을 진행한 적이 있다. 그중 한 팀은 등에 큼지막한 회사 로고가 박힌 운동복을 맞춰 입고 나타났다. 마치 영화에 나오는 고등학교 일진들 같았다. 다른 공동 창업자들이 가만히 있는 동안 CEO가 발언을 독차지했다. 케이트는 그가 놀랍고도 유쾌하게 적극적인 태도로 자신에게 이의를 제기하고 질문을 던졌다고 회고했다. 케이트는 대화 중심 활동이 상당히 힘들 것 같다고 걱정했다. 그러나 동료 코칭 시간에 그 CEO는 뒤로 돌아앉아서, 팀원들이 그의 문제점에 대해 논의하는 동안 아무 말도 하지 않았다. 그러자 역학이 바뀌기 시작했다. 워크숍이 끝날 무렵, 운동복 차림의 팀원 여럿이 케이트에게 다가와 "고마워요. 정말로 필요한 일이었어요"라는 내용의 말을 속삭였다.

다양한 간격을 두고 동료 코칭 세션을 실행하여, 여러분의 특정한 필요에 가장 잘 맞는 때를 파악하라. 어떤 팀은 매달 마지막 금요일에 정기적으로 동료 코칭 시간을 갖고 함께 힘든 난관에 대처한다.

입사 교육 및 협업을 위한 유저 가이드 활용

2타임에서 소개한 유저 가이드가 신규 직원을 교육하고, 계속 투명하게 대화하고, 갈등 발생 시 조언을 구하는 데 유용한 도구임을 수많은 스타트업이 확인했다.

보고타에서 일하는 진행자 안나마리아 피노Annamaria Pino는 남미 전역의 스타트업 창업자와 초보 경영자에게 조언한다. 유저 가이드의 효용성을 매우 신뢰하는 그는 이렇게 말한다. "새로운 팀을 도울 때마다 유저 가이드를 활용해요. 그들에게 팀원의 사고방식을 이해하고 활용할 수 있는 간편한 도구가 있다고 말하죠." 이 말을 들은 참가자들은 대개 무슨 뜻인지 몰라서 혼란스러운 표정을 짓는다. 그러나 유저 가이드의 내용을 접하고 나면 서로의 업무 스타일이 얼마나 비슷한지(또는 다른지) 언급하면서 거의 항상 긍정적인 반응을 보인다. "저는 단도직입적으로 말해요……. 콜롬비아 기준으로 보면 그래요. 할머니 말로는 제가 독일어 문법으로 스페인어를 한대요" 같은 말을 듣고 누가 웃지 않을 수 있을까? 안나마리아는 누구에게든 주저 없이 유저 가이드를 소개한다. 그녀는 "유저 가이드는 특히 따로 떨어져서 일하는 경우가 많을 때 사람들을 이어주는 멋진 도구"라고 말한다.

펠릭스 스피라Felix Spira는 스킬랩SkillLab의 공동 창업자다. 암스테르담에 있는 이 회사는 취약 계층 구직자를 돕는 취업 지원 앱을 만든다. 펠릭스는 전체 팀원을 대상으로 유저 가이드를 활용한다. 스킬랩은 직원, 인턴, 자원봉사자가 다 합해서 10여 명에 불과할 때부터 인트라넷에 전체 인원의 유저 가이드를 모은 섹션을 만들었다. 펠릭스는 운영 및 인사 부문 책임자로서 피드백을 제공하거나 팀원의 반응을 예측할 때마다 유저 가이드를 참고한다.

남아프리카공화국에서 스타트업을 공동 창립한 벤지 멜처Benji Meltzer와 제임스 패터슨James Paterson은 유저 가이드를 작성한 경험이 두 사람의 협력 관계에 오랜 영향을 미쳤음을 깨달았다. 그들은 에어로보틱스Aerobotics를 만들 당시 오랫동안 알고 지낸 사이가 아니었다. 에어로보틱스는 항공 촬영 이미지와 기계 학습을 활용해 작물 수확량을 최적화하는 데이터 분석 기업이다. 두 사람은 협업을 시작하고 2년 후, 시리즈 A 라운드를 위해 자금을 조달할 때 처음 워크숍을 가졌다. 그들은 중대한 결정에서 뜻을 모아야 했지만 사업의 미래에 대해 다소 다른 의견을 갖고 있었다.

엔지니어인 두 사람은 갈등을 꺼리는 경향이 있었다. 그래서 이전에는 논쟁적이거나 개인적인 주제를 회피했다. 그러나 2타임에서 유저 가이드에 대해 논의하는 동안, 벤지는 두 사람이 사업의 미래에 대해 다른 의견을 가진 이유를 이해하기 시작했다. 그는 '머리, 가슴, 지갑' 중에 동기의 원천이 무엇인지 이야기하면서 깨달음의 순간을 맞았다. "제임스는 농촌 가정에서 자랐어요. 그래서 농업에 기여하고, 거기에 영향력을 미치고, 농사 방식을 개선하는 걸 중시하죠. 반면, 저는 같은 배경에서 자라지 않았어요. 이 분야를 좋아하며 우리가 하는 일에서 보람을 얻지만 팀을 구축하고, 뛰어난 사람들과 함께 일하면서 특별한 성과를 올리고, 그 과정에서 돈을 버는 데서 동기를 얻죠."

벤지는 매우 개인적인 생각을 드러내면서 유저 가이드에 나오는 다른 질문들을 직설적으로 논의한 효과에 대해 이렇게 덧붙였다. "뒤이은 모든 대화가 실질적이고 솔직했어요. 이전에는 그런 대화의 힘을 알지 못했죠."

벤지와 제임스는 워크숍 이후에도 민감한 주제들에 대해 거듭 논의했다. 두 사람은 자신들이 내린 결정의 '이유'를 중심으로 점점 커지는 팀(현재 70명 이상)을 정돈하는 데 상당한 노력을 기울였다. 또한 전체 인원이 참가하는 가상 회의와 남아프리카공화국, 포르투갈, 호주, 미국에 뿔뿔이 흩어져 있는 리더들이 모이는 연례 경영팀 회합에 시간을 할애했다. 그들은 이런 기회를 활용해 전략과 기획을 넘어선 문제를 다룰 뿐 아니라, 회사의 현재 상태와 미래에 대한 포부, 거기에 이르는 로드맵에 대해 솔직하고 투명한 대화를 나누었다.

두 사람은 신규 직원을 교육하는 일에도 시간을 들였는데, 이때 유저 가이드에서 회사에 대한 목표를 밝히는 부분을 참고했다.

이 모든 노력이 결실을 맺고 있는 것으로 보인다. 이 글을 쓰는 2023년 현재, 에어로보틱스는 3,000만 달러 이상의 자금을 조달했으며, 전 세계 20개국 농민에게 서비스를 제공하고 있다. 거기에는 미국의 6대 감귤 재배업체도 포함된다.

어려운 주제에 대한 솔직한 토론

모닥불 타임은 일상적 업무에서 벗어나 어려운 문제들을 토론하는 시간이다. 많은 참가자가 그것이 엄청난 가치를 지닌다는 사실을 깨달았다. 그래서 일부는 깊은 논의를 위해 따로 마련한 자리가 주는 느낌을 재현하고 팀원들과 다시 소통하기 위해 많은 노력을 기울였다. 그중에는 인터넷을 할 수 없는 곳으로 등산을 가는 팀도 있고, 별도의 장소에서 모두의 이메일과 슬랙 계정을 하루 동안 막아두는 팀도 있다.

다른 한편으로 워크숍에서 전체 모닥불 타임을 재연하는 팀도 있고, 일부 요소만 골라서 쓰는 팀도 있다. 또한 오락 활동을 포함하는 팀도 있고, 진지한 대화에 초점을 맞추는 팀도 있다. 만능 모델은 없으며, 다양한 시간표에 따라 다양한 장소에서 실험하는 것이 좋다. 다만 훨씬 전에 미리 시간을 정해두는 것이 중요하다. 그래야 팀원들이 우호적인 환경 아래서 어려운 대화를 나눌 수 있는 기회라는 걸 알게 된다.

스킬랩은 시드 단계 스타트업으로서 예산이 빠듯하기는 하지만 1년에 두 번 전체 팀원을 한자리에 모으는 저렴한 방식을 찾아냈다. 그들이 가는 곳은 오스트리아의 산과 벨기에의 해안이다. 펠릭스는 이렇게 말한다. "팀원들이 따로 떨어져 일하는 경우, 워크숍을 위해 한자리에 모이는 시간이 반드시 필요합니다. 덕분에 회사를 새로운 차원으로 끌어올릴 수 있었죠."

스킬랩은 워크숍을 통해 시급한 문제에 모두가 주의를 기울이고 새로운 서비스를 구상한다. 이때 문제 분지도problem tree를 토대로 난관을 돌파하거나, 잠재 고객을 보다 잘 이해하기 위해 사용자 페르소나user persona를 구축하거나, 성공에 대한 다양한 정의를 중심으로 체계적인 토론을 하는 전술을 활용한다.* 그들은 처음에 유저 가이드를 전체 팀원에게 소개하고, 개별적으로 작성하도록 요청한다. 그런 다음 두어 시간 동안 그 내용에 대해 이야기한다. 워크숍에서 시급히 주의를 기울여야 할 주제는 사전 설문 조사를 통해 파악한다.

다음은 자체 워크숍을 계획할 때 참가자들이 참고해야 한다고 밝힌 3가지 주요 사항이다.

1. 실제 워크숍 진행 시간보다 준비 및 계획에 3배 더 많은 시간을 투자하라. 가령 워크숍을 2일 동안 진행한다면 준비 및 계획에 6일을 할애하라. 참가자들이 시간 낭비라고 느끼는 일이 없도록 계획을 꼼꼼하게 세울 담당자를 지정하라.

• '문제 분지도'는 복잡한 사안을 체계화하고 분석하는 데 활용하는 시각적 도구로서, 나무처럼 생긴 계층적 그림을 통해 원인과 결과를 파악한다. '사용자 페르소나'는 잠재 고객을 가상으로 구현한 것으로서, 그들의 필요와 행동·목표를 이해하는 데 유용한 조사 결과가 토대를 이룬다.

2. 암묵적 문제(11장 참고)를 대처하는 데 중점을 두고 의제
   의 우선순위를 정하라. 길고 깊은 토론을 통해 가장 많은
   혜택을 볼 사안은 무엇인가? 개인 간 긴장, 전략적 방향
   전환의 명확성 결여, 우선순위에 대한 합의 부족, 근래의
   좌절 같은 것을 예로 들 수 있다. 집중적으로 토론할 필요
   가 없는 주제는 주간 스탠드업 회의 시간에 다루면 된다.
3. 계획의 전체 요소가 모든 팀원을 포용해야 한다. 음주나
   약물 사용, 신체적으로 힘든 활동, 특별한 식단이 필요한
   참가자가 먹을 수 있는 음식의 부족, 어색한 잠자리 배정
   (합숙 등)은 의도치 않게 팀원을 배제시킬 수 있다.

임원 코치와의 협력

우리는 초기에 임원 코치를 두는 걸 권하지 않았다. 그 부분
적인 이유는 코치들이 시급한 사안의 신속한 해결책에 초점을
맞추지 않는 경우가 많았기 때문이다. 그러다가 결국에는 우
리가 속도의 함정에 기인한 편향에 빠졌음을 깨달았다. 우리
의 워크숍을 통한 긴급한 조치는 매우 큰 가치를 지닌다. 하지
만 능숙한 임원 코치의 장기적인 멘토링도 마찬가지다. 우리는
개인적으로 여러 코치의 도움을 받아 성장의 한계를 뛰어넘은
후 생각을 바꾸었다.

마틴은 이렇게 말한다. "저는 여러 중요한 경력의 전환기에 임

원 코치의 도움을 받았습니다. 그 도움에는 2020년 구글에서 전 세계를 대상으로 하는 업무를 맡아서 가족들을 (코로나19 팬데믹 절정기에!) 대만에서 실리콘밸리로 이주시킨 것도 포함됩니다. 이처럼 힘든 시기에 2주에 1번씩 가진 코칭 세션은 제가 중심을 잡고 극단적인 변화에 적응하는 데 큰 도움을 주었습니다."

조시는 이렇게 말한다. "저는 2019년에 스타트업 액셀러레이터 프로그램 책임자에서 수석 보좌관으로 자리를 옮기는 걸 고민할 때 임원 코치의 도움을 받았습니다. 당시 액셀러레이터 분야의 대표적인 멘토 중 한 명을 몇 차례 만나면서 저의 포부와 그걸 달성하는 방법을 파악할 수 있었죠."

포털 텔레메디시나Portal Telemedicina의 역동적인 CEO 라파엘 피구에로아Rafael Figueroa는 한 임원 코치의 도움을 받아 리더로서 큰 진전을 이루었다. 브라질 스타트업인 포털 텔레메디시나는 인공지능을 활용해 낙후된 오지에서 신속하고, 저렴하고, 신뢰성 있는 진단 서비스를 제공함으로써 의사들을 돕는다. 라파엘은 2013년 동생인 로베르토Roberto와 함께 상파울루에 회사를 세웠다. 당시에는 트럭 2대와 간호사 3명 그리고 환자들에게 기본적인 진단 서비스를 제공할 수 있는 허가증밖에 없었다. 우리는 2017년에 두 사람을 처음 만났다. 둘은 나중에 모닥불 타임으로 발전한 초기 워크숍에 참가했다. 2022년, 포털 텔레메디시나는 남미와 아프리카의 300개 도시에 있는 병원과 의원에 서비스를 제공함으로써 첨단 인공지능을 개발도상국의 보건 분야에 도입하는 선구자가 되었다.

회사가 성장하면서 라파엘은 지속 가능한 방식으로 에너지를 쓰는 방식을 찾아야 했다. 한 임원 코치는 그가 '레드불Red Bull과 크립토나이트Kryptonite'를 발견하도록 도와주었다. 그것은 활력을 불어넣고 소진시키는 두 요소를 말한다. 이러한 통찰은 라파엘이 실로 잘하는 동시에 즐길 수 있는 문제(복잡한 연구 개발 프로젝트, 주요 파트너와의 협력, 사업 소개, 자금 조성)에 초점을 맞추는 한편, 크립토나이트(회계, 세무, 법무)를 가려줄 팀을 구축하게끔 해줬다. 또한 그는 한 사람의 크립토나이트가 다른 사람의 레드불이 될 수 있으며, 따라서 회사 운영의 모든 측면을 열정과 능력을 갖춘 적임자에게 배분할 기회가 있다는 것도 배웠다.

스킬랩의 창업자이자 대표인 울리히 샤르프Ulrich Scharf는 유저 가이드를 작성하는 일이 개인적 가치관을 이해하기 위한 여정의 시작에 불과하다는 사실을 깨달았다. 그와 여러 공동 창업자는 구글의 액셀러레이터 프로그램에 참여할 때 임원 코치의 도움을 받았다.[*] 울리히는 과거에 내렸던 중요한 결정을 임원 코치와 함께 돌아보았다. 그 결정들이 자신의 핵심 가치관을 어떻게 반영하는지 확인하기 위해서였다. 그는 9명의 공동 창업자와 함께 스킬랩을 시작하던 때를 떠올렸다. 당시 업

---

[*] 구글에서 리더십 개발을 담당하는 알리 니더콘Ali Niederkorn, 루세로 테이글Lucero Tagle, 마지스 자미트 블래터Marjes Zammit Blatter는 스킬랩과 구글의 네트워크에 속한 다른 스타트업들의 창업자를 돕는 임원 코치로도 활동한다.

무 시간과 기여도를 따지는 복잡한 방정식에 따라 모두에게 지분을 배분했다. 문제는 그중 두어 명이 자신의 헌신에 대해 상당히 계산적인 태도를 취하면서 자존심을 앞세운 힘자랑을 하기 시작한 것이었다. 울리히는 그들을 내보내는 힘든 결단을 내려야 한다는 것을 알았다. 그들의 자존심 게임은 사명에 집중하고, 겸손하고, 협력적이어야 한다는 그의 가치관과 충돌했다.

이 힘든 시기에 울리히는 자신이 강한 결의를 지니고 있다는 사실을 알게 되었다. 그는 우리에게 이렇게 말했다. "제가 옳다고 생각한 일을 밀어붙일 만큼 충분히 강한지 확신이 서지 않았습니다. 하지만 지금 돌이켜보면 팀의 문화와 가치관을 지킨 것은 제가 회사를 위해 한 일 중에 가장 잘한 일이었습니다."

올바른 임원 코치를 찾으려면 능력의 3가지 측면에서 후보자를 평가해야 한다. 첫째, 스타트업 환경이 가하는 압박에 익숙한 사람을 찾아라. 대기업 임원들을 상대하는 코치는 때로 당신이 직면하는 난관을 잘 이해하지 못한다. 둘째, 당신의 회사가 지닌 문화적 뉘앙스를 이해하는 코치를 골라라. 사업을 하다 보면 해당 국가나 도시가 지닌 문화의 고유한 문제에 직면할 가능성이 높다. 따라서 설령 그곳에 살지 않더라도 그런 문제를 깊이 이해하는 코치를 골라야 한다. 무엇보다 코치와 개인적 궁합이 잘 맞아야 한다. 코치는 당신의 직업적 포부를 이해할 뿐 아니라 개인적 가치관에 공감하고 농기를 이해해야 한다. 또한 당신의 성장을 가장 잘 뒷받침하는 의사소통 스타일(직설적이든 공감적이든, 또는 체계적이든 즉흥적이든)을 가져야 한다. 끝으로 당신이 신뢰하고 존중하며 같이 시간을 보내는 게 즐거운 사람이어야 한다.

당신이 아는 창업자 또는 투자자는 기꺼이 추천할 만한 코치의 도움을 받았을 가능성이 높다. 또는 간단한 검색으로 찾을 수 있는 지역 코칭 네트워크를 통해 다른 코치를 물색할 수도 있다. 어떤 방식으로 찾든 계약하기 전에 최소한 3번 대화를 나누어라. 적당한 코치를 찾기 어렵다면 비슷한 문제를 겪은 비공식 멘토의 도움을 받는 것을 고려하라. 코치의 조언은 그들의 고유한 경험에 기반한다. 따라서 당신이 처한 특정한 맥락에 맞아야 한다.

실행자가 아닌 리더처럼 생각하기

우리가 워크숍 참가자들에게서 확인한 바에 따르면, 가장 심대한 변화가 일어나는 부분은 자신의 역할에 대한 인식이다. 그들은 자신을 리더로서 바라보기 시작한다. 이는 제품 개발이라는 확고한 목표를 갖고 출발한 사람들에게는 원대한 일일 수 있다. 이런 변화는 초보 창업자와 경험 많은 창업자의 경우 다른 양상으로 전개되는 경향이 있다.

아직 심각한 오판의 상처를 입지 않은 초보 리더는 못마땅해하거나 회의적인 태도로 워크숍에 임하기도 한다. '인간관계 문제로 수다를 떨 시간이 어딨어? 진정한 일을 해야 해!'라고 생각하기 때문이다. 그러나 워크숍이 끝나면 자신을 단순한 실행자가 아니라 리더로 보는 것이 중요하다는 사실을 깨닫는 사람이 많다. 벽돌을 쌓는 일과 웅장한 건물을 설계하는 일은 다르다. 리더는 이상을 제시하고 팀원들이 쉼 없이 매진하도록 북돋아야 한다. 이런 마음가짐의 전환은 모든 일에 영향을 미칠 수 있다.

반면 경험 많은 창업자와 임원은 대개 워크숍을 새로운 관점에서 과거의 실수를 성찰할 기회로 여긴다. 그들은 시간을 들여서 지난 갈등의 뿌리를 파헤치고, 어떻게 대처했어야 하는지 숙고한다. 그래서 워크숍이 끝나면 자신이 이끄는 팀을 개선하기 위해 어떤 책임을 져야 하는지 좀 더 명확하게 깨닫는다.

앞서 소개한 브라질 의료 스타트업 포털 텔레메디시나를 만든 피구에로아 형제의 사례로 돌아가보자. COO인 로베르토는 라파엘이 처음에는 CEO 자리를 맡지 않으려 했다고 웃으며 회고했다. 은행가 출신인 라파엘은 의료 및 AI를 배우는 데 집중했고, 그의 관심사는 진단 제품 개발에 영향을 미쳤다. 그는 해당 기술에 대해 훌륭한 이상을 품은 동시에, 회사 운영과 관련된 세부 사항을 꼼꼼히 챙겼다. 이런 균형 잡기는 초기 단계 스타트업 CEO에게 흔히 요구되는 것이다. 그러나 라파엘은 회사가 커지면서 너무 많은 결정을 내리고 모두가 자신에게 너무 의존하는 데 따른 부담을 느끼게 되었다.

라파엘은 자신의 과도한 개입이 회사의 성장을 저해할 수 있다는 사실을 깨달았다. 그래서 하루에 사소한 결정을 내려달라고 요청하는 사람이 몇 명이나 되는지 세어보기로 했다. 결과는 58명이었다. 심지어 행사 자료를 끼워 넣을 폴더의 색깔로 흰색이 좋은지 파란색이 좋은지 물어보는 사람도 있었다. 그는 문제를 파악한 이후, 리더십 스타일을 바꾸기 시작했다. 목적 중심으로 업무를 위임하는 데 우선순위를 둔 것이다. 그는 최근 이렇게 회고했다. "너무 세밀하게 직접적인 지시를 내리면 팀원들이 적극적으로 나서지 않는다는 사실을 깨달았습니다. 그래서 지난 몇 년 동안 방식을 바꾸었죠. 지금은 팀에 저의 비전을 알리고 예산을 준 다음, 주체적으로 일하게 합니다. 더 많은 리스크를 감수하고 스스로 결정하라고 말입니다." 현재 그는 OKR와 이정표를 설정하고, 자율권을 주는 방식으로 팀을 이끈다. "직접 실행하는 것이 아니라 이끌고 유도함으로써 잠재력을 극대화하는" 것이다. 그러기 위해서 피구에로아 형제는 "A급은 A급을 뽑고, B급은 C급을 뽑는다"는 원칙에 따라 뛰어난 인재를 채용하는 데 집중한다.

모든 창업자가 피구에로아 형제처럼 많은 인력을 채용하고 사업 규모를 키울 형편이 되는 것은 아니다. 그래도 이 교훈은 모든 성장 단계에 유효하다. 창업자가 진정한 리더가 되어야만 팀이 잠재력을 최대한 발휘할 수 있다.

갈등의 극복 가능 여부에 대한 판단 및 과감한 결별

모닥불 타임은 결코 창업팀의 해체를 촉발할 의도로 기획한 것이 아니다. 그러나 그런 결말을 맞는 경우도 있다. 보통 참가자들은 개인적 갈등 중에 금세 해결할 수 있는 것이 있는 반면, 오랫동안 많은 노력을 기울여야 해결 가능한 것도 있고, 해결할 수 없는 것도 있다는 사실을 깨닫는다. 경우에 따라서는 워크숍에서 냉엄한 현실에 직면해 일부 팀원들이 결코 공존할 수 없다는 사실을 받아들여야 한다.

우리는 워크숍으로 인해 동업 관계가 끝났다는 소식을 가끔 듣는다. 그래도 그 결과를 우리의 워크숍 또는 참가자의 실패로 여기지는 않는다. 오히려 워크숍이 상황을 명확하게 파악하는 데 도움을 준 것에 고마워한다. 그렇지 않았다면 그들은 몇 달 또는 몇 년 동안 계속 힘든 시간을 보내야 했을 것이다.

베테랑 진행자인 토니 맥개허런Tony McGaharan*은 2023년에 열린 워크숍에서 아시아 태평양 지역 여성 창업자들을 이끌었다. 유저 가이드 작성 시간에 아카코Akako라는 참가자가 그를 옆으로 부르더니 이렇게 말했다. "유저 가이드에 나오는 가상 해체 시나리오 말이에요. 그걸 좀 더 일찍 고려했으면 좋았을 것 같아요." 아카코는 2명의 동창과 함께 여성들에게 피트니스

---

* 모닥불 타임을 만드는 데 중대한 역할을 한 토니는 현재 벨파스트에 있는 집에서 유럽, 아시아, 미국의 창업자들을 지원하고 있다.

서비스를 제공하는 도쿄 기반 스타트업을 만들었다. 그들은 지분을 동등하게 나누고 투자금을 모았다. 또한 2020년에 디지털 제품으로 사업 방향을 전환하면서 코로나19 팬데믹에서도 살아남았다. 그러나 그들의 제품이 인기를 얻어가는 가운데 세 창립자의 업무 관계에 긴장이 형성되었다.

COO인 아카코는 CEO인 아이야Aiya의 업무 스타일 그리고 장기적인 헌신에 대한 의지가 부족한 것이 갈수록 못마땅했다. 아이야는 팀원들이 하는 모든 일을 툭하면 거세게 비판했다. 거기에는 디자인 구상 단계에서 아주 기초적인 아이디어를 제시하는 일까지 포함되었다. 유저 가이드 작성 시간에 다른 갈등 요인과 더불어 이런 역학이 드러났다. 아카코는 남은 시간 동안 수심에 잠긴 아이야의 모습을 보았다.

몇 주 후, 아이야는 여름휴가를 가면서 두 동업자에게 회사를 떠날 계획을 담은 문서를 건넸다. 거기에는 두 동업자를 공동 CEO로 선임한다는 내용과 함께 이런 말이 적혀 있었다. "나는 전적인 책임을 지기를 원하는 사람이고, 내가 다른 사람에게 의존하는 걸 좋아하지 않는다는 사실을 깨달았어. 투자자를 만나는 일도 힘들어. 3명의 동업자가 지분을 동등하는 게 나누는 건 문제라는 말을 계속 들어야 하니까." 문서 말미에는 마지막 자금 조달 때 평가받은 가치의 3배만큼 현금으로 인수해달라는 요청이 적혀 있었다.

사업 초기 단계에 그만한 수준의 현금화는 불가능했다. 또한 거액의 대출을 받는 것도 회사에 피해를 입히는 일이었다. 이를 아는 아카코는 처음에는 아이야와의 문제를 풀어보기로 결심했다. 그러나 이후 그녀는 토니에게 이렇게 털어놓았다. "저는 멘토들과 상담을 했고, 우리는 워크숍에서 겪은 일들을 거듭 되돌아봤습니다. 그때 아무리 노력해도 문제가 해결되지 않으리라는 걸 분명하게 깨달았죠."

아이야는 협상을 거쳐 재정적 부담이 덜한 조건으로 회사를 떠났다. 아카코와 다른 동업자는 이 결별을 실패로 보지 않았다. 그들은 해로운 팀 역학을 바로잡고, 회사를 키우는 데 다시 초점을 맞췄다. 현재 그들은 한층 건강한 경로를 거치면서 일본 여성들의 건강을 개선하고 있다.

다른 팀을 위한 워크숍 진행

우리는 2018년 상파울루로 돌아갔을 때 모닥불 타임이 지닌 잠재력을 처음으로 깨달았다. 그곳에서 처음 우리의 프로그램을 선보인 지 1년이 지난 때였다. 놀랍게도 그때 워크숍에 열심히 참가했던 창업자 상당수가 이제는 그들의 회사는 물론이고 다른 스타트업에까지 우리의 도구를 전파하고 있었다.

심지어 당시 참가자들인 앨런 파노시언Allan Panossian과 마르셀루 푸르타두Marcelo Furtado는 워크숍 자료를 사진으로 찍고 리더십 평가 도구를 분석한 후, 포르투갈어 버전을 만들기까지 했다. 연쇄 창업자인 앨런은 옐프Yelp의 현지 버전과 식당을 위한 음식 배달 플랫폼을 만들었다. 한편, 마르셀루는 남미 시장 용 인사 평가 기술 스타트업의 공동 창업자였다. 그들은 모닥 불 타임을 통해 아주 많은 가치를 발견했다. 그래서 2016년부 터 2022년까지 브라질 전역에서 약 1,000명의 리더들에게 비 공식 번역본을 전파했다.

2017년 우리에게 미안해하며 그 사실을 알려준 그들은 우리 의 반응을 보고 놀랐다. 우리가 그들을 협박하기는커녕 크게 기 뻐했기 때문이다. 그들은 이 책을 비롯해 새로운 방식으로 좀 더 많은 사람들과 모닥불 타임을 나눌 가능성을 보여주었다.

앨런은 2023년 우리와 다시 대화를 나누면서 모닥불 타임을 '게임 체인저game changer'라고 불렀다. 그는 우리에게 이렇게 말했다. "지도부를 상대로 처음 모닥불 타임을 진행했어요. 당 시 오래 일한 2명의 리더가 회사를 떠난 상태였죠. 모닥불 타 임은 너무나 큰 변화를 일으킵니다. 그래서 진심으로 다른 창 업자들도 그런 경험을 했으면 좋겠다고 생각했어요. 모닥불 타 임을 알리는 건 미래를 위해 더 나은 회사를 만들도록 도우면 서 보답하는 제 나름의 방식이에요."

마르셀루는 이렇게 말을 보탰다. "저는 오랫동안 창업자였 고, 여러 액셀러레이터 프로그램, 스타트업 모임, 기술 부문 대 규모 콘퍼런스를 경험했어요. 하지만 이 모든 활동은 우리의 가 장 중요한 자산인 팀을 관리하는 데 필요한 것들을 주지 않았 습니다. 모닥불 타임은 뛰어난 리더라면 모든 것을 안다는 허상 을 깨고, 팀이 최대한 실력을 발휘하도록 이끌어야 한다는 걸 이해하게 했어요. 모닥불 타임은 자신을 성찰하고, 자신에게 도전하고, 실천적인 해법을 제시하는 환경을 제공합니다."

니콜 얍Nicole Yap은 인도네시아 기업 디지타라야Digitaraya의 대표로 일할 때 우리 프로그램을 처음 접했다. 그는 창립자인 얀센 캄토Yansen Kamto와 함께 진행자로서 여러 인도네시아 스타트업에 모닥불 타임을 전파하는 데 도움을 주었다. "워크숍을 이끌거나, 참가하거나, 참관할 때마다 같은 반응이 나와요. 모두가 좀 더 일찍 했으면 좋았을 거라고 말합니다. 자신의 리더십과 더불어 팀 및 공동 창업자와 개방적이고 솔직한 대화를 나누는 일이 얼마나 중요한지 생각할 시간을 가졌다면 좋았을 거라면서요."

니콜은 디지타라야를 떠나고 나서도 창립자들을 대상으로 계속 워크숍을 진행했다. 그 이후에는 아시아 태평양 지역 파트너십 매니저로서 구글 포 스타트업에 들어갔다. 모닥불 타임을 통해 여성 창업자들에게 힘을 부여하는 일을 특히 강조하는 그는 우리에게 이렇게 말했다. "이 워크숍에서 제가 만난 여성들은 순전히 성별 때문에 자기와 맞지 않는 곳에 있는 듯한 느낌, 신뢰도를 의심받는 느낌을 받고 있었어요. 그런데 이 워크숍이 그들을 전면으로 소환했습니다. 그게 불편한 경우도 많지만, 그들의 모든 강점과 고유한 관점을 인정해줬죠. 많은 여성이 창업자로서 자신의 역할에 대해 새로운 자신감과 인식을 얻고 워크숍을 마칩니다."

또 다른 훌륭한 롤모델은 세계 최초의 공유 사무실 업체 중

하나인 넥스트스페이스NextSpace의 공동 창업자이자 전 CEO 제러미 노이너Jeremy Neuner다. 2018년 구글의 개발자 생태계 팀을 이끌게 된 그는 얼마 되지 않아 모닥불 타임에 참가했다. 이후 우리 워크숍의 강력한 지지자가 된 그는 몇 년 동안 약 50회의 워크숍을 자원해서 진행했다. 그 과정에서 전 세계를 돌며 약 1,000명의 창업자에게 자신의 아이디어와 경험을 직접 들려줬다. 그는 이렇게 말한다. "베트남부터 베네수엘라까지 그리고 그 밖의 모든 나라에서 모닥불 타임은 마법을 발휘합니다. 창업자에게 그들의 활동에 내재된 과감성과 겸손을 모두 고려하도록 만드니까요. 우리는 창업자의 과감성만 칭송하는 경우가 너무 많습니다. 시도하고, 실패하고, 배우고, 다시 시도하고, 다시 실패하고, 마침내 성공하는 데서 얻는 겸손 따윈 칭송하기는커녕 잊어버리죠. 이런 점은 국가와 문화의 경계를 뛰어넘습니다. 창업자에게는 그들도 인간임을 상기시켜주는 사람이 필요해요. 하지만 그런 경우는 드물죠. 저는 창업자 시절에 운 좋게도 누렸던 조언과 친절함 그리고 엄격한 애정을 돌려주고 있습니다."

전 세계에서 지금까지 수십 명의 진행자가 인증을 받았고, 셀 수 없이 많은 사람이 모닥불 타임을 현지 사정에 맞춰서 비공식적으로 진행하고 있다. 우리로서는 영광스러운 일이다. (진행자가 되는 데 필요한 정보는 www.bonfiremoment.com에서 확인할 수 있다.)

이야기를 마치며

방금 확인한 대로 전 세계에서 많은 사람이 모닥불 타임의 아이디어와 도구를 일상 업무에 반영하는 다양한 방식을 찾아냈다. 여러분도 그렇게 할 것을 권한다. 독자적인 개선안을 시험하고, 동료 및 친구들과 그것을 나누자. 실험하다가 헛발질을 하지 않을까 걱정하지 말라. 테니스 챔피언 아서 애시Arthur Ashe가 말했듯 "지금 있는 자리에서 출발하고, 지금 가진 것을 활용하고, 할 수 있는 일을 하라".

우리가 초기에 기본적인 워크숍을 진행할 때만 해도 스타트업의 인간관계 문제는 사소한 문제처럼 느껴졌다. 창업자, 투자자, 액셀러레이터를 비롯해 스타트업 생태계에 속한 사람들 중 팀 내 갈등을 해소하고 건강한 문화를 조성하는 일에 주의를 기울이는 사람은 거의 없었다. 이 여정의 초창기에 우리는 한 브라질 창업자가 우리에게 해준 얘기와 비슷한 말을 계속 들었다. 그는 이렇게 말했다. "전 세계에서 가장 평판 높은 워크숍을 포함해 지금까지 제가 참가한 모든 워크숍 중에서 이번 워크숍이 지금의 팀을 구축하는 데 필요한 최고의 도구를 제공했습니다."

우리의 바람은 사람을 강조하는 우리의 관점이 곧 주류가 되는 것이다. 또한 모든 곳에서 모든 스타트업 팀의 운영 방식이 진화하기를 바란다. 미래에는 이런 주제가 모든 스타트업 액셀러레이터와 경영대학원 창업 프로그램에서 교과과정의 일부가 되었으면 한다. 자신이 속한 산업, 공동체, 세상을 바꾸고 싶다면 제품 개발과 영업, 마케팅, 자금 조성에만 집중해서는 안 된다는 사실을 깨닫는 창업자들이 늘어났으면 좋겠다. 창업자는 사람에게도 초점을 맞춰야 한다. 이 책의 서두에서 말한 대로 팀 문제가 기술 문제보다 어렵다고 해도 말이다.

그 과정에서 모닥불 타임은 여러분의 팀이 지닌 무한한 잠재력을 발휘하는 데 도움을 줄 것이다. 또한 같은 여정에 오른 다른 기업들의 이야기가 여러분에게 계속 노력하고, 앞으로 나아가고, 좀 더 개선하려는 의욕을 불어넣길 바란다. 인간관계 문제가 도저히 해결할 수 없을 정도로 어려워 보인다고 해도 말이다.

여러분을 응원한다.

THE BONFIRE MOMENT

3부

모닥불 타임
실전 가이드

유능한 창업자 프로젝트: 리더는 무엇을 갖춰야 하는가

'유능한 창업자 프로젝트'는 우리가 2015년에 구글 포 스타트업에서 시작한 글로벌 연구 프로그램이다. 이 프로젝트의 목표는 전 세계에 걸쳐 가장 유능한 창업자들을 정밀하게 분석하는 것이었다. 우리는 이 창업자들이 뛰어난 기술 기업을 만드는 데 활용한 전략들을 이해하는 일에 나섰다. 구글이 리더 개발과 문화 구축에 활용하는 것과 비슷한 분석 기법이 이 작업에 동원되었다.

2022년 6월 15일, 구글은 우리의 연구 결과를 담은 59페이지짜리 보고서를 발표했다. 보고서의 제목은 〈유능한 창업자 프로젝트: 스타트업의 성공에서 가장 큰 리스크를 극복하는 7가지 리더십 전략The Effective Founders Project: Seven Leadership Strategies to

Overcome the Biggest Risk to Startup Success〉이었다. 이 보고서는 구글 공식 블로그인 키워드Keyword[110]에 오르자마자 스타트업 커뮤니티로부터 상당한 관심을 끌기 시작했다.

이 책은 해당 보고서에 담긴 기초적인 통찰을 토대로 살을 붙인 것이다. 지금부터 유능한 창업자 프로젝트의 배경을 간략하게 소개하고자 한다. 좀 더 자세한 내용을 알고 싶으면 전체 보고서를 내려받길 권한다.

왜 데이터를 활용하는가

우리는 데이터에 기반해 조사를 진행하기로 마음먹었다. 그 부분적인 이유는 스타트업 생태계가 유명 창업자의 개성을 추종하는 분위기에 너무 사로잡혀 있기 때문이다. 카리스마 넘치는 성공한 창업자들이 연이어 모든 콘퍼런스 무대를 차지했다. 그들은 자신의 성과를 거창하게 늘어놓음으로써 아이콘의 지위에 올랐다. 젊은 예비 창업자들은 무대에 선 '구루'의 모든 말에 귀를 기울였다.

하지만 뛰어난 기업을 만들기 위해서는 이미 성공한 창업자의 고무적인(흔히 일관되지 않은) 조언을 맹목적으로 따르는 것보다 훨씬 많은 게 필요하다. 구글이 지속적인 성공을 거둔 이유는 대부분의 다른 기업들이 개발한 모범적 관행이 아니라 구글의 고유한 맥락에 대한 조사와 데이터를 활용했기 때문이다. 설령 그 데이터가 유명 창업자의 주장과 대치되더라도 말이다.

사고실험을 한 번 해보자. 스티브 잡스가 구글의 CEO이고, 래리 페이지가 애플의 CEO였다면 어떻게 되었을까? 대단한 성공을 거두었을까? 애플 같은 하드웨어 기업은 집중과 탁월한 디자인을 강조한다. 이를 위해서는 스티브 잡스 같은 수장이 필요하다고 주장할 수 있다. 마찬가지로 구글 같은 소프트웨어 기업에서 혁신과 우월한 엔지니어링을 달성하려면 래리 페이지 같은 사람이 필요하다고 주장할 수 있다. 흔히 회자되는 일화는 두 사람의 대조적인 접근법을 드러낸다. 잡스는 페이지에게 이렇게 말한 적이 있다. "구글의 문제점은 너무 많은 걸 한다는 거예요." 그러자 페이지가 대꾸했다. "글쎄요, 애플의 문제점은 너무 적은 걸 한다는 거죠."

우리가 유명 창업자에 대한 언론의 호들갑이나 구글에서 직접 경험한 문화가 아니라, 증거에 기반해야 한다는 강한 책임감을 느낀 이유가 여기에 있다. 어떤 기업도 모든 기업을 위한 롤모델이 될 수는 없다.

데이터 세트

우리 연구팀은 유능한 창업자를 두드러지게 만드는 요인을 이해하기 위해 40개국 900여 명의 창업자와 스타트업 리더에 대한 데이터를 분석했다. 그 결과 전 세계의 성장 단계 스타트업을 이끄는 창업자의 역량에 관한 가장 깊고 폭넓은 데이터 세트를 확보할 수 있었다. 이 데이터 세트는 CEO와 CTO 그리고 운영, 제품, 마케팅, 재무, 인사 부문 리더를 비롯한 수많은 역할을 포괄했다. 각 조사 대상자에 대한 데이터는 다면적 평가 피드백 도구를 통해 확보했다. 이 도구는 리더스랩Leader-sLabp이라는 구글 포 스타트업 액셀러레이터에서 실시하는 리더십 워크숍의 일부로 활용되었다. 평균적으로 7명(공동 창업자, 직원, 투자자, 자문)이 각 조사 대상자의 리더십 역량을 평가했다. 분석 자료는 전 세계 창업자들에 대한 23만 개의 의견을 포함했다.

창업자의 능력을 측정한 방식

이상적인 방법론은 창업자와 가까이에서 일하는 사람들의 주관적 의견을 스타트업 가치 평가, 손익 보고서, 사용자 증가율, 직원 이탈률 같은 객관적인 지표와 비교하는 것이다. 그러나 이런 접근법은 상당한 어려움을 수반한다. 상장 전에는 외부에 제공하는 자료가 매우 적다. 설령 그런 자료가 있다고 해도 사업 성장 지표는 내·외부의 폭넓은 요소에 영향을 받는다. 그래서 기여도를 산정하기 어렵다. 가령 충분한 자금을 조성한 스타트업이 탁월한 사용자 증가율을 기록했다고 치자. 이 수치만 보고 창업자가 유능하다고 결론짓는 것은 위험하다. 창업자가 가치 있는 제품이나 서비스를 비용보다 낮은 가격에 그냥 내주고 있을지도 모르기 때문이다.

그래서 우리는 창업자들이 회사를 어떻게 운영하는지 최대한 정확하게 확인하기 위해 팀원, 공동 창업자, 투자자, 멘토의 익명 평가에 초점을 맞추었다. 또한 우리는 팀원한테만 평가를 받은 창업자를 분석 대상에서 제외했다. 권력을 가진 직위에 있는 사람이 자신의 능력에 대한 팀원의 인식에 과도하게 영향을 미칠 가능성을 피하고 싶었기 때문이다. 우리의 연구가 인기 투표여서는 안 되었다. 그래서 직원, 공동 창업자, 투자자, 멘토가 의견 일치를 보일 때만 창업자가 유능한 것으로 간주했다. 5점 척도로 우리가 제시한 항목은 다음과 같았다.

- (   )는 다른 사람들에게 같이 일하도록 추천하고 싶은 리더다.
- (   )는 다른 사람들이 닮고자 노력해야 하는 리더다.
- (   )는 전반적으로 매우 유능한 리더다.

그런 다음 우리는 조사 대상자들이 창업자의 리더십 역량을 어떻게 평가하는지 세심하게 살폈다.

- 고무적인 비전을 얼마나 잘 제시하는가?
- 참고할 데이터가 불완전할 때 얼마나 빠르고 효과적으로

결정을 내리는가?

• 팀을 통해 양질의 성과를 얼마나 잘 달성하는가?

여기에 더해 30개의 질문이 구체적인 역량의 세부 사항을 깊이 파고들었다.

우리는 창업자들에게도 같은 질문을 통해 자신을 평가하도록 요청했다. 가까운 사람들의 평가와 자신에 대한 인식을 비교하기 위해서였다.

최상위 4분의 1에 속하는 창업자와 최하위 4분의 1에 속하는 창업자를 비교한 결과, 두 집단에서 어떤 리더십 역량이 다른지 확인할 수 있었다. 이 비교 분석은 생존자 편향을 극복하기 위한 것이었다. 즉, 실패한 창업자들도 같은 방식으로 행동했는지 확인하지 않은 채 성공한 창업자만 살펴본 후 그 행동 방식을 성공 요인으로 가정하는 경향을 피하고 싶었다.

주요 결과

조사 결과 유능한 창업자들을 두드러지게 만드는 7가지 전략이 드러났다.

1. 직원을 자원봉사자처럼 대한다 최고의 직원은 자원봉사자와 같다. 그들은 힘들지만 의미 있는 사명을 위해 열정적으로

일한다. 그들에게는 여러 선택지가 있다. 유능한 사람은 어디서 일할지 선택할 수 있으며, 흔히 하는 말처럼 사람들은 회사가 아니라 상사로부터 떠나는 것이다. 직원들의 심리를 이해함으로써 인재를 독점하라.

2. 방해 요소로부터 팀을 보호한다 창업자들은 대개 새로운 아이디어에 쉽게 한눈을 파는 것처럼 보인다. 그러나 최고의 창업자는 명확한 초점을 만든다. 분명한 목표와 우선순위를 정해 팀을 위한 모멘텀을 구축하라. 이는 성과와 사기를 촉진한다.

3. 불필요한 마이크로매니지먼트를 최소화한다 데이터에 따르면 마이크로매니지먼트는 특정한 상황에서 도움이 될 때도 있다. 그러나 유능한 리더는 자신의 능력과 사업을 키우기 위해 일을 위임하려고 노력한다. 마이크로매니지먼트는 특히 CEO에게 치명적 결함이 될 수 있다.

4. 이견을 장려한다 팀은 성격 차이가 아니라 의견 차이로 다툴 수 있어야 한다. 팀원들은 의견을 밝힐 기회를 크게 중시한다. 반면 창업자들은 일관되게 그 가치를 과소평가한다. 초기부터 자주 개방적인 토론을 촉진하라.

5. 개인 간 형평성을 유지한다 기대에 어긋나는 일은 스타트업에서 갈등을 초래하는 주된 요인이다. 유능한 팀은 서로에게

무엇을 기대하는지 개방적으로 논의하고 기록하며, 개인 간 형평성을 지속적으로 평가한다. 즉, 각자 자신에 대한 기대가 공정하다고 느끼는지 확인한다.

6. 전문성을 확보한다 리더가 각 직무에 대해 충분히 알아야 적임자를 채용하고 팀을 개발하는 데 도움을 줄 수 있다. 유능한 창업자의 93퍼센트는 역량을 토대로 팀을 관리하는 데 필요한 전문성(가령 코딩, 영업, 재무 분야)을 갖추고 있다.

7. 낙담을 이겨낸다 대개 시간이 지나면 자신감이 커질 것이라고 기대한다. 그러나 유능한 창업자는 무능한 창업자보다 자신감이 훨씬 적다. 도움이 될 지원 시스템을 구축하고, 회의懷疑를 극복하기 위해 도움을 요청하는 법을 익혀라.

산업별 및 지역별 차이

우리는 산업과 지역에 따라 드러나는 차이를 세심하게 살펴봤다. 가령, 소프트웨어 스타트업은 전자 상거래나 하드웨어 스타트업과 다른 결과를 보일 것이라고 가정했다. 또는 일본의 직장 문화는 영국의 직장 문화와 다를 것이라고 가정했다. 우리의 데이터 세트는 단일 국가에서 충분한 깊이를 확보하지 못했기 때문에 국적을 기준으로 창업자의 자질에 대해 일반화한 주장을 할 수 없었다. 그래도 특정한 역량이 다른 역량에 비해 중시되는 양상을 파악할 수는 있었다.

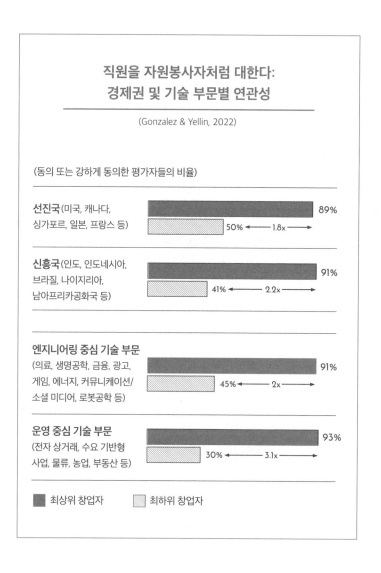

직원을 자원봉사자처럼 대한다:
경제권 및 기술 부문별 연관성

(Gonzalez & Yellin, 2022)

(동의 또는 강하게 동의한 평가자들의 비율)

선진국(미국, 캐나다, 싱가포르, 일본, 프랑스 등)
89% / 50% ← 1.8x →

신흥국(인도, 인도네시아, 브라질, 나이지리아, 남아프리카공화국 등)
91% / 41% ← 2.2x →

엔지니어링 중심 기술 부문
(의료, 생명공학, 금융, 광고, 게임, 에너지, 커뮤니케이션/소셜 미디어, 로봇공학 등)
91% / 45% ← 2x →

운영 중심 기술 부문
(전자 상거래, 수요 기반형 사업, 물류, 농업, 부동산 등)
93% / 30% ← 3.1x →

■ 최상위 창업자   ▨ 최하위 창업자

우리가 찾아낸 1가지 유용한 차이는 능력과 가장 강력한 상관성을 지닌 리더십 전략에서 나왔다. 그것은 바로 '직원을 자원봉사자처럼 대한다'였다. 뛰어난 직원이란 힘들지만 의미 있는 목표를 위해 일하고 싶어 한다고 가정하는 리더는 채찍과 당근을 이용하는 인센티브가 아니라 사명을 통해 팀원을 북돋운다. 이 점은 너무나 뻔하게 들렸으며, 매우 '실리콘밸리'스러웠다. 그래서 우리는 데이터를 분석해 다른 국가와 산업에서도 그런지 확인했다. 흥미롭게도 앞서 말한 상관성은 실리콘밸리 바깥에서 떠오르는 스타트업 생태계와 운영 중심 기업에서 더욱 확고했다.

이런 데이터는 정확성과 관련해 잘못된 인식을 형성할 위험을 수반한다. 따라서 영국 통계학자 조지 박스George Box의 유명한 경고를 명심하는 것이 여전히 중요하다. 그는 이렇게 말했다. "모든 모형은 틀렸다. 그래도 일부 모형은 유용하다."[111] 우리는 이 책을 쓸 때 확고한 규칙이 아니라 폭넓은 지침을 얻기 위해 조사 결과를 활용했다.

모닥불 타임
진행자용 지침서

부록 2에서는 다음과 같은 내용을 다룬다.

- 현역 및 예비 진행자를 위한 쉬운 지침
- 준비 체크리스트, 행사장 구성, 일과, 각 활동의 개요
- 대규모 집단을 위한 조정

모닥불 타임을 진행하겠다고 약속했다면, 즉시 준비 체크리스트부터 확인할 것을 권한다.

준비 체크리스트

워크숍 한 달 전

- 날짜를 정하고 오전 9시부터 오후 5시까지 시간을 확보한다.
- 중대한 이벤트나 기한이 지난 직후의 금요일(또는 그 주의 마지막 근무일)이 이상적이다. 절대 그 직전은 안 된다.
- 모두의 일정에서 부수적 회의를 없앤다.
- 참가자를 정한다.
  - 초기 단계 스타트업: 하루 종일 또는 많은 시간을 일하는 모든 사람(공동 창업자와 초기 직원)
  - 대규모 스타트업: CEO와 지도부(CEO의 직속 부하들)
  - 대기업 내 팀: 팀 리더와 때로 '정규 팀'으로 불리는 직속 부하들. 타 부서 인원은 포함하지 않는다.
- 제외 대상: 투자자와 이사회 멤버
  - 멘토(진행자인 경우는 예외)
  - 인턴
  - 내·외부 고객
- 방해 요소 없이 집중해서 대화할 수 있는 장소를 찾는다.
- (원래 사무실이 아닌) 다른 사무실, 거실, 공유 공간이나 비즈니스 호텔 회의실, 야외를 고려한다.
- 일상적인 업무 공간은 피한다.
- 어떤 피드백 도구를 활용할지 결정한다. 자기 평가 방식을 활용하든, 360도 평가 방식을 활용하든 모닥불 타임은 의

미 있고 효과적인 경험을 제공할 것이다. 다만 피드백 도구에 따라 다른 준비가 필요하다(부록 3 참고).

워크숍 일주일 전

- 참가자들에게 날짜를 상기시킨다. 이때 하루 종일 시간을 비워두고, 전자 기기를 손에서 떼어놓을 준비를 하고, 시급한 업무를 미리 끝내라는 지침을 제시한다.
- 필기할 공책과 별도 보관 장소에 두었다가 지정된 시간에만 쓸 인터넷 가능 전자 기기(휴대폰, 태블릿, 노트북)를 따로 준비한다.
- 참가자 워크북*을 출력하거나 이 책을 준비한다.
- 기타 준비물 확보
  - 시간이 다 되어갈 때 다시 확인할 사항이나 주제를 적을 화이트보드와 마커
  - 포스트잇과 펜
  - 휴대폰 없이 시간을 잴 수 있는 초시계

워크숍 하루 전

- 모든 자료를 확보했는지 확인한다.
- 행사장에 테이블 없이 의자를 원형으로 배치한다.

- 모든 문서는 www.bonfiremoment.com의 자료란에서 찾을 수 있다. 주의 분산 또는 노트북이나 휴대폰의 기술적 문제를 최소화하기 위해 출력물 활용을 권한다.

- 3타임의 가식 고백 모임을 위해 분위기를 바꿀 준비를 한다. 바닥에 방석이나 빈백을 놓고, 행사장을 어둡게 만들고, 모닥불 영상이 나오는 노트북을 두어야 한다.*
- 점심시간에 다른 장소로 이동하느라 시간을 낭비하지 않도록 배달 음식을 준비한다.

모닥불 타임 전체 일정

1분 개요: 모닥불 타임은 하루 동안 4타임으로 나누어 진행된다.

- **1타임: 냉엄한 현실을 직시한다** 참가자들은 체계적인 자기 평가 도구(또는 선택에 따라 360도 평가 도구)의 도움을 받아 자신의 리더십 기술을 성찰하며, 동료들로부터 코칭을 받는다.
- **2타임: 숨겨진 역학을 인식한다** 참가자들은 개인적 동기, 업무 스타일, 선호, 기대, 엑시트 시나리오에 대한 유저 가이드를 작성하고, 그 내용을 팀원들과 공유한다.
- **3타임: 가면을 벗는다** 팀원들은 자신이 품고 있는 자기 회의와 열등감 그리고 그것을 극복하는 방식을 성찰하고 드러

---

* 유튜브나 비메오 같은 동영상 플랫폼에서 마음에 드는 것을 고른다.

낸다.

- **4타임: 암묵적 문제를 해결한다** 팀원들은 흔한 갈등 요인 목록에서 가장 시급한 암묵적 문제를 선택하고 해법을 합의한다.

일과의 5분 단위 리듬: 이는 8장과 11장에서 소개한 활동별 개요다.

1타임: 냉엄한 현실을 직시한다

소요 시간 2시간 5분 + 15분 휴식	필요 자료 > 참가자 워크북 또는 본 도서 > 자기 평가 도구에 접근할 수 있는 휴대폰/노트북 > 테이블 없이 원형으로 놓인 의자 > 초시계
오전 9시 시작	진행자는 대략적인 일과와 진행 방식, 기본 규칙을 전달한다. 전자 기기, 가식, 자랑, 누설은 금지된다.
오전 9시 15분 자기 평가	진행자는 평가 문항 이면의 구조를 설명해 팀원들이 개인적 기술을 평가할 수 있도록 준비한다. 참가자들은 온라인 평가 도구를 작성한 후 요약된 내용을 읽고 성찰한 것을 적는다(360도 평가 도구를 활용할 경우 부록 C 참고). 아래 QR 코드를 스캔하면 자기 평가 도구에 바로 접속할 수 있다.

오전 9시 45분 동료 코칭	각 팀원은 20분씩 자신이 원하는 분야에 초점을 맞추어 다른 팀원의 피드백을 받는다. 이는 자기 평가 요약 내용에 대한 생각과 반응을 정리할 기회다 (8장 참고).
오전 11시 5분 15분 휴식	축하한다! 이제 1타임을 마쳤다.

2타임: 숨겨진 역학을 인식한다

소요 시간 2시간 30분(토론 시간 겸 점심시간 포함) + 10분 휴식	필요 자료 > 참가자 워크북 또는 본 도서 > 음식
오전 11시 20분 유저 가이드 개괄	진행자는 유저 가이드의 이면에 깔린 논리와 각 섹션 그리고 이 과제에 접근하는 데 필요한 올바른 마음가짐을 알려준다.
오전 11시 30분 개별 작성	팀원들은 1시간 동안 유저 가이드를 작성한다(유저 가이드 견본은 부록 4 참고).
오후 12시 30분 팀 토론	팀원들은 긴 점심시간 동안 각 섹션에 대한 자신의 답변 내용을 공유한다.
오후 1시 50분 10분간 휴식	잘했다! 자리를 정리하고 잠깐 휴식을 취하라.

3타임: 가면을 벗는다

소요 시간	**필요 자료**
1시간 + 15분 휴식	> 분위기 전환 > 모닥불 영상이 나오는 노트북 4대 > 초시계

오후 2시 이전 **공간 준비**	진행자는 방을 어둡게 만들고 바닥에 원형으로 방석을 배치한다. 중앙에는 모닥불 영상을 보여주는 4대의 노트북을 네 방향으로 놓는다.
오후 2시 **착석**	진행자는 자기 노출 훈련의 목적과 구조 그리고 안전 지침에 대해 설명한다. 그런 다음 먼저 개인적 이야기를 들려주면서 분위기를 조성한다. 팀원들은 조용히 자신의 불안과 열등감 그리고 그것을 가리기 위해 활용한 자기 방어 수단을 성찰한다(주요 질문은 10장 참고).
오후 2시 20분 **가식 고백 모임**	각 팀원은 자신이 성찰한 내용을 이야기한다. 다른 팀원들은 재단하거나 조언하지 않고 듣기만 한다. 지금은 인간적 수준에서 진정으로 소통하는 시간이다.
오후 2시 50분 **정리**	모두가 이야기를 마친 후 10분 동안 긴장을 풀고, 깨달은 바를 나누고, 솔직한 고백에 감사하는 마음을 표현한다.
오후 3시 15분 **휴식**	축하한다! 당신은 방금 오늘 일과에서 가장 어려운 부분을 마쳤다. 이제 스트레칭을 하고 마지막 구간을 위해 기운을 충전할 때다.

4타임: 암묵적 문제를 해결한다

소요 시간	필요 자료
2시간 5분+10분 휴식	> 참가자 워크북 또는 본 도서

오후 3시 15분 **과제 제시**	진행자는 4타임의 목표를 설명한 후, 서로를 존중하는 생산적인 클래스 2 논쟁을 위한 전술을 팀원들이 읽고 고려하도록 권한다.
오후 3시 25분 **팀 항력 체크리스트 검토**	팀원들은 스타트업이 흔히 직면하는 부정합, 의사소통 오류, 갈등의 20가지 주요 요인을 검토한다. 그런 다음 즉각 대처해야 할 3가지 '암묵적 문제'를 투표로 선정한다(체크리스트는 11장 참고).
오후 3시 40분 **본격 토론**	팀원들은 클래스 2 논쟁 지침에 따라 시급히 대처해야 할 3가지 요인 또는 80분 동안 다룰 수 있는 최대한 많은 요인에 대해 토론한다.
오후 5시 10분 **휴식**	오늘의 미지막 휴식으로, 결승선을 향해 달려가기 전에 잠시 머리를 식힌다.
오후 5시 10분 **마무리**	길고 힘든 하루를 보낸 팀원들은 다시 원형으로 둘러 앉아 어떤 통찰이 두드러졌는지 간략하게 공유하고, 함께 이룬 진전을 정리한다.
오후 5시 30분 **종료**	이것으로 모든 일정이 끝났다!

워크숍을 진행하는 동안 참가자 지원하기

참가자들이 감정적 여정(10장 참고)을 거치는 동안 그들을 뒷받침할 준비를 하라. 모든 워크숍은 같지 않다. 따라서 계속 분위기를 파악하면서 참가자들을 가장 잘 이끌 방법을 모색해야 한다. 부정적 감정은 워크숍이 의도한 것이므로 완화하려고 애쓰지 말라. 다만 분위기가 너무 무겁고 비생산적으로 흘러가면, 휴식 시간을 주어서 참가자들이 마음을 진정시킬 수 있도록 해야 한다.

- 워크숍 전에 각 참가자를 만나 팀원으로서 어떤 경험을 했고 워크숍에서 무엇을 기대하는지 파악한 다음, 워크숍의 중요한 의미를 상기시킨다.
- 워크숍에서 불거진 문제들은 해결하기 어렵다는 것을 지속적으로 인정한다. 이는 팀의 공통 기반을 찾도록 돕는 데 매우 중요하다. 많은 질문을 던져서 호기심을 드러내는 모범을 보인다.
- '부모의 화법'을 쓰지 않도록 주의한다.
- 팀원들을 일상적인 방해 요소로부터 떼어놓을 수 있는 적절한 장소를 찾는다. 화상 워크숍을 진행하는 경우, 분명한 규칙을 정하고 준수해야 한다.
- 가장 먼저 하는 일과 소개는 하루를 몽땅 투자하는 데 대한 불안을 완화하기에 충분할 정도로만 간략하게 한다. 참

가자들이 일부 어려운 세션을 미리 걱정하지 않고 심리적 여정을 거칠 수 있도록 자세한 내용은 알리지 말라.

- 참가자들이 놀러온 듯한 태도, 틈만 나면 빠지려는 태도, 과도하게 비판적인 태도를 보이는지 살핀다. 자만심을 내세우는 참가자 또한 잘 관리한다.

- 전자 기기 금지, 가식 금지, 자랑 금지, 누설 금지라는 기본 규칙을 계속 상기시킨다. 어기는 사람이 있으면 더욱 강조해야 한다.

- 시계를 계속 확인하면서 대화가 주제를 벗어나거나 시간을 넘기면 주저하지 말고 중단시킨다. 하루 만에 다루어야 할 내용이 많아서 갓길로 빠지면 일정이 어긋나기 십상이다.

- 특히 각 구간을 시작할 때 참가자들이 전체 일정 중에서 어느 지점에 있는지 파악하도록 도와준다. 앞으로 무엇을 할 것인지 예고하고, 각 부분에 얼마나 많은 시간을 할당할 것인지 항상 알려준다.

- 진행자로서 개인적 성장에 투자한다. 일과를 마치고 나서 참가자들에게 피드백을 요청한다. 경험 많은 진행자에게 워크숍을 참관한 후 조언해달라고 하거나, 그들이 진행하는 워크숍을 참관하게 해달라고 부탁한다.

대규모 인원일 경우

같은 곳에서 동시에 여러 스타트업 팀이나 대기업 내 여러 팀이 참가하는 워크숍을 진행하는 경우, 몇 가지 중요한 변경 사항을 고려해야 한다.

- **진행자** 참가자가 11명 이상일 때는 경험 많은 진행자에게 맡길 것을 추천한다. 또한 20명을 초과하는 경우, 추가로 20명씩 늘어날 때마다 1명의 진행자를 더 두는 것을 고려하라. 충분한 수의 진행자를 확보할 수 있다면 최대 80명까지 워크숍의 규모를 키울 수 있다.
- **행사장 구성** 참가 인원이 많을수록 한 장소에서 다른 장소로 이동하는 데 시간이 오래 걸린다. 따라서 워크숍, 휴식, 식사 때 이동 거리를 최소화하도록 공간을 설계한다.
- **시간** 앞서 제시한 시간표는 참가자가 소규모일 때 적당하다. 대규모 인원의 경우 중간에 끼어드는 사람이나 질문하는 사람이 더 많고, 진행과 관련해 지시해야 할 사항도 더 많다. 따라서 필요하다면 시간을 늘릴 준비를 해야 한다. 아울러 제한 시간도 더 엄격하게 지켜야 한다.
- **타임별 변경 사항**
  - 1타임: 동료 코칭 시간에 비슷한 직무를 맡은 참가자끼리(가령 CEO나 영업 책임자끼리) 묶는 것을 고려한다. 이는 선택 사항이지만 우리가 확인한 바에 따르면, 비슷한

직무에 따른 문제를 공감할 수 있어서 대화 내용이 더욱 깊어진다.

- 2타임: 유저 가이드 토론 시간에 정규 팀을 유지한다. 혼자 워크숍에 참가한 사람이 있으면 그들을 같이 묶는 라. 그들끼리 개인적으로 깨달은 것과 다른 팀원들이 유저 가이드를 작성하게 만들 방법을 서로 이야기하도록 한다. 그들은 대개 정규 팀보다 훨씬 일찍 세션을 마치고 더 긴 휴식을 즐긴다.

- 3타임: 가식 고백 시간에 대규모 그룹을 최대 10명 단위로 나눈다. 각 참자가의 발표 시간은 2분으로 제한한다. (그래도 서두르는 느낌은 없을 것이며, 저녁까지 워크숍을 연장하지 않고도 최대한 많은 사람이 발표할 수 있다.) 다른 스타트업에 속한 사람들을 같이 묶을지 또는 정규 팀을 유지할지는 선택 사항이다.

- 4타임: 정규 팀을 유지한다.

모닥불 타임의 평가 도구

모닥불 타임의 1타임은 워크숍에 참가하는 각 팀원의 평가를 요구한다. 여기엔 우리가 설계하고 지원하는 2가지 독자적인 평가 도구가 있다. 하나는 자기 평가 도구이고, 다른 하나는 360도 평가 도구다. 둘 다 www.bonfiremoment.com에서 볼 수 있다. 지금부터 이 두 평가 도구에 대해 자세히 알아보자.

자기 평가 도구는 모닥불 타임의 기본 선택지다. 우리는 7장의 피스크 사례에서 자기 평가 도구를 소개했고, 8장에서는 그걸 어떤 방식으로 활용하는지 설명했다. 자기 평가 도구는 무료로 제공되며, 아무런 사전 준비 없이 워크숍 당일에 작성할 수 있다. 진행자는 1타임 동안 적절한 때에 www.bonfiremoment.com에 접속해 질문에 답하고 결과를 확인하도록 요청할 수 있다.

360도 평가 도구는 좀 더 엄격하고 시간이 많이 걸리는 선택지로서 경험의 깊이를 더해준다. 이 도구는 해당 참가자가 교류하는 주위의 모든 사람들(동료, 직속부하, 투자자, 관리자, 이사 등)로부터 피드백을 수집한다. 그 목적은 복수의 관점에서 리더의 역량에 대한 포괄적 시각을 제공하는 데 있다. 이 선택지는 몇 주 동안 준비가 필요하며, 사용자별로 요금을 지불해야 한다.

어떤 평가 도구를 선택할 것인가

어떤 평가 도구를 써야 할지 모르겠다면 다음 비교표를 참고하라.

	자기 평가 도구	360도 평가 도구
활용 대상	특히 스타트업 여정의 초반에 있는 모든 인원	적어도 3개월 동안 4명 이상의 협력자와 긴밀히 협력한 창업자 및 리더
준비 사항	없음(워크숍 당일 작성)	최소 4주 전에 준비해야 하며, 적어도 4명의 피드백이 있어야 보고서 생성 가능[*]

---

[*] 이 최소 피드백 요건은 제공자의 익명성을 유지하기 위한 것이다.

진행자의 역할	8장에서 설명한 대로 진행	몇 주 전부터 워크숍 당일까지 더 많은 조율을 해야 하며, 참가자들과 피드백 내용을 분석하기 위해 추가적인 전문성 필요
혜택	의미 있는 동료 코칭 세션으로 이어질 귀중한 자기 성찰	자기 평가에서 놓친 추가적 통찰을 자주 드러내는 피드백을 통해 더욱 깊게 성찰
비용	무료	최신 가격은 웹사이트 참고
요약	예산이 빠듯하거나, 진행자의 경험이 적거나, 시간이 부족해 최소 4주에 걸쳐 미리 준비하기 힘든 팀에 적합	예산이 충분하고, 진행자의 경험이 많으며, 적어도 4주 동안 미리 준비할 시간이 있는 팀에 적합

자기 평가 도구를 활용하는 팀도 워크숍 이후 360도 평가를 받을 팀원을 지정하거나, 원하는 개별 팀원이 선택하도록 할 수 있다.

360도 평가를 통한 사전 피드백 수집

360도 평가를 할 계획이 있다면, 지금부터 그 과정을 설명하도록 하겠다. 첫 번째 단계는 최소한 워크숍 4주 전에 전체 팀원이 www.bonfiremoment.com에서 참가자로 등록하는 것이다. 등록은 빨리 할수록 좋다. 평가자들이 피드백을 제시할 시간이 충분해지기 때문이다.

각 팀원은 누가 피드백을 제공할지 결정해야 한다. 360도 평가에서는 자신에게 좋은 말을 해줄 사람만 초대하고 싶게 마련이다. 따라서 진행자나 팀 리더가 그렇게 할 경우 전체 과정의 효과가 떨어지는 이유를 설명해야 한다. 이는 의사에게 창피한 증상을 숨기거나, 변호사에게 수치스러운 알리바이를 숨기는 것과 같다.

사전 준비 단계의 목표는 각 참가자에 대해 8개의 완성된 피드백 설문지를 확보하는 것이다. 이때 360도에 걸쳐 업무 관계를 맺은 사람들로부터 피드백을 받아야 한다. 경험칙에 따르면 설문지 작성 기간이 4주인 경우, 3분의 2의 응답률을 예상할 수 있다. 따라서 8개의 완전한 답변을 얻으려면 최소 12명을 초대해야 한다. 인원은 더 많을수록 좋다. 피드백 풀pool을 확보하고 응답자의 익명성을 보호할 수 있기 때문이다.

각 참가자는 '360도 피드백'이라는 말을 문자 그대로 받아들여야 한다. 즉 위, 아래, 옆, 대각선으로 연결되어 긴밀하게 일하는 모든 사람을 초대해야 한다. 조직표에 공식 보고 관계가 어떻게 되어 있는지는 무관하다. 가령 평가 대상 리더를 X라고 하면, X의 상사와 직속 부하를 넘어 설문 대상을 넓혀야 한다. X와 긴밀하게 일한다면 X의 상사의 상사에 더해 CEO나

다른 최고 임원도 포함시켜야 한다. 또한 다른 부서에 속한 긴밀한 내부 협력자나 X의 직속 부하보다 직급이 한두 단계 낮은 직원도 설문 대상에 넣어야 한다. 심지어 기준에 해당하는 경우, 대각선 위로 올라가 X의 상사의 동료나 대각선 아래로 내려가 X의 직속 부하의 동료까지 고려할 수 있다.

설문 대상에서 배제해야 하는 사람도 있다. 과거 X와 긴밀하게 일했지만 지난 6개월 동안은 그런 적이 없는 사람이다. 그들의 피드백은 더 이상 쓸모가 없을 것이다. 마찬가지로 지난 3개월 동안 평가 대상자의 상사나 동료 또는 부하 직원으로 스타트업에 들어온 사람들도 포함시킬지 판단해야 한다. 그들은 아직 별다른 통찰을 갖지 못했을 수 있다. 또한 아직 잠재된 문제가 드러나지 않은 허니문 기간 동안 지나치게 긍정적인 피드백으로 데이터를 왜곡시킬 수 있다.

참가자 명단이 결정되면 그 사실을 온라인으로 평가자들에게 알려주고, 설문지 작성에 필요한 지시 사항을 제공한다. 이때 참가자가 개인적으로 따로 요청하는 것도 괜찮다. 이 경우, 평가자들은 피드백을 받을 사람이 열린 태도를 취하고 있음을 알게 된다. 이는 또한 평가자들에게 평가 과정이 거짓 호의가 아니라 정직성에 의존한다는 것을 알리는 기회이기도 하다.

설문 작성 시간은 약 15분밖에 걸리지 않는다. 각 참가자는 3주 동안 언제든 얼마나 많은 사람이 피드백을 제출했는지 확인할 수 있다. 우리의 온라인 도구는 평가 대상자도 자기 평가의 일환으로 같은 질문지를 작성하도록 요청한다. 그래서 자신에 대한 스스로의 인식과 동료들의 인식을 비교해 볼 수 있다.

최소 4명이 평가서를 작성한 경우, 시한이 지나면 피드백 보고서가 생성된다. 진행자는 보고서를 출력한 다음[*], 1타임을 시작하기 전까지 숨겨둔다. 그래야 팀이 함께 여정을 시작할 수 있다.

360도 평가를 완료하지 않거나 못 하는 경우

때로 1명 이상의 팀원이 제시간에 360도 평가를 완료하지 못하는 경우가 있다. 다음은 일부 참가자에게 지장을 초래하는 상황의 몇 가지 사례다.

- **팀에 들어온 지 얼마 되지 않아서 주위 사람들이 피드백을 제공할 만한 충분한 시간이 없을 경우** 이럴 때는 가능하다면 모든 팀원이 같이 일한 지 적어도 3개월이 될 때까지 워크숍을 미룰 것을 권한다. 그러면 초기 적응 과정의 혼란이 정리되고, 팀원들이 성찰할 수 있는 충분한 상호작용이 이루어진다.

---

[*] 팀이 종이 낭비를 정말로 싫어한다면 적절한 때에 평가 대상자에게 파일로 보낼 수도 있다.

• **피드백을 제공한 평가자 수가 최소 4명이라는 기준을 넘어서지 못할 경우** 우리의 시스템에 따른 자동 통지 외에 평가 대상자가 직접 피드백을 유도하면 이런 문제를 피할 수 있다.

이런 일이 생기면 다른 팀원들은 360도 평가를 활용하더라도 해당 팀원은 그냥 자기 평가를 작성하도록 권한다. 그러면 코칭 모임에 참가하는 데 아무런 지장이 없다. 또한 워크숍 이후에 언제든 완전한 360도 평가를 받을 수 있다.

정리하자면, 360도 평가를 통해 가치 있는 외부 피드백을 얻을 것을 권한다. 다만, 자기 평가도 창업자로서 성공하는 데 필요한 건강한 행동을 추구하도록 만들어준다.

자기 평가를 바로 받아보고 싶다면 아래 QR 코드를 활용하라.

서로를 이해하기 위한
유저 가이드 작성법

유저 가이드는 스타트업 팀 내에서 마찰을 줄이고 신뢰를 개선하는 빠르고 쉬운 방법을 제공한다. 또한 창업자와 각 직능별 리더로 구성된 팀에 특히 효과가 좋다.

인간은 복잡한 존재다. 우리 모두는 동료들부터 최선을 이끌어내는 방법 그리고 다른 사람들이 자신으로부터 최선을 이끌어내는 방법을 이해하기 위해 때로 약간의 도움을 필요로 한다.

우리는 스타트업에 합류한 개인적 이유, 선호하는 업무 스타일 및 의사소통 스타일, 자신과 다른 사람들에 대한 기대, 갈등 관리 방법을 간략하게 설명하도록 만들기 위해 유저 가이드를 설계했다. 유저 가이드는 3개의 섹션으로 이뤄져 있다.

- **섹션1** 개인적 동기
- **섹션2** 업무 스타일
- **섹션3** 협력 관계

www.bonfiremoment.com의 '자료란'에 출력 가능한 유저 가이드 파일과 작성 사례가 있다.

 **섹션 1: 개인적 동기**

다음은 개인적 동기의 3가지 원천이다.

- **머리** 신선한 기술이나 서비스, 사업 모델 또는 현지화된 가치 사슬을 통해 시장에 존재하는 난관이나 사용자의 필요를 해결하려는 지적 욕구. 문제를 해결할 수 없거나 문제가 더 이상 어렵지 않을 때 동기가 저하됨.
- **가슴** 목표 사용자, 사회 부문, 특정 산업, 국가에 대한 깊은 열정과 헌신. 문제가 무의미해지거나 해결이 점진적으로 이루어질 때 동기가 저하됨.
- **지갑** 스타트업을 통해 개인적으로 얻는 금전적(연봉, 지분) 또는 비금전적(지위, 직책, 주요 인사들과의 인맥) 혜택. 엑시트로 돈을 벌 가능성이 없거나 회사가 명성을 잃었을 때 동기가 저하됨.

- **이 스타트업에 합류하고 머무는 개인적 이유 성찰** 머리, 가슴, 지갑 중에서 주된 동기의 원천은 무엇인가? 이에 대한 명확한 인식은 일하는 과정에서 절충을 더욱 쉽게 만들어준다.
- **동료들과 공유** 자신의 동기를 명시적으로 드러내는 일은 중요하다. 서로의 의도에 대한 의구심을 줄여주기 때문이다.
- **팀 정렬** 일하는 이유에 근본적인 차이가 있으면 향후 중대한 갈등으로 이어질 수 있다.

어디서 동기를 얻습니까?

중요도
(1 = 가장 중요함,
 3 = 가장 덜 중요함)

머리: 지적 추구

가슴: 사명과 파급력에 대한 깊은 열정

지갑: 금전적, 비금전적 보상

팀원들의 동기기 그게 다릅니까? 그깃이 어떤 갈등을 초래할까요?

 **섹션 2: 업무 스타일**

사람들에겐 저마다 나름의 업무 스타일이 있다. 팀으로서 보다 효과적으로 일하려면 개인적 선호와 그 이면의 이유를 분명하게 밝히는 것이 도움이 된다.

고도로 능률적인 팀은 서로의 스타일을 이해하고, 서로가 선호하는 바를 유연하게 수용한다.

이 섹션에서는 다음 항목들을 명시한다.

- **자신의 강점 및 약점** 동료들도 당신이 자신을 보는 것과 같은 시선으로 당신을 보는지 확인한다. 약점에 대해 이야기할 때 (1) 해당 부문에서 능력을 개선하기 위해 어떤 도움이 필요한지, (2) 어떤 부분에서 팀원들이 개입해 보완해 주어야 하는지 밝힐 수 있다.
- **팀원들이 당신으로부터 최선을 이끌어내는 방법과 때로 당신이 오해받는 양상** 이것을 당신과 함께 최선의 성과를 낼 수 있도록 팀원들에게 주는 조언이라고 생각하라.
- **피드백을 받고 갈등을 해결하기 위해 선호하는 방식** 피드백을 주고받으며 갈등을 해결할 수 있다면 실수를 통해 계속 배우고 다시 일어서게 된다. 피드백의 필요성이나 갈등을 제거하는 것이 목표가 아니다. 당신의 목표는 건강하고 생산적인 방식으로 피드백과 갈등에 대처하는 방법을 익히는 것이다.

	당신이 팀에 제공하는 강점은 무엇입니까?	어떤 부분이 부족하며, 어떤 도움이 필요합니까?
목록		
팀원의 추가 목록		

당신이 최선의 성과를 내게 만드는 요소는 무엇입니까?	당신이 최악의 성과를 내게 만드는 요소는 무엇입니까?

당신은 때로 어떤 일로 오해를 받습니까?

당신에게 피드백을 제공하는 최선의 방식은 무엇입니까?

다른 팀원과 당신 사이에 발생한 갈등을 해소하는 최선의 방식은 무엇입니까?

섹션 3: 협력 관계

서로에 대한 불분명한 기대와 불공정하다는 인식은 스타트업 팀에서 갈등을 초래하는 양대 요인이다.

이 섹션을 통해 당신이 자신과 다른 팀원들에게 기대하는 바를 분명하게 알려라. 또한 지금까지 제반 여건이 얼마나 공정하다고 느꼈는지 밝히고, 최악의 시나리오에 대비하기 위한 계획을 세워라.

이 섹션에서는 다음 요소를 분명하게 확인할 수 있다.

- **기대** 다른 팀원들이 당신에게 기대하는 바를 달성하면 신뢰가 형성된다. 반대의 경우, 신뢰는 약화되고 갈등이 발생할 소지가 크다. 기대하는 바가 분명하고, 상세하며, 일치할 때 잠재적 갈등 요인을 최소화할 수 있다.

- **개인 간 형평성** 기업에 재무적 지분이 있듯 팀에는 개인 간 형평성이 있다. 이는 팀원들 사이에 주고받는 것의 공정성을 말한다. 개인 간 형평성은 자신이 회사에 기여하는 것과 회사에서 얻는 것 그리고 다른 팀원들이 주고받는 것 사이의 균형에 대한 인식에 좌우된다. '주는 것'은 근무시간, 자본 투자, 인맥, 전문성을 포함한다. '받는 것'은 급여, 지분, 사회적 지위, 근무 유연성, 통제 수준을 포함한다. 이 둘 사이의 균형이 매우 불공정하다고 느끼면 긴장이 형성되며, 일부는 회사를 그만둘 수도 있다.

- **붕괴 시나리오** 이는 스타트업 팀 내에 중대한 긴장을 초래할 수 있는 가상의 갈등을 말한다. 1년 후에 팀 내의 개인 간 갈등 때문에 회사가 망한다고 상상해보라. (사업적 요인이 아닌) 어떤 인간관계 요인 때문에 실패하게 될까? 이 질문에 답하는 것은 미래의 리스크를 예방하는 데 도움이 된다.

회사의 성공을 위해 어떤 기여를 하고 있거나, 할 계획입니까?

다른 팀원들이 당신에게 무엇을 기대한다고 생각합니까?

팀원들에게 어떤 구체적인 기대를 갖고 있습니까?

이름	기대

개인 간 형평성 평가

팀원들이 회사에 기여하는 것과
비교할 때 당신이 기여하는 것에
얼마나 만족합니까?

○　　○　　○　　○　　○

만족하지 않음　　　　　　매우 만족함

팀원들이 회사에서 얻는 것과
비교할 때 당신이 얻는 것에
얼마나 만족합니까?

○　　○　　○　　○　　○

만족하지 않음　　　　　　매우 만족함

전반적인 여건은 얼마나
공정하다고 생각합니까?

○　　○　　○　　○　　○

공정하지 않음　　　　　　매우 공정함

모든 항목에서 10점을 받기 위해 당신과 공동 창업자가 할 수 있는 일은 무엇입니까?

(사업 문제가 아닌) 팀 내의 개인 간
문제로 1년 안에 회사가 망한다고
가정합시다. 가장 가능성 높은
3가지 요인은 무엇입니까?

그런 위험을 최소화하기 위해
지금 할 수 있는 일은 무엇입니까?

이 책의 주제를 감안하면 우리가 탁월한 팀을 조합하는 일에 진지하게 임했을 것이라 예상할 수 있다. 실제로도 그랬다. 우리는 우리의 조언을 받아들여 저자로서 우리의 데뷔를 도와줄 팀을 만들었다. 그리고 우리 팀에 열심히 의지해 이 여정이 요구하는 수많은 새로운 기술을 익혔다. 이 심오한 작업을 위한 시간과 공간을 찾아내는 것, 빈 페이지의 압박을 이겨내는 것 또는 요점 정리식 사고에서 흡인력 있는 내러티브의 창작으로 나아가는 것 등이 거기에 포함되었다. 또한 우리 팀은 강력한 자기 회의가 닥칠 때면, 우리에게 집중력과 의욕을 불살라주었다. 이 책에 생명을 불어넣는 일은 신명 나면서도 벅찬 모험이었다.

다음은 《모닥불 타임》을 뒷받침한 드림팀의 명단이다.

우리의 출판 에이전트 실비 카Sylvie Carr는 모든 과정의 탁월한 동반자로서 우리만큼 이 프로젝트를 소중히 여겼다. 실비의 기여는 대다수 에이전트의 그것을 훌쩍 뛰어넘었다. 그녀는 출판산업의 복잡한 여건 속에서 능숙하게 우리를 이끌었고, 거의 1년 동안 우리와 같이 쉼 없이 일하면서 우리의 정돈되지 않은 아이디어를 말끔한 출판 제안서로 탈바꿈시켰고, 한 단어도 놓치지 않고 초고를 꼼꼼히 읽었다. 그녀는 편집자, 연출자, 홍보 담당자, 코치, 멘토, 에이전트를 하나로 합친 사람이었다.

하퍼 비즈니스Harper Business의 담당 편집자 홀리스 하임바우치Hollis Heimbouch는 첫 미팅에서 우리의 비전에 열의와 의욕을 보여줘 우리를 사로잡았다. "또 다른 지루한 팀 관련 도서"를 써서는 안 된다고 강조한 그녀는 우리에게 딱 맞는 편집자였다. 홀리스의 전문성은 출판 과정 내내 우리에게 자신감과 안정감을 주었다. 홀리스와 더불어 제임스 나이드하트James Neidhardt는 탁월한 협력자 역할을 해주었다. 그들을 뒷받침한 제작 편집자 데이비드 코럴David Koral, 디자이너 조앤 오닐Joanne O'Neill과 리아 칼슨스타니시치Leah Carlson-Stanisic, 마케팅과 홍보를 맡은 레이철 엘린스키Rachel Elinsky와 어맨다 프리츠커Amanda Pritzker, 뛰어난 교열자들, 공급망도 마찬가지였다.

기획 편집자 윌 와이서Will Weisser는 더할 나위 없이 명민했다. 그는 우리가 전적으로 신뢰하는 전략적 조언을 제공했고, 과도하게 생각이 많은 우리의 경향을 끈기 있게 관리했으며,

우리의 완벽주의를 완화시켰다. 그의 조언이 없었다면 이 책은 읽기 어려운 지경이 되었을 것이다. 세라 그레이스Sara Grace는 우리의 문장에 필요한 윤문을 해주었으며, '모닥불 타임'이라는 비유를 유려하게 정의하도록 도와주었다. 감수 담당자 펠리스 러번Felice Laverne은 우리의 방법론이 포용성을 지니도록 점검하고 확인해주었다. 우리의 슈퍼스타인 조사 담당자 지한 안와르Jihan Anwar는 모든 자료를 꼼꼼하게 확인하고 팩트 체크를 해주었다. 리플렉트 오거나이제이션의 선도적 창립자 재러드 펜턴은 우리의 원고를 감수해 정신 건강과 웰빙 문제를 세심하게 다루도록 해주었을 뿐 아니라, 2023년 여름 동안 우리의 진행자 인증 프로그램을 설계해주었다.

우리는 조직심리학의 엄격한 도구를 활용해 리더십 평가 자료를 만들었다. 린드레드 그리어Lindred Greer(당시 스탠퍼드 경영대학원 재직), 미셸 블라이Michelle Bligh(클레어몬트 대학원), 돈 페린Don Ferrin(싱가포르 경영대학교), 데이나 랜디스Dana Landis(전 구글 리더십 평가 담당자)의 지침은 우리에게 큰 도움이 되었다. 메러디스 웰스 레플리Meredith Wells Lepley(서던캘리포니아 대학교)는 각종 도구를 우리와 같이 검증했으며, 이 책에서 제공하는 버전을 개발하는 동안 우리를 이끌어주었다. 발렌티나 아세노바Valentina A. Assenova와 은두부이시 우그완위Ndubuisi Ugwuanyi(와튼 스쿨)는 마틴과 함께 평가 도구를 추가로 검증했다. 그들은 〈리더십 역량은 초기 단계 스타트업의 성장 궤도를 좌우하는가Do Leadership Capabilities Shape the Performance Trajectories of Early-Stage Startups?〉라는 제목의 동료 평가 논문을 통해 평가 도구가 매출, 혁신 생산성, 자금 조달, 기업 수명 같은 주요 성과 지표와 연관성이 있는지 확인했다.

리더십 평가 도구는 실리콘 라이노Silicon Rhino의 창립자이자 구글 액셀러레이터의 장수 멘토인 로저 플레인스Roger Planes 그리고 필 하디Phil Hardy, 찰리 파머Charli Palmer, 앤드루 주버트 Andrew Joubert, 제프 브루Jeff Brou, 라몬 폴리두라Ramón Polidura를 비롯한 그 팀의 마법을 통해 생명을 얻었다.

우리의 디자인팀은 탁월했다. 마테오 비아넬로Matteo Vianello 는 우리가 세상에 자랑스럽게 내보일 수 있는 표지를 만들었다. 미건 기어Meagan Geer는 그래프와 차트를 미학적으로 그려 냈다. 저스틴 응Justin Ng은 도서 디자인과 온라인 디자인을 다듬었다. 제목을 서둘러 디자인한 에마 스크립스Emma Scripps와 수많은 제목 디자인을 검색하도록 도와준 다른 많은 사람들(제니퍼 번바크Gennifer Birnbach, 크리스티나 하사람Kristina Hassaram, 데이브 바우먼Dave Bowman)에게 특별히 감사드린다.

구글 포 스타트업, 액셀러레이터, 개발자 관리팀은 수년에 걸쳐 워크숍의 규모를 키우고 영감을 얻는 데 필수적인 도움을 주었다. 모든 관련자를 언급하기는 어렵기에 우리가 운 좋게도 직접 협력할 수 있었던 사람들을 아래에 나열한다. 글로벌 팀의 명단(알파벳 순)은 다음과 같다. 브렛 카미타Brett Kamita, 에리카 핸슨Erica Hanson, 개릿 우드Garrett Wood, 한나 커런Hannah Curran, 제니퍼 하비Jennifer Harvey, 제러미 노이너Jeremy Neuner, 케빈 오툴Kevin O'Toole, 마이클 사일러Michael Seiler, 리오 오토야Rio Otoya, 로이 글래스버그Roy Glasberg, 사미 키질바시Sami Kizilbash, 시리 시반Shiri Sivan. 지역별 팀원은 다음과 같다. 안드레 바렌스André Barrence, 아누즈 두갈Anuj Duggal, 애슐리 프란시스코Ashley Francisco, 페르난다 칼로이Fernanda Caloi, 폴라 올라툰지데이비드Fola Olatunji-David, 프란시스코 솔소나Francisco Solsona, 갤 애거디Gal Agadi, 지브란 칸Gibran Khan, 호세 파포Jose Papo, 조세핀 칸트Joséphien Kant, 조윈 코르Jowynne Khor, 막달레나 프레젤라스코프스카Magdalena Przelaskowska, 마커스 푼Marcus Foon 니콜 얍Nicole Yap, 오나지테 에머호르Onajite Emerhor, 폴 라빈드라나트Paul Ravindranath, 로드리고 카라레시Rodrigo Carraresi, 티에 예우 복Thye Yeow Bok.

전 세계에 걸쳐 수많은 진행자들이 우리의 사명에 동참해 주었다. 그들은 우리 워크숍의 메시지를 다양한 산업, 국가, 언어에 맞춰 전달했다. 마지막 장에서 언급한 대로 모든 진행자의 활동을 점검하는 일은 결국에는 불가능해진다. 그래도 우리는 몇몇 진행자의 도움을 받아 함께 우리의 콘텐츠를 공유하고 다듬었다. 그들은 앨런 패노시언Allan Panossian, 안나마리아 피노Annamaria Pino, 아니카 슈테판Annika Stephan, 그레그 알브레히트Greg Albrecht, 한나 파커Hannah Parker, 얀 베라넥Jan Beránek, 케이트 그레이, 케리 오셰이, 루카스 멘데스Lucas Mendes, 루세로 테이글Lucero Tagle, 마르셀루 푸르타두, 메건 샤카르Meghan Sharkar, 낸시 파에즈 헨리케스Nancy Paez Henriques, 나탈리 웨이Natalie Wei, 라파엘 피구에로아, 부 람Vu Lam, 자크 로스Zach Ross다. 토니 맥개허런은 초기 워크숍을 공동 설계하고, 코로나19 사태가 닥쳤을 때 온라인 세션으로 능숙하게 변환하는 데 중요한 역할을 했다. 그는 아시아, 남미, 유럽 전역의 창업자들을 대상으로 워크숍을 진행했다. 리더십 개발에 대한 그의 의욕과 능력은 남다르다. 그는 모닥불 타임의 소중한 협력자이자 친구다.

저술이나 출판, 출시 과정에 대해 조언을 제공한 많은 멘토가 있다. 핵심 멘토인 제이크 냅(《스프린트》와 《메이크 타임》의 저자)은 우리에게 실비 카를 소개해주었다. 그녀는 우리가 좌절하거나, 혼란에 빠지거나, 절박한 심정일 때 우리의 전화와 문자메시지에 응답해주고, 우리 책의 포지셔닝과 제목을 정하는 데도 재빠른 도움을 주었다. (맞다. 《스프린트》의 저자가 우리를 위해 스프린트를 해주었다. 우리는 도대체 얼마나 운이 좋은 걸까?) 오랫동안 우리는 여러 친구, 동료, 멘토 들이 지닌 지혜와 경험의 도움을 받았다. 그들은 안드레 마틴Andre Martin, 아느로비오 모렐릭스Arnobio Morelix, 엘리자베스 처칠Elizabeth Churchill, 고릭 응Gorick Ng, 허기 라오Huggy Rao, 제이크 브리든Jake Breeden, 제니 블레이크Jenny Blake, 제니 우드Jenny Wood, 제리 콜로나Jerry Colonna, 조너선 로젠버그, 케이트 에스파르자Kate Esparza, 킴 스콧Kim Scott, 리즈 와이즈먼, 리즈 포슬린Liz Fosslien, 닐 호인Neil Hoyne, 노엄 와서먼, 파니시 푸라남Phanish Puranam, 라피 샌즈Rafi Sands, 로버트 서턴, 세라 로버츠Sara Roberts, 스콧 하틀리Scott Hartley, 토드 헨쇼Todd Henshaw, 얀센 캄토Yansen Kamto이다.

현재 우리는 이 책의 출시를 위해 팀을 모으는 과정에 있다.

거기에는 소셜 미디어, 마케팅, 홍보, 이벤트 기획 전문가가 포함될 것이다. 우리는 이 팀이 막강한 조직이 될 것이라 확신한다.

마틴이 전하는 감사의 말

삶과 일에서 모든 것을 감당하는 와중에 이 책을 쓰는 것은 힘들었다. 하지만 그 작업은 나를 둘러싼 사람들의 놀라운 개가이기도 했다.

그래서 나의 변함없는 지지자이자 배우자인 베아Bea에게 가장 먼저 감사의 말을 전한다. 그녀는 내가 글을 쓰기 위해 새벽 4시에 자명종을 맞춰놓아도 참아주었고, 휴가 중에 글을 쓸 시간을 허락해주었으며, 집필 과정의 여러 측면에 시달린 마음을 다스릴 힘을 주었다.

우리 아이들, 노엘Noelle과 제이미Jaime, 안드레아Andrea는 최고의 응원단이었다. 그 애들은 잠에서 깨어나 아빠가 어둠 속에서 노트북 앞에 웅크리고 있는 모습을 보곤 했다. 그리고 내 무릎에 앉아 내가 한 자씩 타이핑을 이어가는 걸 보며 왜 글에 '나쁜 말'을 쓰는지 물었고, 선생님들과 나의 책에 대한 이야기를 신나게 나누었다. 애들아, 너희들도 어려운 일을 할 수 있다는 걸 기억해.

나의 부모님인 치토Chito와 내니Nannie는 내게 집중, 노력, 끈기 그리고 모든 기회를 최대한 활용하려는 태도를 가르쳤다. 어린 시절, 어머니는 매일 등교길에 "오늘 착한 일 많이 해"라고 말했다. 어머니의 이 말은 그 후로 쭉 나와 함께했다. 더없이 좋은 분이었던 아버지는 큰일을 믿고 맡길 수 있도록 작은 일을 잘 해내는 모범을 과묵하고 겸손하게 보여주었다. 또한 자녀들의 꿈을 줄곧 지지해주었고, 때로는 과도할 정도로 관대했다. 내가 경영대학원을 그만두고 리더십 개발이라는 색다른 길을 걷겠다고 했을 때 반대하지 않았던 것에 감사드린다. 아버지는 재무 담당 임원으로서 나의 선택이 위험하다는 걸 알았을 텐데도 조용히 그때까지의 투자를 포기했다. 언젠가는 아버지의 과감한 베팅에 보답하고 싶다!

끝으로 조직과 리더십 개발에 대한 애정을 키워준 나의 멘토, 친구, 상사, 팀원에게 감사드린다. 그들은 초기부터 나의 경력을 쌓아가는 데 핵심적인 역할을 해주었다. 아그네스 이카시아노Agnes Ycasiano, 앤서니 팬길리넌Anthony Pangilinan, 쿠에이 라오Cooey La'O, 제니 곤잘레스Jenny Gonzalez, 제리 클리아츠코Jerry Kliatchko, 조시아 고Josiah Go, 조이 이카시아노데호스Joy Ycasiano-Dejos, 루크 유히코Luke Yuhico, 마리벨 펠라요Maribelle Pelayo, 오위 살라자르Owi Salazar, 태피 레데스마Taffy Ledesma, 팀 롱Tim Liong은 내가 나의 길을 찾도록 도와주고, 문을 열어주고, 장기적인 관점을 갖도록 가르쳤다. 보스턴 컨설팅 시절에는 번드 월터먼Bernd Walterman, 딘 통Dean Tong, 피터 조Peter Cho, 비크람 발라Vikram Bhalla가 회사의 인사 및 조직 관행에 적응하도록 도와주었다. 구글에서 거의 10년 가까이 일하는 동안에도 나의 여정을 북돋아준 상사와 동료들이 있었다. 그들은 알라나 와이스Alana Weiss, 알랍 바라드와지Alap Bharadwaj, 아멜리 빌뇌브Amelie Villeneuve, 앤드루 댈켐퍼Andrew Dahlkemper, 안나 다브다Anna Davda, 벤 코넬Ben Connell, 브라이언 글레이저Brian Glaser, 카르멘 로Carmen Law, 클로디 줄스Claudy Jules, 데이나 랜디스, 이란 차울라Eeran Chawla, 지타 싱Geeta Singh, 지나 펠루카Gina Pelucca, 카렌 메이Karen May, 린지 맥린Lindsey MacLean, 미셸 크로닌Michelle Cronin, 마이크 머피Mike Murphy, 세라 필리파트Sarah Philippart, 스티브 맥스웰Steve Maxwell, 수닐 세틀루어Sunil Setlur, 타니아 코플랜드Tania Copeland, 트루디 매캐나Trudi McCanna이다.

끝으로 나보다 훨씬 일찍 이 책의 가능성을 보았고, 우리를 여기로 이끈 중요한 결정에 대한 전략적 선견지명을 가졌던 조시에게 고마움을 전한다. 이 책은 10년에 걸친 우리의 협력이 거둔 성취일 뿐 아니라, 거기서 얻은 소중한 우정의 기념품이다.

조시가 전하는 감사의 말

마틴이 말한 대로 다른 중요한 일들을 하는 동시에 이 책을 쓰는 중대한 프로젝트를 진행하는 것은 힘들었다. 나뿐만 아니라 가까운 사람들에게도 그랬다.

나는 매일 우리 개 모제스Moses를 산책시키는 동안 가까운 사람들에게 전화를 걸어 그날의 화제와 관련된 도움과 지침을 얻었다. 그렇게 어머니(웬디 옐린Wendy Yellin), 누나(린지 옐린 Lidsay Yellin), 형(맷 옐린Matt Yellin), 자형(캐리 헤이너Cary Hayner), 친구(캐서린 셜리Katherine Shirley)와 수많은 대화를 나누었다. 그들은 모두 귀중한 조언과 지지를 제공해주었다. 산책길에 자주 생각나는 돌아가신 아버지 노먼 옐린Norman Yellin에게 감사드린다. 아버지는 도덕성과 기쁨을 추구하는 삶을 사셨고, 내가 지금의 모습이 되도록 도와주셨다. 또한 우리 귀여운 모제스에게도 고맙다는 말을 하고 싶다. 어디를 가든 기쁨을 안기고 나의 하루를 밝게 만들어주기 때문이다.

구글의 상사와 협력자들은 사적으로 그리고 업무적으로 나의 성장과 야망을 북돋아주었다. 매기 존슨Maggie Johnson, 데이비드 맥러플린David McLaughlin, 로이 글래스버그, 사미 키질바시, 댄 펠드Dan Feld, 로니 본잭Roni Bonjack, 제이크 냅, 주빈 가라마니Zoubin Gharamani, 자렉 월키비츠Jarek Wilkiewicz, 에이미 맥도널드 산지데Amy McDonald Sandjideh, 제프 스털링Geoff Stirling, 브라이언트 메클리Bryant Meckley, 킴 로버츠Kim Roberts, 마야 쿨리키 Maya Kulycky, 사이먼 부턴Simon Bouton의 도움이 없었다면 이 책을 쓰지 못했을 것이다.

여러 이유로 직접적인 지원이나 간접적인 응원으로 이 프로젝트를 도와준 친구들에게도 진심으로 감사드린다. 그들은 찰스 오토Charles Otto, 로드리고 카라레시, 갤 애거디, 프레드 앨코

버Fred Alcober, 에번 래퍼포트Evan Rappaport, 리치 오핼로런Rich O'Halloran, 제프 라이스트Jeff Reist, 마틴 스트로카Martin Stroka, 팀 오토위츠Tim Ottowitz, 미첼 리Mitchell Lee, 오틀 게라Autl Gera, 사만다 파머Samantha Palmer, 브렌트 호이어Brent Hoyer, 카일 스미스Kyle Smith, 자크 다마토Zach Damato, 닉 웨슬리Nick Wesley, 필 니코데무스Phil Nicodemus, 빅터 안톤 발라데스Victor Anton Valades, 바르 비노그라드Bar Vinograd, 하이 하봇Hai Habot, 애덤 버크Adam Berk, 제이컵 그린스펀Jacob Greenshpan, 버락 하차모프Barak Ha-chamov이다.

끝으로 마틴에게 가장 큰 감사의 말을 전하지 않을 수 없다. 이 프로젝트에 대한 그의 전문성과 열의는 실로 대단했다. 같이 책을 내는 꿈을 품은 후 흔히 나의 주된 역할은 그를 위해 길을 열어주고 그의 뒤를 밀어주는 것이었다. 우리가 결승선까지 도달해 오래전에 품었던 꿈을 이룬 것이 더없이 자랑스럽다. 친구, 우리가 해냈어!

머리말

1   Michael Gorman and William A. Sahlman, "What Do Venture Capitalists Do?" *Journal of Business Venturing* 4, no. 4(1989. 7): 231-48, https://doi.org/10.1016/0883-9026(89)90014-1.

2   Michael Riordan and Lillian Hodderson, *Crystal Fire: The Invention of the Transistor and the Birth of the Information Age*(W.W.Norton, 1998).

3   Danielle Newnham, "The Founder Behind Silicon Valley's Most Important Failure, General Magic," *Medium*, 2021. 7. 15, https://daniellenewnham.medium.com/the-founder-behind-silicon-valleys-most-important-failure-general-magic-5248abf65efd.

4   *General Magic*, 2019, https://www.generalmagicthemovie.com.

5   Newnham, "Founder behind Silicon Valley's Most Important Failure."

1장

6   Michael Gorman and William A. Sahlman, "What Do Venture Capitalists Do?" *Journal of Business Venturing* 4, no. 4(1989. 7): 231-48, https://doi.org/10.1016/0883-9026(89)90014-1.

7   Paul A. Gompers et al., "How Do Venture Capitalists Make Decisions?" *Journal of Financial Economics* 135, no. 1(2020. 1): 169-90, https://doi.org/10.1016/j.jfineco.2019.06.011.

8   Noam Wasserman, *The Founder's Dilemmas: Anticipating and Avoiding the Pitfalls That Can Sink a Startup*(Princeton University Press, 2013).

9   Tom Nicholas, *VC: An American History*(Harvard University Press,

2019).

10 Gompers et al., "How Do Venture Capitalists Make Decisions?"

11 Charles A. O'Reilly et al., "The Promise and Problems of Organizational Culture," *Group & Organization Management* 39, no. 6(2014. 12): 595– 625, https://doi.org/10.1177/1059601114550713.

12 Hamid Boustanifar and Young Dae Kang, "Employee Satisfaction and Long-Run Stock Returns, 1984–2020," *Financial Analyst Journal* 78, no. 3(2021. 9. 30): 129–51, https://doi.org/10.2139/ssrn.3933687.

13 Rosemarie Lloyd, "Discretionary Effort and the Performance Domain," *Australasian Journal of Organizational Psychology* 1, no. 1(2008. 8): 22– 34, https://doi.org/10.1375/ajop.1.1.22.

14 Wasserman, *The Founder's Dilemmas*.

2장

15 Till Grüne-Yanoff, "Models of Temporal Discounting 1937–2000: An Interdisciplinary Exchange between Economics and Psychology," *Science Context* 28, no. 4(2015. 12): 675–713, doi: 10.1017/ S0269889715000307.

16 *Night Guy, Morning Guy*, Jerry Seinfeld, 2017, https://www.youtube. com/watch?v=UEe2pN8oksc.

17 Alessandro Acquisti and Jens Grossklags, "Privacy Attitudes and Privacy Behavior," 출처: *Economics of Information Security*(Springer, 2004), 165–78, https://doi.org/10.1007/1-4020-8090-5_13.

18 P. D. Sozou, "On Hyperbolic Discounting and Uncertain Hazard Rates," *Proceedings of the Royal Society of London, Series B: Biological Sciences* 265, no. 1409(1998. 10. 22): 2015–20, https://doi.org/10.1098/ rspb.1998.0534.

19 Laszlo Bock, *Work Rules! Insights from Inside Google That Will Transform How You Live and Lead*(John Murray, 2016).

20 "Best Workplace in Canada 2022," Great Place to Work, 2022년 8월

1일 접속. https://www.greatplacetowork.ca/en/best-workplaces-in-canada-2022-100-999-employees#2022-best-100-999-employees/view-sub-list-details92/5c5d41536b959f00151724fe/,

21   James N. Baron and Michael T. Hannan, "Organizational Blueprints for Success in High-Tech Start-Ups: Lessons from the Stanford Project on Emerging Companies," *California Management Review* 44, no. 3(2002. 4): 8-36, https://doi.org/10.2307/41166130.

22   Robert I. Sutton, "How Bosses Waste Their Employees' Time," *Wall Street Journal*, 2018. 12. 7, https://www.wsj.com/articles/how-bosses-waste-their-employees-time-1534126140?mod=searchresults&page=1&pos=1.

3장

23   Peter M. Senge, *The Fifth Discipline: The Art & Practice of the Learning Organization*(Random House Business, 2006).

24   Cass R. Sunstein and Reid Hastie, *Wiser: Getting beyond Groupthink to Make Groups Smarter*(Harvard Business School Press, 2014).

25   자세한 구조 내용은 다음 자료를 참고했다. Héctor Tobar, "Sixty-Nine Days," *New Yorker*, 2014. 6. 30, https://www.newyorker.com/magazine/2014/07/07/sixty-nine-days; Eliott C. McLaughlin, "Down Below, Chilean Miners Found Hope in Family, the Little Things," CNN, 2010. 10. 9, https://edition.cnn.com/2010/WORLD/americas/10/09/chile.miners.rescue.nears/index.html; Eliott C. McLaughlin, "Days 1 through 69: How Best of Man, Machine Saved Chile's Miners," CNN, 2010. 10. 16, https://edition.cnn.com/2010/WORLD/americas/10/15/chile.mine.rescue.rcap/index.html; Rory Carroll and Jonathan Franklin, "Chilean Miners Emerge to Glare of Sunlight and Publicity as World Rejoices," *Guardian*, 2010. 10. 13, https://www.theguardian.com/world.2010/oct/13/chilean-miners-rescue-world-rejoices.

26   Paul Saffo, "Strong Opinions Weakly Held," 개인 블로그, 2008. 9. 26,

https://www.saffo.com/02008/07/26/strong-opinions-weakly-held.

27 Noam Wasserman, *The Founder's Dilemmas: Anticipating and Avoiding the Pitfalls That Can Sink a Startup*(Princeton University Press, 2013).

28 Irving Janis, *Victims of Groupthink: A Psychological Study of Foreign-Policy Decisions and Fiascos*(Houghton Mifflin, 1972).

29 Dan M. Kahan et al., "Motivated Numeracy and Enlightened Self-Government," *Behavioral Public Policy* 1, no. 1(2017. 5): 54-86, https://doi.org/10.1017/bpp.2016.2.

30 David Gelles, "If the Pandemic Hit a Year Earlier, 'We Might Not Have Been in the Position to Respond This Fast,'" Say BioNTech Co-Founders, Here's Why," Atlantic Council, 2021. 11. 8, https://www.atlanticcouncil.org/blogs/new-atlanticist/if-the-pandemic-hit-a-year-earlier-we-might-not-have-been-in-the-position-to-respond-this-fast-say-biontech-co-founders-heres-why.

31 Philip Oltermann, "Uğur Şahin and Özlem Türeci: German 'Dream Team' behind Vaccine," *Guardian*, 2020. 11. 10, https://www.theguardian.com/world/2020/nov/10/ugur-sahin-and-ozlem-tureci-german-dream-team-behind-vaccine.

32 *Uğur Şahin and Özlem Türeci: Meet the Scientist Couple Driving an MRNA Vaccine Revolution*, 유튜브, TED, 2021. https://www.youtube.com/watch?v=VdqnAhNrqPU.

33 Bojan Pancevski, "How a Couple's Quest to Cure Cancer Led to the West's First COVID-19 Vaccine," *Wall Street Journal*, 2020. 12. 2.

34 Steffen Klusmann and Thomas Schulz, "BioNTech Founders Türeci and Şahin on the Battle against Covid-19," *Spiegel* International, 2021. 1. 4, https://www.spiegel.de/international/world/biontech-founders-tureci-and-sahin-on-the-battle-against-covid-19-to-see-people-finally-benefiting-from-our-work-is-really-moving-a-41ce9633-5b27-4b9c-b1d7-1bf94c29aa43.

35 Stefan Stern, "BioNTech Founders Özlem Türeci and Uğur Şahin: 'Courage Is Essential for Research,'" *Prospect,* 2021. 12. 22, https://

www.prospectmagazine.co.uk/science-and-technology/biontech-
founders-ozlem-tureci-and-ugur-sahin-courage-is-essential-for-
research.

36   Martin Gonzalez and Joshua Yellin, *The Effective Founders Project:
Seven Leadership Strategies to Overcome the Biggest Risk to Startup
Success*(Google for Startups, 2022).

37   Ming-Hong Tsai and Corinne Bendersky, "The Pursuit of Information
Sharing: Expressing Task Conflicts as Debates vs. Disagreements
Increases Perceived Receptivity to Dissenting Opinions in Groups,"
Organization Science, 27, no. 1(2016. 1-2): 141-56, https://doi.
org/10.1287/orsc.2015.1025.

38   Gonzalez and Yellin, *The Effective Founders Project*.

39   Leslie Berlin, "You've Never Heard of Bob Taylor, but He Invented
'Almost Everything,'" *Wired*, 2017. 4. 21, https://www.wired.
com/2017/04/youve-never-heard-tech-legend-bob-taylor-invented-
almost-everything.

40   Michael A. Hiltzik, *Dealers of Lightning: Xerox PARC and the Dawn of
the Computer Age*(HarperBusiness, 2007).

41   Christopher Bingham, Bradley Hendricks, and Travis Howell, "Do
Founder CEOs Tune Out Their Teams?", *MIT Sloan Management
Review*, 2020. 10. 26, https://sloanreview.mit.edu/article/do-founder-
ceos-tune-out-their-teams.

4장

42   Noam Wasserman and Thomas Hellmann, "The Very First Mistake
Most Startup Founders Make," *Harvard Business Review*, 2016. 2.
23, https://hbr.org/2016/02/the-very-first-mistake-most-startup-
founders-make.

43   Thomas Hellmann and Noam Wasserman, "The First Deal: The
Division of Founder Equity in New Ventures," *Management Science 63*,

no. 8(2017. 8): 2647-66, https://doi.org/10.1287/mnsc.2016.2474.

44 Jason Greenberg, "Lifeblood or Liability? The Contingent Value of Co-Founders in Startups," (미발표 논문, 뉴욕대학교, 2015).

45 Martin Gonzalez and Joshua Yellin, *The Effective Founders Project: Seven Leadership Strategies to Overcome the Biggest Risk to Startup Success*(Google for Startups, 2022).

46 Ben Horowitz, "Shared Command," Andreessen Horowitz, 2013. 7. 3, https://a16z.com/2013/07/03/shared-command-2.

47 Garry Tan, "Co-Founder Conflict," *TechCrunch*, 2017. 2. 18, https://techcrunch.com/2017/02/18/co-founder-conflict.

48 상동.

49 Garry Tan, "Should You Be the CEO?" *Medium*, 2020. 10. 29, https://medium.com/initialized-capital/should-you-be-the-ceo-5a79e34e835.

50 Phanish Puranam, *The Microstructure of Organizations*(Oxford University Press, 2018).

51 David A. Garvin, "How Google Sold Its Engineers on Management," *Harvard Business Reveiw*, 2013. 12, https://hbr.org/2013/12/how-google-sold-its-engineers-on-management.

52 Aimee Groth, "Is Holacracy the Future of Work or a Management Cult?" *Quartz*, 2018. 10. 9, https://qz.com/work/1397516/is-holacracy-the-future-of-work-or-a-management-cult.

53 Aimee Groth, "Zappos Has Quietly Backed Away from Holacracy," *Quartz*, 2020. 1. 29, https://qz.com/work/1776841/zappos-has-quietly-backed-away-from-holacracy.

54 Adam Galinsky and Maurice Schweitzer, *Friend and Foe: When to Cooperate, When to Compete, and How to Succedd at Both*(Ramdom House Business, 2016).

55 Puranam, *The Microstructure of Organizations*.

56 Liz Wiseman, *Multipliers: How the Best Leaders Make Everyone Smarter*(Harper Business, 2017).

57 Alex Komoroske, "A Dangerous Addiction," *Medium*, 2022. 9. 25, https://

medium.com/@komorama/a-dangerous-addiction-c71e76105da6.

5장

58 자세한 내용은 부록 A를 참고할 것.

59 Justin Kruger and David Dunning, "Unskilled and Unaware of It: How Difficulties in Recognizing One's Own Incompetence Lead to Inflated Self-Assessments," *Journal of Personality and Social Psychology* 77, no. 6(1999. 12): 1121-34, https://doi.org/10.1037/0022-3514.77.6.1121.

60 Robert Hughes, "Modernism's Patriarch," *Times*, 1996. 6. 10.

61 *Daniel Ek: A Playlist for Entrepreneurs, Stanford ECorner*, 2012, https://www.youtube.com/watch?v=Nps7hHoWVn8.

62 Rupert Neate, "Daniel Ek Profile: 'Spotify Will Be Worth Tens of Billions,'" *Telegraph*, 2010. 2. 17, https://www.telegraph.co.uk/finance/newsbysector/mediatechnologyandtelecoms/media/7259509/Daniel-Ek-profile-Spotify-will-be-worth-tens-of-billions.html.

63 상동.

64 Tom Christiansen, brian d foy, Larry Wall, and Jon Orwant, *Programming Perl*(O'Reilly & Associates, 1991).

65 Albert O. Hirschman, *The Principle of the Hiding Hand*(Brookings Institution, 1967).

66 Don A. Moore and Derek Scharz, "The Three Faces of Overconfidence," *Social & Personality Psychology Compass* 11, no. 8(2017. 8), https://doi.org/10.1111/spc3.12331.

67 Jeffrey B. Vancouver, Kristen M. More, and Ryan J. Yoder, "Self-Efficacy and Resource Allocation: Support for a Nonmonotonic, Discontinuous Model," *Journal of Applied Psychology* 93, no. 1(2008. 1): 35-47, https://doi.org/10.1037/0021-9010.93.1.35.

68 Ulrike Malmendier and Geoffrey Tate, "CEO Overconfident and Corporate Investment," (미발표 논문 10807, National Bureau of Economic Research, 2004. 10), https://doi.org/10.3386/w10807.

69　Eric Schmidt, Jonathan Rosenberg, and Alan Eagle, *Trillion Dollar Coach: The Leadership Playbook of Silicon Valley's Bill Campbell*(Harper Business, 2019).

70　*Jonathan Rosenberg-Trillion Dollar Coach: Leadership Playbook of Silicon Valley*, Claremont McKenna College, 2020, https://www.youtube.com/watch?v=FIThn4do1P4.

71　Jonathan Rosenberg, 마틴 곤잘레스와의 인터뷰, 2022. 8. 23.

72　Hubert J. O'Gorman, "The Discovery of Pluralistic Ignorance: An Ironic Lesson," *Journal of the History of the Behavioral Sciences* 22, no. 4(1986. 10): 333-47, https://doi.org/10.1002/1520-6696(198610)22:4〈333::aid-jhbs2300220405〉3.0.co;2-x.

73　Pauline Clance and Suzanne Ament Imes, "The Imposter Phenomenon in Hight Achieving Women: Dynamics and Therapeutic Intervention," *Psychotherapy: Theory, Research & Practice* 15, no. 3(1978. 가을): 241-47, https://doi.org/10.1037/h0086006.

74　Kay Brauer and René T. Proyer, "The Imposter Phenomenon and Causal Attributions of Positive Feedback on Intelligence Tests," *Personality and Individual Differences* 194(2022. 8): 111663, https://doi.org/10.1016/j.paid.2022.111663.

75　Jen Brown, "Re:Work- Worried You're an Imposter? You're Not Alone!" Google Re:Work, 2016. 11. 15, https://rework.withgoogle.com/blog/worried-youre-an-imposter-youre-not-alone.

76　*Impostor Syndrome | Mike Cannon-Brookes*, TEDxSydney, 2017, https://www.youtube.com/watch?v=zNBmHXS3A6I.

77　Sana Zafar, "Entrepreneurial Impostor Phenomemon" (박사 논문, Auburn University, 2022).

78　Jared Fenton, 마틴 곤잘레스와의 대화, 2023. 1. 31.

79　Michael A. Freeman et al., "Are Entrepreneurs 'Touched with Fire'?" (미발표 논문, 2015. 4. 17). 출처: https://michaelafreemanmd.com/Research_files/Are%20Entrepreneurs%20Touched%20with%20Fire%20(pre-pub%20n)%204-17-15.pdf.

80   Basima Tewfik, "The Unexpected Benefits of Doubting Your Own Competence," Wharton IDEAS Lab, https://ideas.wharton.upenn.edu/research/imposter-syndrome-unexpected-benefits.

81   Bradley P. Owens, Angela S. Wallace, and David A. Waldman, "Leader Narcissism and Follower Outcomes: The Counterbalancing Effect of Leader Humility," *Journal of Applied Psychology* 100, no. 4(2015. 7): 1203-13, https://doi.org/10.1037/a0038698.

82   Hongyu Zhang et al., "CEO Humility, Narcissism and Firm Innovation: A Paradox Perspective on CEO Traits," *Leadership Quarterly* 28, no. 5(2017. 10): 585-604, https://doi.org/10.1016/j.leaqua.2017.01.003.

83   Owens, Wallace, and Waldman, "Leader Narcissism and Follower Outcomes."

84   Danielle Newnham, "The Founder behind Silicon Valley's Most Important Failure, General Magic," *Medium*, 2021. 7. 15, https://daniellenewnham.medium.com/the-founder-behind-silicon-valleys-most-important-failure-general-magic-5248abf65efd#:~:text=And%2C%20oddly%2C%20there's%20a%20paradox,very%20well%20t0%20those%20things.

85   Owens, Wallace, and Waldman, "Leader Narcissism and Follower Outcomes."

86   Robert Safian, "Spotify CEO Daniel Ek on Apple, Facebook, Netflix-and the Future," *Fast Company*, 2018. 8. 7, https://www.fastcompany.com/90213545/exclusive-spotify-ceo-daniel-ek-on-apple-facebook-netflix-and-the-future-of-music.

87   "Daniel Ek, CEO of Spotify," The *Tim Ferriss Show*, 2020. 12. 6.

88   상동.

6장

89   Jake Knapp, *Sprint: How to Solve Big Problems and Test New Ideas in Just Five Days*(Simon & Schuster, 2016).

90 D. Kahneman and G. Klein, "Conditions for Intuitive Expertise: A Failure to Disagree," *American Psychologist* 64, no. 6(2009. 9): 515-26, https://doi.org/10.1037/a0016755.

91 Richard Stanley Melton, "A Comparison of Clinical and Actuarial Methods of Prediction: With an Assessment of the Relative Accuracy of Different Clinicians," (박사 논문, University of Minnesota, 1952).

92 Daniel Kahneman, *Thinking, Fast and Slow*(Farrar, Straus and Giroux, 2011).

93 Ben Horowitz, *The Hard Thing About Hard Things: Building a Business When There Are No Easy Answers*(HarperBusiness, 2014).

94 Emre Soyer and Robin M. Hogarth, *The Myth of Experience: Why We Learn the Wrong Lessons and Ways to Correct Them*(PublicAffairs, 2020).

95 Tom Peters, 서문, 출처: *An Invented Life: Reflection on Leadership and Change*(Addison-Wesley, 1993).

96 Julia Kirby, "Warren Bennis, Leadership Pioneer," *Harvard Business Review*, 2014. 8. 4, 2022년 8월 11일 검색, https://hbr.org/2014/08/warren-bennis-leadership-pioneer.

97 Warren Bennis and Robert J. Thomas, "Crucibles of Leadership," *Harvard Business Review*, 2002. 9/10, 2022년 8월 11일 검색, https://hbr.org/2002/09/crucibles-of-leadership.

98 Alison King, "From Sage on the Stage to Guide on the Side," *College Teaching* 41, no. 1(1993. 겨울): 30-35, https://doi.org/10.1080/87567555.1993.9926781.

8장

99 William Wan, "Screams, Torture and So Much Blood: The Gruesome World of 19th-Century Surgery," *Washington Post*, 2021. 10. 26, https://www.washingtonpost.com/news/to-your-health/wp/2017/10/31/screams-torture-and-so-much-blood-the-gruesome-world-of-19th-century-surgery/.

9장

100 Bruce W. Tuckman, "Developmental Sequence in Small Groups," *Psychological Bulletin* 63, no. 6(1965. 6): 384-99, https://doi. org/10.1037/h0022100.

10장

101 Les R. Greene et al., "Psychological Work with Groups in the Veterans Administration," 출처: *Handbook of Group Counseling and Psychotherapy* (Sage, 2004), 322-37, https://doi.org/10.4135/9781452229683.n23.

102 Saul Scheidlinger, "Group Psychotherapy and Related Helping Groups Today: An Overview," *American Journal of Psychotherapy* 58, no. 3(2004. 7): 265-80, https://doi.org/10.1176/appi.psychotherapy.2004.58.3.265.

103 Irvin D. Yalom and Nolyn Leszcz, *The Theory and Practice of Group Psychotherapy*, 6판(Basic Books, 2020).

104 Anna Bruk, Sabine G. Scholl, and Herbert Bless, "Beautiful Mess Effect: Self-Other Differences in Evaluation of Showing Vulnerability," *Journal of Personality and Social Psychology* 115, no. 2(2018. 8): 192-205, https://doi.org/10.1037.pspa00000120.

105 Alison Wood Brooks, Francesca Gino, and Maurice E. Schweitzer, "Smart People Ask for (My) Advice: Seeking Advice Boosts Perceptions of Competence," *Management Science* 61, no. 6(2015. 6): 1421-35, https://doi.org/10.1287/mnsc.2014.2054.

106 "Brené Brown on What Vulnurability Isn't," *Re:Thinking with Adam Grant*, 2023, https://www.youtube.com/watch?v=uXVhDSBiZCI.

11장

107 Phil Rosenzweig, "Misunderstanding the Nature of Company Performance: The Halo Effect and Other Business Delusions," *California Management*

Review 49, no. 4(2007. 7): 6-20, https://doi.org/10.2307/41166403.

108 Ronald Abadian Heifetz, Martin Linsky, and Alexander Grashow, *The Practice of Adaptive Leadership: Tools and Tactics for Changing Your Organization and the World*(Harvard Business Press, 2009).

109 Liran Belenzon, "Why You Need More Meetings with No Action Items," *Medium*, 2021. 6. 8, https://liranbelenzon.medium.com/why-you-need-more-meetings-with-no-action-items-5540e2a64343.

부록 1

110 Martin Gonzalez and Josh Yellin, "What We Learned in Studying the Most Effective Founders," *The Keyword*, 2022. 6. 15, https://blog.google/outreach-initiatives/entrepreneurs/effective-founders-project/.

111 George E. P. Box, "Science and Statistics," *Journal of the American Statistical Association* 71, no. 356(1976. 5): 791-99, https://doi.org/10.1080/01621459.1976.10480949.

THE BONFIRE MOMENT